Alexander Poznansky

Tschaikowskys Tod

Serie Musik
ATLANTIS · SCHOTT
Band 8373

Gerüchte über Tschaikowskys angeblichen Selbstmord wegen eines drohenden Skandals begannen in Rußland schon bald nach dem Tod des Komponisten zu zirkulieren. Im Westen wurden sie erst seit den 1970er Jahren verbreitet: Hier fand vor allem eine dieser – zum Faktum erklärten – Legenden, die eines geheimen Ehrengerichts, Aufmerksamkeit in wissenschaftlichen Publikationen, in der Literatur, auf der Opernbühne. Dies geschah um so bereitwilliger, als sich all diese Erfindungen leicht mit einem »wahren Gerücht« verbinden ließen, dem von Tschaikowskys homosexueller Natur. Es ist an der Zeit, sich von den Legenden um den Tod des Komponisten endgültig zu trennen. Nach eingehender Analyse und Diskussion zahlreicher zeitgenössischer Quellen gelangt Poznansky zu dem einzig möglichen Resultat: Tschaikowsky starb an den Folgen der asiatischen Cholera.

Alexander Poznansky, gebürtiger Russe, Kulturhistoriker und Tschaikowsky-Forscher. Emigrierte 1977 in die USA und arbeitet heute an der Yale University, New Haven, Conn. Er veröffentlichte über Tschaikowsky die Bücher *Tchaikovsky: The Quest for the Inner Man* (New York 1991 und London 1993), *Tchaikovsky's Last Days: A Documentary Study* (Oxford 1996) und *Tchaikovsky through Others' Eyes* (erscheint Bloomington und London 1998) sowie zahlreiche Artikel in verschiedenen wissenschaftlichen Zeitschriften und Sammelbänden in den USA, in Deutschland, England, Japan und Rußland. Er bereitet eine neue, englischsprachige kritische Ausgabe der Tagebücher Tschaikowskys vor und, zusammen mit Henry Zajaczkowski, einen *Tchaikovsky Companion*.

Alexander Poznansky

Tschaikowskys Tod

Geschichte und Revision
einer Legende

Atlantis Musikbuch-Verlag

SERIE MUSIK ATLANTIS · SCHOTT

ISBN 3-254-08373-3
Originalausgabe April 1998

Umschlaggestaltung: H. J. Kropp
Umschlagbild: Fotografie vom März 1893; im Hintergrund:
Gemälde von Nikolaj Kuznecov vom Januar 1893
(Archiv für Kunst und Geschichte, Berlin)
Satz: Peteratzinger Digital-Publishing, Hünstetten
Lektorat: Thomas Frenzel
Druck und Bindung: Clausen & Bosse, Leck
Printed in Germany

Inhalt

Vorwort zur deutschen Ausgabe
7

Einleitung
9

Kapitel I
Gerede
15

Kapitel II
Verbrechen ohne Bestrafung
31

Kapitel III
Das Damoklesschwert
50

Kapitel IV
Im Zenit des Ruhms
69

Kapitel V
Verschwörung der Juristen
84

Kapitel VI
Schicksalhaftes Geheimnis
103

Kapitel VII
Gift oder Cholera
118

Kapitel VIII
Die Krankheit
134

Kapitel IX
Die Tage vor der Beerdigung
146

Kapitel X
Die Sache der Ärzte
157

Schluß
171

Anhang: Dokumente
175

Anmerkungen
189

Namenregister
209

Bildnachweis
218

Vorwort
zur deutschen Ausgabe

Gerüchte über Čajkovskijs angeblichen, erzwungenen Selbstmord wegen eines drohenden Skandals begannen in Rußland schon bald nach dem Tod des Komponisten am 25. Oktober (nach dem russischen) / am 6. November 1893 (nach dem westlichen Kalender) zu zirkulieren. Im Westen wurden sie erst seit den späten 1970er Jahren verbreitet. Hier fand vor allem eine dieser – zum Faktum erklärten – Legenden, die eines geheimen Ehrengerichts, Eingang in musikwissenschaftliche Publikationen (z. B. *New Grove*, Artikel *Tchaikovsky*, und Band 4 von David Browns *Tchaikovsky*-Monographie, London 1991) und in die populäre Biographik (z. B. Anthony Holden, *Tchaikovsky*, London 1995), in die Romanliteratur (Dominique Fernandez, *Tribunal d'honneur*, Paris 1996) und auf die Opernbühne (*Symposion*, Libretto: Gerrit Komrij, Musik: Peter Schat, »Stopera« Amsterdam, Mai 1994); es gibt sogar Hinweise, daß Hollywood sie zu einem Film vermarkten will …

Gerüchte dieser Art konnten offenbar vor allem deshalb bereitwillige und unkritische Aufnahme finden, weil sie sich leicht mit einem »wahren Gerücht«, dem von Čajkovskijs homosexueller Natur, verbinden ließen – im orthodoxen zaristischen Rußland und in der prüden Sowjetunion ein Tabuthema. So wurden erst kürzlich, in einem Beitrag von Valerij Sokolov über die Kürzungen in den bisherigen Ausgaben von Čajkovskijs Briefen (in: *P.I. Čajkovskij. Al'manah 1*, hg. von P.E. Vajdman und G.I. Belonovič, Moskau 1995), zum ersten Mal Briefe und Briefpassagen publiziert, in denen der Komponist über seine erotische Veranlagung und einige seiner Beziehungen spricht. Sokolovs Beitrag ist – einschließlich der genannten Briefe und Briefpassagen – in deutscher Übersetzung von Irmgard Wille erschienen, und zwar in: *Čajkovskij–Studien*, Band 3, im Auftrag der Tschaikowsky-Gesellschaft Klin-Tübingen hg. von Thomas Kohlhase, Mainz (Schott) 1998.

Es ist an der Zeit, die Legenden um Čajkovskijs angeblichen Selbstmord jetzt auch in einer deutschsprachigen Publikation mit Tatsachen und Materialien zu konfrontieren und diese unter biographischen und psychologischen, kultur- und sozialhistorischen sowie juristischen und medizinischen Aspekten zu beleuchten. Dies geschieht in der vorliegenden Abhandlung des russischen, seit 1977 in den USA lebenden Kulturhistorikers und Čajkovskij-Biographen Alexander Poznansky (*Tchaikovsky*: *The Quest for the Inner Man*, New York 1991, London 1993); sie ist unter dem Titel *Čajkovskijs Homosexualität und sein Tod – Legenden und Wirklichkeit* zugleich in dem oben genannten Band *Čajkovskij-Studien* 3 erschienen. Nach eingehender Analyse und Diskussion verschiedenster zeitgenössischer Quellen und Dokumente bestätigt Poznansky die seit den frühesten Zeugnissen bekannte Todesursache: Čajkovskij starb an Urämie als Folge der asiatischen Cholera.

*

Die Umschrift russischer Namen und Titel folgt im vorliegenden Band dem in der Slawistik und im Bibliothekswesen üblichen Transliterationssystem der *International Organization for Standardization* (ISO).

Die Datierung von Dokumenten und Ereignissen erfolgt »original«: Russische Dokumente und Ereignisse werden in der Regel nach dem im alten Rußland geltenden Julianischen Kalender datiert (im »alten Stil«), der im 19. Jahrhundert von dem im übrigen Europa geltenden Gregorianischen Kalender (»neuer Stil«) um 12 Tage differierte. (Čajkovskijs Todestag zum Beispiel ist nach dem Julianischen Kalender der 25. Oktober, nach dem Gregorianischen Kalender der 6. November 1893.) Werden russische Dokumente und Ereignisse in den zitierten Originalen doppelt nach beiden Kalendern datiert, so wird dies beibehalten.

Thomas Kohlhase

Einleitung

Eine bemerkenswerte Wende vollzog sich in der Sowjetunion im Hinblick auf Čajkovskijs Nachleben. In den etwa zwei Jahrzehnten nach der bolschewistischen Revolution von 1917 wurde der Komponist von der offiziellen Presse als eine dem proletarischen Bewußtsein völlig fremde Erscheinung verdammt, während zugleich das Faktum tief bedauert wurde, daß das Proletariat selbst irgendwie nicht imstande war, diese offensichtliche Wahrheit zu erkennen, und Čajkovskij Musik auch weiterhin liebte. Sein »hysterischer Pessimismus« und seine »kleinbürgerliche Schwermut« wurden für völlig unvereinbar mit den Zielen der Revolution erklärt. Aber die ständige Verleumdung blieb ohne Wirkung. Ekstatische Zuhörermassen und enthusiastischer Applaus begrüßten weiterhin jede Aufführung seiner Musik. Schließlich müssen die Behörden das Dilemma erkannt haben, dem sie sich gegenübersahen. Entweder hätte Čajkovskij ein für allemal aus den Konzertsälen verbannt – oder aber zum nationalen Schatz erklärt werden müssen. Sogar in der absurden »mutigen neuen Welt« der Sowjetunion der 1930er Jahre wäre die erste Lösung lächerlich und undenkbar gewesen. So kapitulierten die Behörden.

Anläßlich der einhundertsten Wiederkehr von Čajkovskijs Geburtstag 1940 wurde ein besonderes Regierungsdekret erlassen, das die »Unvergänglichkeit des Gedenkens an den großen russischen Komponisten« verkündete. Von diesem Augenblick an durfte auch nicht ein einziges negatives Wort über Čajkovskij gedruckt werden. Von einem »fremden Klassenelement« wurde er gleichsam über Nacht zu einem »Bannerträger des menschlichen Fortschritts«. Die offizielle Musikwissenschaft wollte diesen Wandel kaum sehen, auch nicht die gewaltigen Hindernisse, die sich aufzutun begannen, darunter nicht nur die nun unaussprechliche Tatsache der Homosexualität des Komponisten, sondern auch sein unerschütterlicher Monarchismus, seine reaktionären politischen Ansichten und sein Haß auf sozialistische Doktrinen. Fälschung war das Gebot, und sie wurde mit gründlicher Wirkung exerziert.

Aber selbst eine ungeschickte und geschmacklose offizielle Propaganda konnte den Enthusiasmus des Publikums nicht unterdrücken. Wie der andere von der Nation verehrte Genius, der Dichter Aleksandr Puškin, erreichte Čajkovskij auch weiterhin das Herz des russischen Volkes mit demselben sicheren Zugriff, unverfälscht von jeder Bürokratenmeinung. Mein eigenes Leben in Rußland war sozusagen von der Wiege an von Čajkovskijs Musik begleitet. Die hämmernde Propaganda, die den Komponisten *ad nauseam* feierte, vermochte in mir niemals die geringste Abneigung gegenüber seiner Musik hervorzurufen, wie dies mit so vielen anderen, derart rituell gefeierten Dingen geschah. Und darin war ich eher die Regel als die Ausnahme.

In meinem ersten Studienjahr an der Leningrader Universität erfuhr ich zufällig und zu meiner großen Überraschung gerüchteweise von einem – zuvor in meiner Umgebung nie gehörten – Faktum: von Čajkovskijs Homosexualität. Wie wenig neu und erschütternd eine solche Nachricht für einen Menschen im sexuell freizügigen Westen sein mag – für einen sowjetrussischen Jugendlichen vor etwa dreißig Jahren, nicht weniger unaufgeklärt als die Mehrheit seiner Altersgenossen, wirkte eine solche Mitteilung wie ein Blitz aus heiterem Himmel. Indessen war ich neugierig geworden. Ich fragte mich: Ist das wahr? Diese Frage richtete sich, das kann nicht weiter überraschen, nicht an irgendeines der in der Sowjetunion greifbaren Bücher über Čajkovskij; dort hätte man schwerlich Hinweise auf das Thema gefunden. Vielmehr wandte ich mich damals an die Hauptquelle des Landes für inoffizielle, wenn auch nicht notwendigerweise zuverlässigere Informationen: das Hörensagen.

Nachfragen bei verschiedenen Bekannten in Musiker- und Künstlerkreisen versahen mich bald mit einer ganzen Skala sich widersprechender Meinungen und phantasievoller Gerüchte. Einige berichteten, Čajkovskij sei sein Leben lang erotisch glücklich gewesen und seine Musik spiegele deutlich sein homosexuelles Erleben wider. Andere dagegen sagten (unter ihnen nicht wenige ernsthafte Musikwissenschaftler), seine sexuellen Neigungen und seine Unfähigkeit, Frauen zu lieben, hätten den Komponisten in solche Not und solche Qualen getrieben, daß er sich wegen seiner Veranlagung sogar umzubringen beabsichtigte (nach anderen hat er diese Absicht sogar ausgeführt).

Da gab es dramatische »Enthüllungen«, teils mit Abscheu, teils mit Genuß vorgetragen. Der heranwachsende Petr sei in seiner ersten Nacht in der St. Petersburger Juristenschule von einer Gang seiner Klassenkameraden, angeführt von dem späteren Lyriker Apuhtin, vergewaltigt worden; dieses Erlebnis habe ihn unausweichlich und für immer zu einem Homosexuellen werden lassen. In eine Affäre mit einem nicht näher bekannten jugendlichen Mitglied der Zarenfamilie verwickelt, sei der Komponist von Zar Aleksandr III. selbst (der, wie ich immer gehört hatte, ein besonderer Bewunderer von Čajkovskijs Musik gewesen war) mit dem Ultimatum »Sibirien oder Selbstmord!« konfrontiert worden. Oder aber, je nach den unterschiedlichen Versionen dieses Gerüchts, dieses Ultimatum habe nicht der Zar, sondern Čajkovskijs eigener Bruder Modest gestellt, um die Familienehre zu retten.

Als ausgebildeter Historiker wußte ich genug über die russische Gesellschaft und die Sozialgeschichte des 19. Jahrhunderts, um überzeugt zu sein, daß keines dieser unglaubhaften Szenarios irgendetwas mit der Wahrheit zu tun haben könnte. *Per definitionem* können Gerüchte nicht als Quelle für Fakten dienen. Sie spiegeln nicht wider, was tatsächlich geschehen ist, sondern eher das, von dem Menschen wünschen, daß es geschehen ist, oder fühlen, daß es geschehen sein sollte. Frustriert, aber nicht entmutigt, bemühte ich mich, selbst Ordnung in die Angelegenheit zu bringen.

Ich hatte erfahren, es gebe eine Druckausgabe von Čajkovskijs Tagebüchern. Doch wie sehr ich auch suchte, eine solche Ausgabe konnte ich in keiner öffentlichen Bibliothek Leningrads ausfindig machen, selbst nicht in der umfassenden Universitätsbibliothek oder in der Bibliothek der Akademie der Wissenschaften. In meiner Beharrlichkeit wandte ich mich schließlich an die große öffentliche Saltykov-Ščedrin-Bibliothek, eine der größten der Welt. Eine Zeitlang wurde mein Gesuch unter verschiedenen technischen Vorwänden zurückgestellt, bis man mir endlich rundheraus sagte, niemand könne dieses Buch ohne eine besondere Bestätigung seiner Arbeitsstelle bekommen, daß es für ein von den Behörden genehmigtes wissenschaftliches Projekt benötigt werde.

Natürlich konnte ich meine Neugier in der geschlossenen und stagnierenden sowjetischen Wissenschaftswelt der 1970er Jahre nicht befriedigen. Keine der offiziell gutgeheißenen Publikationen, die ich weiterhin studierte, vermehrte meine Kenntnis der Umstände von Čajkovskijs Privatleben auch nur um ein Jota. Aber die Fragen blieben mir bewußt. Als ich schließlich emigrierte, war ich sicher, daß ich hier im Westen die Forschungsergebnisse kennenlernen würde, die in der Sowjetunion nur wenigen Privilegierten zugänglich waren.

Sobald ich mich indessen mit den wichtigsten westlichen Čajkovskij-Biographien vertraut zu machen begann, wurde mir klar, daß ihre Autoren nur unbestimmte und häufig falsche Vorstellungen von der gesellschaftlichen und historischen Wirklichkeit im

Rußland des späten 19. Jahrhunderts hatten. Was das Privatleben des Komponisten betraf, blieben die gleichen Fragen, auf die ich eine Antwort gesucht hatte, unbeantwortet: die nach dem tatsächlichen Charakter von Čajkovskijs Beziehung zu seinem Diener Aleksej Sofronov, den seltsamen Umständen seiner Heirat mit Antonina Miljukova und seines anschließenden Nervenzusammenbruchs, den Gründen für den Abbruch der Beziehungen durch seine Vertraute und Gönnerin Nadežda F. fon-Mekk – und schließlich die Frage, ob es irgendetwas Geheimnisvolles gab im Hinblick auf die Umstände von Čajkovskijs Tod. Als einzige anregende Publikation stellte sich für mich die in elegantem Russisch geschriebene romanhafte Biographie der emigrierten Wissenschaftlerin Nina Berberova von 1936 heraus. (Deutsch als *Tschaikowsky*: *Geschichte eines einsamen Lebens*; Berlin 1938; neubearbeitete französische Ausgabe *Tschaïkovski*, Arles 1987, deutsch als *Tschaikowsky: Biographie*, Düsseldorf 1989.)

Doch ich erhielt, wie ich gehofft und erwartet hatte, Zugang zu den gedruckten Originalquellen: Ich fand die Ausgabe von Čajkovskijs Tagebüchern (ČD*) und die am wenigsten »gereinigten« Ausgaben seiner Korrespondenz, alles bibliographische Kostbarkeiten, in der Sowjetunion fast sämtlich unter Verschluß. Die Arbeit mit diesem Material ermöglichte mir den Zugang zu Čajkovskijs wirklichem Leben. Die biographischen und psychologischen Ungewißheiten, die mich jahrelang geplagt hatten, meine zahlreichen Zweifel und Fragen zu seiner Persönlichkeit, seinem Charakter und seiner geistigen Wesensart wurden nach und nach geklärt. Und in dem Bild, das nun entstand, war kein Platz für die vielen phantastischen Geschichten und Gerüchte, die ich in Leningrad gehört hatte.

Groß war daher meine Überraschung, als ich im Herbst 1980 eine russische Emigrantenzeitung aufschlug und einen Artikel fand, der die am wenigsten glaubhafte dieser Geschichten zu neuem Leben erweckte. Dieser Artikel verkündete nicht nur – und zwar gleichsam als Faktum – die Auffassung, Čajkovskij habe sich selbst das Leben genommen, sondern behauptete auch – auf keiner anderen Grundlage als der unbewiesenen Klatsches –, daß er dazu von einer Gruppe seiner früheren Rechtsschulkameraden erpreßt worden sei, die die Ehre ihrer *alma mater* angesichts eines drohenden homosexuellen Skandals retten wollten. Das war eine bemerkenswert unglaubwürdige Version der schon erwähnten Legende, und ich hielt

* s. Verzeichnis der Abkürzungen S. 189

es für ausgeschlossen, daß irgendein ernsthafter Wissenschaftler ihr Glauben schenken könnte. Indessen gelang es dieser Geschichte, die der erfindungsreichen Feder eines Dashiell Hammett oder eines Mario Puzo würdig wäre, innerhalb eines Jahres ihren Weg nicht nur in die angesehene musikwissenschaftliche Zeitschrift *Music and Letters* zu finden, sondern sogar in die maßgebliche Musikenzyklopädie *The New Grove Dictionary of Music and Musicians*. In meinen Augen war der Irrtum der Selbstmordtheorie derart offensichtlich, daß ich eine baldige wissenschaftliche Widerlegung erwartete. Aber außer einigen knappen Einsprüchen in einer kurzlebigen Phase der Aufregung, die die Theorie in populären Medien verursachte, geschah nichts dergleichen.

Daher beschloß ich, die Frage selbst aufs sorgfältigste zu untersuchen. Die Aufgabe reizte mich, und bald kam ich an einen Punkt, an dem ich meinte, nicht nur genügend Beweise für die überzeugende Widerlegung der Selbstmordtheorie zu haben, sondern auch das Durcheinander der zahlreichen Legenden und Mythen klären zu können, die sich um Čajkovskijs Namen gerankt hatten. Im Laufe meiner Untersuchungen entdeckte ich, wie reich, sympathisch und anregend Čajkovskijs Persönlichkeit gewesen war – jenseits des so trivialen Sachverhalts seiner Homosexualität. Auch sah ich, daß es noch eine Fülle ungenutzten oder wenig ausgewerteten Materials gab, mit dessen Hilfe seine Biographie zu rekonstruieren und zu interpretieren war. So wurde das Projekt der vorliegenden Arbeit geboren.

In der Ausgabe der amerikanischen Zeitschrift *19th Century Music* vom Frühjahr 1988 hatte ich erste Ergebnisse meiner Forschungsarbeit über das Thema von Čajkovskijs Tod in dem Beitrag *Tchaikovsky's Suicide: Myth and Reality* vorgelegt. Drei Jahre später diskutierte ich es erneut in meiner Biographie des Komponisten, *Tchaikovsky: The Quest for the Inner Man* (New York 1991 und London 1993). Schließlich wurde all das Material zur Kontroverse um Čajkovskijs Leben und Tod und das sogenannte Ehrengericht in Rußland unter dem Titel *Samoubijstvo Čajkovskogo. Mif i real'nost* veröffentlicht (»Der Selbstmord Čajkovskijs: Mythos und Wirklichkeit«, in: *Glagol* 17, Moskau 1993). Und jüngst wurden chronologisch zusammengestelltes Archivmaterial und ein kritischer Kommentar zu Čajkovskijs letzten Tagen in dem Buch *Tchaikovsky's Last Days: A Documentary Study* vorgelegt (Oxford 1996).

Der vorliegende Beitrag ist die revidierte und übersetzte Fassung meines russischen Buches von 1993. Frau Dr. Irmgard Wille danke ich für die vorzügliche Übersetzung und Herrn Professor Dr. Thomas Kohlhase für die unschätzbare Hilfe bei der Vorbereitung für den Druck. Zu Dank verpflichtet bin ich außerdem der Direktorin des Čajkovskij-Haus-Museums in Klin (Bezirk Moskau), Frau Galina Ivanovna Belonovič, sowie der Kustodin des Kliner Čajkovskij-Archivs, Frau Dr. Polina Efimovna Vajdman, die mir in vielfältiger Weise bei der Arbeit an den Originaldokumenten geholfen haben.

Herbst 1996
Yale University, USA

Alexander Poznansky

Kapitel I
Gerede

Der Tod bedeutender Menschen hat oft eine mächtige Wirkung auf die Zeitgenossen. Und selbst, wenn die Umstände des Todes offenkundig sind, kann er in der erregten Phantasie der Menschen zahlreiche Gerüchte und Legenden wecken. Ein klassisches Beispiel dafür ist das frühe Ende Mozarts, das viele Musikfreunde bis auf den heutigen Tag Antonio Salieri zur Last legen, auch wenn viele Forscher seine Unschuld bewiesen haben.

Ein solches Phänomen der Massenpsychologie ist gar nicht unverständlich: Die durchschnittliche menschliche Auffassungsgabe kann sich nicht immer vorstellen, daß bedeutende Menschen, die durch ihre Gaben und Verdienste weit über uns normalen Sterblichen stehen, ebenso wie wir trivialen und unabwendbaren Lebensumständen wie Krankheit, Alter und Tod unterworfen sind.

Im Altertum war dies ganz und gar anders – große Dichter und Musiker der Mythologie und der Sagen wie Orpheus, Musäus oder Homer dachte man sich im allgemeinen als Menschen, die zu realer Unsterblichkeit gefunden hatten und in Gesellschaft der Götter auf dem Olymp weilten. Auch im Mittelalter spielte das übernatürliche Element in der Wahrnehmung hervorragender Persönlichkeiten durch ihre Zeitgenossen und insbesondere in bezug auf die Umstände ihres Todes eine Rolle. Man denke nur an viele Episoden der *Legenda aurea* oder an die Überlieferungsgeschichte des Faust-Stoffes. In der Neuzeit kämpfte der Rationalismus zwar erfolgreich gegen den Aberglauben, konnte aber naturgemäß nicht jenes psychologische Bedürfnis der Menschen überwinden, von dem hier die Rede ist.

Das Übernatürliche fesselt unser Bewußtsein durch geheimnisvolle und romantische Umstände, die insbesondere den – im Vergleich mit unserem eigenen – außergewöhnlichen Rang rechtfertigen sollen, der dem Genie zugebilligt wird. Einige dieser Umstände sind schon äußerlich so beeindruckend, daß sie gar keiner romantischen Umgestaltung bedürfen – etwa der Untergang Byrons im Kampf für die Freiheit Griechenlands oder der dramatische Fortgang Lev Tolstojs aus Jasnaja Poljana zehn Tage vor seinem Tod. Doch ist die Einbildungskraft, selbst wenn eindeutige Zeugnisse vorliegen, geneigt, die Grenzen des gesunden Menschenverstandes zu durchbrechen; etwa, wenn eine vergleichsweise neue Darstellung annimmt, Lermontov sei nicht von Martynov im Duell getötet worden, sondern von einem Agenten der Schutzpolizei, der von Nikolaj I. geschickt wurde und sich, mit einem Gewehr bewaffnet, am Ort des Duells irgendwo im Gebüsch verborgen hätte. Selbstverständlich sind derartige Legendenbildungen nicht in allen Fällen möglich. Oft verließen bedeutende Menschen die Welt im hellen Lichte öffentlicher Aufmerksamkeit, umgeben von einer Schar von Verwandten, Freunden und Verehrern. Von eben dieser Art war auf den ersten Blick der Tod Petr Il'ič Čajkovskijs.

Werden unsere Einbildungskraft und unsere geheimen Neigungen zur Sensation nicht in ihre Schranken verwiesen, wenn sich die gesamte Biographie des Verstorbenen wie ein offenes Buch las, der allgemeinen Betrachtung ebenso zugänglich wie die Umstände seines Todes; wenn sich seine Persönlichkeit – wenigstens auf dem der Wahrnehmung durch die Masse zugänglichen Niveau – klar und ohne Rätselhaftigkeit darstellte; wenn sein Schaffen keine deutliche Neigung zum Irrationalen hatte und die tragischen Züge, die seinen Werken eigen waren, sich in keiner Weise mit bekannten Fakten seines persönlichen Lebens verbanden?

In einem anderen Falle galt die Offensichtlichkeit durchaus nicht als Beweis. Gogol' starb bekanntlich auch am hellichten Tag; auch fand, wie es üblich war, eine medizinische Untersuchung statt. Das verhinderte jedoch nicht die Legende, Gogol' sei lebendig in den Sarg gelegt worden. Eine derartige Idee, die bei dem Verfasser von *Vij* (»Erdgeist«) und *Strašnaja mezd'* (»Schreckliche Rache«) geradezu nahe lag, hätte sich selbstverständlich unter keinen Umständen an Namen wie Gercen (Herzen) oder Vladimir Solov'ev entzündet.

In Čajkovskijs Leben gab es einen ungewöhnlichen und vielen Menschen unverständlichen Umstand: seine Homosexualität.

Außerhalb der spezifischen Subkultur waren die Vorstellungen von dem Phänomen der Homosexualität Durchschnittsmenschen wahrscheinlich ziemlich nebelhaft und mit einer Mischung von Ekel und Mitleid verbunden. Die Assoziationen, die dies Phänomen hervorrief, betrafen medizinische oder kriminalistische Aspekte. Daß es im übrigen eine Menge homosexuell orientierter Menschen gab, zog als allgemein bekannte gesellschaftliche Realität kein besonderes Interesse auf sich. Man dachte darüber nicht nach, und wenn man es tat, dann ignorierte man es oder fand sich damit ab als mit einer Geschmacklosigkeit und einem unvermeidbaren, wenn auch unschädlichen und nicht ganz begreifbaren Übel.

Die weite Verbreitung dieser Erscheinung und die übliche Einstellung zu ihr in der zweiten Hälfte des 19. Jahrhunderts spiegelt sich u. a. in einer kleinen Episode von Lev N. Tolstojs Roman *Anna Karenina* wider, in dem Vronskij bewußt nicht mit solchen Menschen, zwei »unzertrennlichen« Offizieren, sprechen will: *einer ziemlich jung, mit einem schwachen, dünnen Gesicht, der vor kurzem aus dem Pagenkorps in ihr Regiment übergewechselt war; der andere ein aufgedunsener alter Offizier mit einem Armreif am Arm und verschwollenen, kleinen Augen.*[1] Etwas ganz anderes war es, wenn ein anormales sexuelles Verhalten nicht irgendeinem namenlosen Offizier, sondern einer herausragenden Persönlichkeit zugeschrieben wurde, einem Idol vieler Tausender von Verehrern, der schon zu Lebzeiten zu einem Gegenstand nationalen Stolzes geworden war. Hier wäre ein Boykott, wie ihn Tolstoj beschrieb, lächerlich und unmöglich gewesen. Seine besonderen sexuellen Neigungen und sein mit ihnen verbundener geheimnisvoller Charakter umgaben den Künstler Čajkovskij, ob er es wollte oder nicht, mit der Aura von etwas Unausgesprochenem und Bedeutendem und sein Privatleben *mit einem gewissen Nebel, einem Dunstschleier des Geheimnisvollen*, wie einer seiner Zeitgenossen bemerkte – und das um so mehr, als das ganze Land voller Gerüchte war[2]. Bekanntlich gelangten diese Gerüchte sogar in die Presse – eben darum verstimmte Petr Il'ič eine Notiz über das Moskauer Konservatorium in *Novoe vremja* (»Neue Zeit«), wo auf *Liebesaffären anderer Art* in den Beziehungen zwischen Professoren und Studierenden angespielt wurde[3].

Nachdem L.N. Tolstoj vom Tode des Komponisten erfahren hatte, schrieb er am 26. Oktober/7. November 1893 an seine Frau: *Es tut mir sehr leid um Čajkovskij; es tut mir leid, daß zwischen uns, wie mir schien, irgendwie etwas war. Ich war bei ihm, lud ihn zu mir ein; aber er war offenbar beleidigt, daß ich nicht bei »Evgenij Onegin« war. Es tut mir leid um ihn als um einen Menschen, mit dem irgend etwas nicht so ganz klar war, mehr noch als um ihn als Musiker. Wie schnell ging das und wie einfach und natürlich und wie unnatürlich, und wie geht mir das nahe.*

Es ist nicht ganz verständlich, was Tolstoj eigentlich sagen wollte. *Daß zwischen uns, wie mir schien, irgendwie etwas war*: Spiegeln diese Worte eine tiefgehende Intuition des Schriftstellers wider, die über die üblichen gesellschaftlichen Konventionen hinaus und an ihnen vorbei geht? Ein Mensch, *mit dem irgend etwas nicht so ganz klar war*: Was will der Weise von Jasnaja Poljana seiner Frau damit zu verstehen geben (und gleichzeitig nicht)? Hier ist offensichtlich vom Tod die Rede. Aber wie ist dann zu verstehen: *und wie geht es mir nahe*?

Tolstoj liebte Čajkovskijs Musik. Bekanntlich rührte ihn einmal das *Andante cantabile* des 1. Streichquartetts bei einem Konzert in Gegenwart des Komponisten zu Tränen. Doch gab es zwischen ihnen kein persönliches Verständnis. Der versteckte Sinn des Zitats läßt vermuten, daß der Schriftsteller die in Umlauf befindlichen Gerüchte von Čajkovskijs »Anormalität« kannte und daß er geneigt war, in ihr die Quelle von etwas Tragischem in seinem Schicksal und Schaffen zu sehen, etwas, das Mitgefühl und Erbarmen verdiente. Wenn schon ein so scharfsinniger Geist wie Tolstoj von »Unklarheiten« spricht, was konnte man dann von gewöhnlichen Menschen erwarten?

Die medizinischen und kriminalistischen Assoziationen, bei Allerweltsfällen gang und gäbe, konnten nicht in bezug auf einen Menschen geäußert werden, den sein verdienter und in der ganzen Welt verbreiteter Ruhm so hoch über die Menge erhoben hatte. Das durchschnittliche Bewußtsein sah sich daher vor die Notwendigkeit gestellt, ein Paradoxon zu lösen, und dies in einer Weise zu tun, daß das Ansehen des berühmten Komponisten in der öffentlichen Meinung keinen Schaden nahm, sondern weiter wuchs und ein noch größeres Ausmaß an nationalem Mitgefühl und allgemeiner Verehrung hinzugewann. Die einzige Lösung war die unausgesprochene Voraussetzung einer schweren und tragischen Krise, die der Komponist wegen seiner unorthodoxen – und ihn eben dadurch offen kompromittierenden – sexuellen Neigungen ständig zu durchleiden hatte. In diesem Falle hätte eine geniale Persönlichkeit, die gegen ihren Willen ein Spielball verbotener Leidenschaften war, nur pathetisches Mitleid, aber keine Verurteilung verdient und, indem sie auf so unerwartete Weise die gesuchte romantische Aureole gewann, den Konflikt durch eine tragische Katharsis gelöst. Und was kann unter diesen Umständen tragischer und kathartischer sein als Selbstmord?

Eine solche Entfernung des »dunklen Flecks« in Čajkovskijs Biographie imponierte vor allem den Menschen, die Čajkovskijs Musik zutiefst liebten und künstlerisch mit ihr verbunden waren – also Komponisten, Malern, Musikern, Choreographen, Balletttänzern und Musikwissenschaftlern, die sich, bewußt oder unbewußt, als unfähig erwiesen, die beiden bewegenden schöpferischen Potenzen im Leben P.I. Čajkovskijs, nämlich seine besonderen sexuellen Neigungen und seine künstlerische Genialität, zu versöhnen[4].

Die nahen Verwandten des Komponisten, die zweifellos von seinen Neigungen wußten, bewahrten verwirrt Stillschweigen und fürchteten ein Bekanntwerden; die entfernteren versuchten, sie überhaupt zu dementieren[5].

So begünstigten im Falle Čajkovskijs – unabhängig von realen Ereignissen – die massenpsychologischen Mechanismen schon im voraus die Entstehung des bezeichneten archetypischen Mythologems, das die seine Persönlichkeit und sein Verhalten umgebende emotionale Spannung entladen sollte. Und das um so mehr, als er durchaus kein elitärer Künstler war, dessen Schicksal der großen Masse gleichgültig war. Im Gegenteil: Čajkovskij war – wie kein anderer – ein Komponist des ganzen Volkes, der in Rußland zu Lebzeiten und nach seinem Tod eine ungeheure Popularität besaß. Seine Beerdigung wurde, ebenso wie die Dostoevskijs, zu einer vieltausendfachen Manifestation der Trauer und der Liebe.

Es gab einen zusätzlichen Umstand, der Gerüchte begünstigte. Am 16./28. Oktober 1893, acht Tage vor dem Tode des Komponisten, war die 6. Sinfonie uraufgeführt worden (übrigens noch ohne den – authentischen – Untertitel *Pathétique*). Nach den vorliegenden Zeugnissen war die Reaktion des Publikums gemischt, bei der Generalprobe ebenso wie beim Konzert. So teilt Čajkovskijs Neffe Jurij Davydov mit: *Das Publikum befand sich in einer gewissen Verlegenheit und wußte nicht, wie es sich gegenüber dieser neuen Perle im Schaffen von Petr Il'ič verhalten sollte. Die meisten begannen abzuwarten, »was die Fürstin Mar'ja Alekseevna sagen würde«. Aber die Musiker dachten nicht so.*[6]

Modest Il'ič Čajkovskij, der Bruder des Komponisten, zählt indessen – wie die Musiker – zu den zurückhaltend Reagierenden: *Jetzt blieb er* [Petr Il'ič] *unerschütterlich und behauptete, ohne auf die Kälte der Musiker* [bei den Proben] *zu achten, auch weiterhin, daß er »etwas Besseres als diese Sinfonie niemals geschrieben habe und schreiben werde«. Nichtsdestoweniger gelang es ihm nicht, in dem Konzert vom 16./28. Oktober auch die Ausführenden und das Publikum dazu zu bringen, daß sie das glaubten. Die Sinfonie gefiel: Man applaudierte ihr, rief den Komponisten heraus, aber nicht mit mehr Begeisterung als nach der Aufführung seiner anderen Werke.*[7] Schließlich schreibt auch der Komponist selbst an seinen Verleger P.I. Jurgenson gleich nach der Aufführung: *Mit dieser Sinfonie geschieht etwas Seltsames! Es ist nicht so, daß sie nicht gefallen hätte, aber sie hat eine gewisse Verlegenheit hervorgerufen.*[8]

Indessen machte dieselbe Sinfonie bei dem Gedenkkonzert am 6./18. November 1893 unter der Leitung des Dirigenten des Kaiserlichen Mariinskij-Theaters, Ė.F. Napravnik, einen tief bewegenden Eindruck; aber dieser Eindruck war ausschließlich düster. Teilweise trug dazu die ungewöhnliche Satzfolge der Sinfonie selbst bei: Sie beginnt mit einem *Adagio* und endet mit einem solchen. *Das ist wirklich eine Art Schwanengesang, eine Vorahnung des nahen Endes, und daher rührt auch der tragische Eindruck* [...] *Die Sinfonie endet tatsächlich mit Weinen und Schluchzen* [...] schrieb die *Russkaja muzykal'naja gazeta* (»Russische Musikzeitung«)[9].

Das Publikum verstand diese Musik nicht nur als Requiem, das der Komponist sich selbst gesungen hatte, nicht nur als eine Prophezeiung seines baldigen Todes, sondern auch als tragischen Entschluß, sich aus auswegloser Verzweiflung das Leben zu nehmen. Und da die Sinfonie seinem Neffen Vladimir Davydov gewidmet ist, drängte sich diese Schlußfolgerung von selbst auf.

Man muß den Scharfblick N.A. Rimskij-Korsakovs rühmen, der sich gegen die verbreitete Meinung über die erfolglose Uraufführung der Sinfonie unter Leitung Čajkovskijs wendete und schrieb: *Ich nehme an, daß das plötzliche Ende des Komponisten, das alle möglichen Gerüchte und ebenso Berichte über seine Vorahnung des nahen Todes hervorrief, auf die das Menschengeschlecht so versessen ist, und außerdem die Neigung, die düstere Stimmung des letzten Satzes der Sinfonie mit einer solchen Vorahnung zu verbinden, die Aufmerksamkeit und die Sympathien des Publikums auf dieses Werk lenkten und daß die schöne Komposition dadurch schnell berühmt wurde und sogar in Mode kam.*[10]

Selbstverständlich war Čajkovskij, wie jeder große Künstler, eine tragische Natur. Tragik liegt im Wesen der Kunst selbst beschlossen, in der Betrachtung der Sterblichkeit und Nichtigkeit des menschlichen Schicksals auf Erden, in der dramatischen Opposition der Kräfte von Gut und Böse, in den Wechselbeziehungen des Menschen und Künstlers zu Gott, zur Welt, zur Gesellschaft und zu sich selbst.

Die Übertragung von Aspekten des Schaffens auf die Biographie in Zusammenhang mit Čajkovskijs *Pathétique* – die angeblich die Selbstmordabsichten des Komponisten widerspiegeln soll – ist eine ganz und gar gewagte Prozedur, besonders in ihrer Anwendung auf die Musik. Das bedeutet nicht, daß die Beziehung zwischen Petr Il'ič und Vladimir Davydov überhaupt keinen Einfluß auf den

Dieses Foto, das in einigen neueren Biographien
als authentisches Porträt des Komponisten aus dem Jahr 1893
und als Beleg für seinen Gemütszustand vor dem angeblichen Selbstmord
ausgegeben wird, stellt in Wahrheit nicht Čajkovskij dar.
Bei einer genauen Prüfung im Čajkovskij-Haus-Museum, Klin,
gelang es nicht, die abgebildete Person zu identifizieren.

Čajkovskijs Wohnhaus in Klin (Bezirk Moskau),
das er seit Mai 1892 bewohnte.

Čajkovskij in der ukrainischen Stadt Har'kov, 1893.

schöpferischen Prozeß hatte, aber diese Beziehung war so intim, so eindringlich und so unbeschreiblich, daß es keine Methoden gibt, ihre Qualität und Bedeutung für ein musikalisches Werk auf dem Wege einer beliebigen formalen oder anderen Analyse zu bestimmen. Solche Dinge stellen ein Mysterium dar, das der Kunst erlaubt, für alle Zeiten eine unabhängige und unsterbliche Bedeutung zu gewinnen, indem sie sich von der Macht ihres Schöpfers freimacht.

Alles bisher Dargelegte kann nicht beweisen, daß Čajkovskij sein Leben nicht durch Selbstmord beendet hat, sondern eines natürlichen Todes an der Cholera gestorben ist. Indessen bedurfte es der Vorbemerkungen, damit eines völlig klar wird: Die Beweislast bei dieser Frage liegt bei denen, die die Selbstmord-These vertreten, und nicht bei denen, die sie leugnen. Gerüchte und Legenden reichen bei weitem nicht aus, zu ergründen, was tatsächlich geschah; sie dürfen nicht einmal als Ausgangspunkt bei der wissenschaftlichen Lösung dieser Frage dienen.

Die Gerüchte über Čajkovskijs Ermordung oder seinen Selbstmord sind schon etwa einhundert Jahre alt. In verschiedenen Versionen tauchten sie in Rußland und außerhalb seiner Grenzen auf. Eine der Versionen behauptete, der Komponist sei auf direkten Befehl Aleksandrs III. von seinem eigenen Arzt Vasilij Bertenson vergiftet worden (dies habe Bertenson im Alter angeblich selbst bekannt). Die Version wurde sogar einmal in einem Brief an die *Literaturnaja gazeta* (»Literaturzeitung«) mitgeteilt. Eine andere behauptete, der Komponist habe sich freiwillig umgebracht, um die Ehre der St. Petersburger Rechtsschule (deren Absolvent er war) zu retten, und zwar aus Furcht vor einem homosexuellen Skandal, der wegen seiner Beziehungen zu einem Mitglied der Zarenfamilie drohte – oder zu dem Sohn eines Hausmeisters. Schließlich wurde behauptet, kein anderer als sein eigener Bruder Modest Il'ič habe Čajkovskij zum Selbstmord gezwungen, diesmal nicht im Namen der Ehre der (Schul-)Uniform, sondern der Ehre der Familie.

All diese Theorien erblühten auf ein und demselben Boden: im beschränkten Milieu der künstlerischen und halbkünstlerischen Bohème von St. Petersburg und Moskau mit ihrer charakteristischen Verbindung von Philistertum und Lasterhaftigkeit und ihrer außergewöhnlichen Geneigtheit zur Verbreitung von Gerüchten jeder Art über wirkliche oder eingebildete Psychodramen. Kein einziges solcher Gerüchte ist durch Fakten bestätigt. Sie sind nur durch mündliche Kolportage bekannt und werden oft willkürlich jemandem zugeschrieben, der – wenn auch ganz entfernt – mit Čajkovskijs Umgebung in Verbindung gestanden haben mochte. Was aber die Glaubwürdigkeit betrifft, so sind ihre Kriterien so verschwommen, daß die Gerüchte den einen als vollkommener Unsinn erscheinen, während sie sich anderen als sinnvoll darstellen. Letzten Endes würden – beim Fehlen dokumentarischer Zeugnisse – alle derartigen Hirngespinste keine größere Aufmerksamkeit verdienen als irgendeine andere Phantasie über dieses Thema – z. B. daß Čajkovskij von Rimskij-Korsakov aus Neid getötet wurde, ähnlich wie Mozart angeblich von Salieri vergiftet wurde. Und das um so mehr, als keiner der Verwandten und engen Freunde des Komponisten, die zu beiden Seiten des »eisernen Vorhangs« lebten, und ebenso kein seriöser Spezialist ihnen jemals irgendeine Bedeutung beigemessen haben[11].

Unter den Bedingungen der Sowjetunion jedoch, wo der Zugang zu jeder beliebigen Information, die das Privatleben auch längst verstorbener Schriftsteller und Musiker betraf, von den Behörden bewußt erschwert wurde und wo die mündliche Tradition der Weitergabe »verbotener Fakten« bisweilen die einzige Quelle von Nachrichten über sie war, gewannen diese Gerüchte um Čajkovskijs Tod sozusagen ein zweites Leben. Da es keine Möglichkeit gab, diese Gerüchte zu überprüfen, wurden sie in der sowjetischen Gesellschaft häufig für wahr angenommen, obwohl sie bei der jahrelangen Weitergabe durch die verschiedensten Personen unweigerlich und auf die sonderbarste Art umgebildet wurden. Der hervorragende amerikanische Musikwissenschaftler Nicolas Slonimsky schreibt, daß die mit Čajkovskij zusammenhängenden Geschichten, die er während seines Besuchs der Sowjetunion im Jahre 1962 zu hören bekam, direkt aus »gotischen Schreckensmärchen« stammten. In einem von ihnen stellt Zar Aleksandr III., nachdem dieser von der homosexuellen Beziehung des Komponisten zu einem jungen Mitglied der kaiserlichen Familie erfahren hatte, der Familie Čajkovskijs persönlich das Ultimatum: »Gift oder Sibirien!« Dem armen Komponisten blieb nichts übrig, als sich diesem Spruch zu beugen[12]. Mit ähnlichen Klatschgeschichten und Gerüchten verschiedenster Art wurde auch der Autor konfrontiert, als er in der Sowjetunion war.

Im Westen zogen solche sensationellen Versionen vom Tode des Komponisten vor allem Journalisten, Kolportagebiographen, Romanschriftsteller und Filmregisseure an, die sich von ihrer Weiterverbreitung kommerzielle Erfolge versprachen.

Diese Situation hielt bis zum Jahre 1979 an, als die sowjetische Musikwissenschaftlerin Aleksandra Anatol'evna Orlova in die USA emigrierte. Dort beschloß sie, »das Geheimnis vom Leben und Tod P.I. Čajkovskijs bekannt zu machen«, offenbar ohne sich zunächst darüber zu informieren, daß sie das bei weitem nicht als erste tat. »Das Geheimnis des Lebens« war im Westen schon lange bekannt, und »das Geheimnis des Todes« hing schon immer in Form von Gerüchten und müßigen Phantastereien in der Luft. Aber für den ehemaligen sowjetischen Leser, der sich in der Emigration befand und (seit 1940) nur ein »ikonisiertes« Bild des Komponisten kannte, waren diese »Offenbarungen« der Leningrader Musikschriftstellerin von nicht geringem Interesse.

Im November des Jahres 1980 erschienen in der in New York herausgegebenen russischen Wochenschrift *Novyj amerikanec* (»Der neue Amerikaner«) zum erstenmal Artikel, in denen Alexandra Orlova behauptete, daß Čajkovskij, von Natur aus seelisch äußerst empfindsam, schwer an seinen sexuellen Neigungen litt, weil er sie für eine »Anomalie« hielt, die ihn beim Leben und Arbeiten störte, und daß er bestrebt war, diese »unheilvollen« Neigungen zu bekämpfen, sogar durch die Heirat mit einer ihm wenig bekannten Frau, ohne daß ihm dies allerdings gelang. Andererseits konnte das zaristische Rußland nach Meinung von Orlova dem großen Komponisten nichts bieten außer der »Tradition der Verurteilung von Homosexualität« und einer Bestrafung wegen Gesetzesbruchs. Die Furcht vor Entlarvung habe Čajkovskij sein ganzes Leben lang begleitet und unausweichlich zu seinem tragischen Tod geführt. Um dem heranreifenden Skandal wegen seiner Neigung zu dem Sohn eines gewissen Grafen Stenbok-Fermor zu entgehen, sei der Komponist von einem »Ehrengericht« seiner ehemaligen Rechtsschulkameraden zum Selbstmord gezwungen worden, welche die Ehre der Rechtsschuluniform über alles stellten. Die Version vom Tode durch Cholera sei von Čajkovskijs Bruder Modest und von den ihn behandelnden Ärzten erdacht worden, um den Skandal zu vertuschen[13].

Die Hauptquelle, die Alexandra Orlova zur Rekonstruktion von Čajkovskijs letzten Tagen benutzt, hat sie selbst im Jahre 1966 notiert: einen Bericht von Aleksandr Aleksandrovič Vojtov, Absolvent der Rechtsschule und wissenschaftlicher Mitarbeiter des Russischen Museums. Vojtov wiederum hatte den Bericht im Jahre 1913 von der Witwe eines ehemaligen Klassenkameraden des Komponisten, N.B. Jakobi, gehört, die ihn angeblich ihrerseits von ihrem im

Jahre 1902 verstorbenen Gatten empfangen hatte. Man sollte meinen, eine professionelle Historikerin wüßte, daß ein Gerücht keine faktische Quelle ersetzen kann. Das soll nicht heißen, daß Gerüchte überhaupt keinen Wert haben; aber sie spiegeln nicht das wider, was tatsächlich gewesen ist, sondern das, woran die Zeitgenossen aus irgendwelchen Gründen gerne glauben wollten. Folglich gehören sie als Material in den Bereich der historischen Psychologie und der historischen Anthropologie, aber nicht zur Geschichte als solcher.

Möglicherweise wären die Artikel von Alexandra Orlova, die sich – nicht ohne den Beigeschmack des Sensationellen – an ehemalige Landsleute wandten und ihrer Form nach populär gehalten waren, auch nicht weiter beachtet worden, wenn die Autorin sich nicht auch für die wissenschaftliche Publikation entschieden hätte. Ein seltsamer Wunsch, annähernd ein Jahrhundert alte Gerüchte mit dem Anspruch auf Wissenschaftlichkeit durch andere Gerüchte zu erhärten, indem sie sie durch angebliche Zitate aus der im Westen (ihrer Behauptung nach) unzugänglichen Ausgabe von Čajkovskijs Korrespondenz ergänzte und sich dabei auf ihre eigene Autorität in der Čajkovskij-Forschung stützte[14]!

Der letztere Umstand half ihr wahrscheinlich auch – allerdings nicht ohne Mühe, wie Orlova in einem ihrer Artikel bekennt –, den englischen Musikwissenschaftler David Brown zu überzeugen, der zu dieser Zeit an seiner großen Čajkovskij-Monographie arbeitete. Das Ergebnis war die Veröffentlichung eines Artikels von Alexandra Orlova in einer englischen musikwissenschaftlichen Zeitschrift unter dem bescheidenen Titel: *Tchaikovsky – The Last Chapter*[15].

Das Erstaunlichste ist, daß Alexandra Orlova und ihre Anhänger sich überhaupt keine Rechenschaft darüber gaben, daß das Thema »Čajkovskijs Homosexualität und Tod«, wenn man es ernsthaft diskutiert, in erster Linie unter psychosexuellen Aspekten im Kontext von Čajkovskijs Biographie zu sehen ist und ein detailliertes Studium der entsprechenden russischen Subkultur, zu der der Komponist zweifellos gehörte, im Zusammenhang mit der Sozialgeschichte Rußlands in der zweiten Hälfte des 19. Jahrhunderts voraussetzt.

Auffallend ist die Eile, mit der die ehemalige sowjetische Forscherin, noch ehe sie im Westen aufgetaucht war, ihre Funde veröffentlichte, ohne sie auf eine seriöse wissenschaftliche Basis zu stellen, und ferner ihr unzweifelhaft mangelndes Verständnis von Homosexualität als einem historischen und psychologischen Phänomen.

Offenbar konnte die Autorin während ihres Lebens in der Sowjetunion die genannten Probleme, so sehr sie es auch gewünscht haben mag, nicht genügend studieren, um die Lücken in Čajkovskijs Biographie auszufüllen – vor allem wohl deswegen, weil dieses Gebiet der Psychosexualität in der sowjetischen Gesellschaft bekanntlich mit dem strengsten Tabu belegt war[16]. Das zwang die Behörden nicht nur, Briefe und Tagebücher Čajkovskijs zurechtzustutzen, sondern auch, vielem Ungesagten Raum zu lassen. Dieses Vakuum füllte jeder nach seinem eigenen Geschmack aus. So konnte auch Alexandra Orlova naiverweise annehmen, ihre Kenntnisse in der Čajkovskij-Forschung würden ausreichen, auch Sachverhalte zu verstehen, die von ihren Interessen weit entfernt waren. Außerdem war, wie wir aus eigener Erfahrung wissen, eine wissenschaftliche Arbeit über solche Themen in der früheren UdSSR praktisch unmöglich. Der Wissenschaftszweig Sozialgeschichte existierte überhaupt nicht, Methoden der Geschichtswissenschaft waren einseitig und beschränkten in der Regel die Perspektive. Der Zugang zu Bibliotheken und Archivdokumenten war ohne Erlaubnis von oben versperrt; er wurde nur ideologisch überprüften Kadern gestattet.

Mit Beginn der »Perestrojka« änderte sich die Sachlage in Archiven und Bibliotheken entscheidend. Indessen gibt es Gründe für die Annahme, daß man auch in nächster Zukunft die Vermutungen über Čajkovskijs Selbstmord nicht erschöpfend überprüfen wird, soweit sie untrennbar mit seiner Homosexualität verbunden sind – denn sie ist für die Menschen in der ehemaligen Sowjetunion bis heute ein wenig verständliches Phänomen.

Nur ein sorgfältiges Studium von Memoirenliteratur, Tagebüchern und Briefen (von denen ein Teil in der Sowjetunion unzugänglich war) kann in Verbindung mit einem detaillierten und unvoreingenommenen Studium der homosexuellen Psychologie eines gewissen Teils der russischen Gesellschaft dieser Epoche die Frage nach Čajkovskijs Tod im Kontext nicht nur seiner Biographie, sondern auch der Subkultur, zu der er nach vielen Anzeichen gehörte, richtig beantworten.

Schon die ersten Veröffentlichungen Alexandra Orlovas, die den Tod des Komponisten durch Cholera leugneten, riefen den ernsthaften, aber wirkungslosen Widerspruch von Slawisten hervor, und zwar der Čajkovskij-Biographin Nina Berberova, des Musikwissenschaftlers Malcolm Brown und des Literaturwissenschaftlers Simon Karlinsky[17].

Dennoch behauptete sich die Version vom Selbstmord des Komponisten; sie befriedigte den Wunsch des westlichen Lesers, in Čajkovskij einen exzentrischen und »verrückten« Russen zu sehen, der, in jenem fernen und »halbzivilisierten« Lande lebend, zu jedem unerwarteten Schritt fähig war, in einem Lande, in dem so barbarische Taten vollbracht wurden wie die Ermordung eines beliebten Komponisten durch mittelalterliche Ehrengerichte[18].

Als entscheidender Faktor erwies sich die Nationalität des Komponisten, so seltsam das auch scheinen mag. Die von Alexandra Orlova erzählte Geschichte entspricht in ihrer melodramatischen Absurdität der archetypisch vereinfachten Reaktion des westlichen Intellekts auf den von ihm postulierten »dostoevskijschen« Charakter der »russischen Seele«, der sich etwa in dem englischen Idiom »Mad Russian« (»verrückter Russe«) widerspiegelt. Anders gesagt, wurde, wie das häufig geschieht, ein Mythos in das System eines anderen Mythos eingeschlossen.

Da Alexandra Orlovas Version von Čajkovskijs Tod in die westliche Musikwissenschaft Eingang gefunden hat und teilweise akzeptiert wurde, sie außerdem bis heute in gewissen Kreisen in Rußland im Umlauf ist, sei hier versucht, Ordnung in dieser zählebigen Legende zu schaffen und den Gerüchten Fakten gegenüberzustellen.

Kapitel II
Verbrechen ohne Bestrafung

Bei der Analyse von konkreten Fakten und Ereignissen gehen die Anhänger der Theorie von Čajkovskijs Selbstmord von zwei grundlegenden Thesen aus[19].

Erstens, so behaupten sie, *existiert in Rußland* [...] *von altersher die Tradition der Verurteilung der Homosexualität als eines Kriminalverbrechens*, und darum *hing* im Falle Čajkovskijs *die Furcht vor einer Enthüllung sein ganzes Leben lang wie ein Damoklesschwert über ihm. Und führte letzten Endes zu seinem vorzeitigen Tod.*

Und zweitens: *Da er mit außergewöhnlicher seelischer Sensibilität begabt war, da er empfindsam und leicht verletzlich war, verstand er seine Anomalie als ganz große Schande und als Unglück.*[20] Diese beiden Thesen sind alles andere als unbestreitbar und bedürfen im besten Falle einer Menge von Vorbehalten.

Wenden wir uns zuerst einer detaillierteren Klarstellung der Dinge zu, welche die postulierte Tragödie verursacht haben sollen, nämlich der Frage nach der Einstellung der russischen Gesellschaft am Ende des 19. Jahrhunderts zur Homosexualität und der Einstellung, die Čajkovskij selbst zu ihr hatte.

Die Strafgesetzgebung im zaristischen Rußland ebenso wie in allen übrigen europäischen Ländern außerhalb des Wirkungsbereichs des *Code Napoléon* erklärte die Homosexualität unter den übrigen »geschlechtlichen« oder »fleischlichen« Verbrechen für eine strafrechtlich zu ahnende Handlung. Die entsprechenden Artikel des Strafgesetzbuches, die Anfang der 1890er Jahre galten, lauten:

> *995. Wer des widernatürlichen Lasters der Päderastie* [gemeint ist: der Homosexualität] *überführt wurde, geht dafür aller Rechte seiner sozialen Stellung verlustig und wird zwecks Zwangsansiedlung nach Sibirien verbannt. Darüber hinaus wird er, wenn er Christ ist, der Kirchenbuße gemäß der Anordnung seiner geistlichen Obrigkeit ausgeliefert.*
> *996. Wenn das im voraufgehenden Artikel 995 bezeichnete Verbrechen von Gewalt begleitet war oder an Minderjährigen oder Schwachsinnigen begangen wurde, geht der dieses*

Verbrechens Schuldige aller Rechte seiner sozialen Stellung verlustig und wird für eine Zeit von zehn bis zwölf Jahren zwecks Zwangsarbeit in Festungen verbannt.[21]

Die Gesetzeslage ist klar. Die Wirklichkeit aber sah bei weitem nicht so einfach aus.

Die Schwierigkeiten begannen schon bei der Definition des Tatbestandes. Der bekannte liberale Jurist V.D. Nabokov (Vater des berühmten Schriftstellers) bemerkt 1902 in seinem Aufsatz über sexuelle Verbrechen gemäß dem neuen Projekt des Kriminalgesetzbuches, daß *wir uns schon sieben Jahre lang am Vorabend einer Aufhebung des Strafgesetzbuches befinden,* und behauptet im besonderen: *Man muß bemerken, daß sich in dieser Beziehung* [d. h. hinsichtlich der Homosexualität] *die Juristen immer durch überflüssige Pedanterie auszeichneten* [...] *Dadurch erklären sich jene sehr großen und häufig unbestimmten Schwierigkeiten, auf die die Praxis bei der Feststellung des Tatbestandes des Verbrechens in bestimmten Fällen traf, und das um so mehr, als alle Gesetze, die ein widernatürliches Verbrechen in Betracht zogen, diesem immer sehr allgemeine und wenig bestimmte Bezeichnungen gaben und noch geben.*[22]

Nach dem Kommentar von N.A. Nehljudov (1876) *gibt unser Gesetz keine Definition der Päderastie; in allgemein üblichem Sinne versteht man aber darunter die Benutzung einer Person männlichen Geschlechts durch einen Mann zum Analverkehr*; und weiter: *Das Subjekt muß unbedingt eine Person männlichen Geschlechts sein; denn es versteht sich von selbst, daß eine Frau ein derartiges Verbrechen nicht begehen kann*; und: *Das Objekt muß ebenfalls ein Mann sein.*[23]

Diese Vorbehaltlosigkeit der Formulierungen hinderte den *Leitenden Senat* (»Pravitel'stvujuščij Senat«) nicht, im Jahre 1869 eine berühmte Entscheidung in der Sache Mikirtumov zu verkünden – des Inhalts, daß Päderastie auch mit einer Frau vollzogen werden könne, indem sie *in widernatürlicher Weise* mißbraucht werde[24]. Diese Entscheidung ist ein bemerkenswertes Beispiel für die erstaunliche Absurdität, die den damaligen Gerichtsverfahren gelegentlich eigen war (vgl. etwa den anekdotischen Entscheid Nikolajs I.: *Die vergewaltigte X* [ist] *als Jungfrau zu betrachten.*). Richten wir unsere Aufmerksamkeit auf die Qualifikation der verbrecherischen Handlung, wie sie von dem schon zitierten Nehljudov definiert wurde: *Bei der Handlung muß es um einen Mißbrauch gehen und dabei unbedingt um Analverkehr; darum können keine anderen sexuellen Schamlosigkeiten unter die Wirksamkeit des Artikels 995 eingeordnet werden.*[25] Anläßlich des Versuchs, dieses Verbrechen zu begehen, heißt es ebendort: *In freiwilliger Päderastie fallen Versuch und Ausführung zusammen; von der Ausführung wird nur der Beginn des Liebesaktes gefordert.*[26] Nach Meinung eines anderen Kommentators, I.Ja. Fojnickij, ist die Handlung von dem Moment an, in dem das Glied in den Anus eindringt, vollendet; der Versuch aber ist juristisch nicht denkbar[27]. Schließlich – so bemerkt Nehljudov, und mit ihm stimmen die übrigen Theoretiker überein – *ist das im Artikel 995 verwendete Wort »Laster« gleichbedeutend mit dem Wort »Verbrechen« oder richtiger »Unsittlichkeit« und bezeichnet keineswegs eine Gewohnheit oder Neigung.*[28]

Anders ausgedrückt, wird jeder beliebige einmalige Akt, wenn er durch materielle Zeugnisse und Zeugenaussagen bewiesen ist, bestraft. Dieser Umstand ist sehr wichtig: Der Vollzug der Päderastie wird nur dann bestraft, wenn seine konkrete Verwirklichung durch konkrete Personen unter konkreten Umständen bewiesen ist, dazu unter Beachtung aller oben bezeichneten Vorbehalte bezüglich des Tatbestandes des Verbrechens; ein Beweis seines Vollzugs im strengen Sinne kann aber nur die Entdeckung der Schuldigen am Orte des Verbrechens (»in flagranti«) sein oder aber das Eingeständnis eines von ihnen, das durch direkte oder indirekte Beweise erhärtet wurde[29].

Die Frage nach dem Versuch hat der *Leitende Senat* überhaupt nicht berührt, so daß vom Gesichtspunkt des Gesetzes aus ein Verhalten, das jetzt als *Neigung zu unzüchtigen Handlungen* qualifiziert wird, überhaupt nicht unter die Wirksamkeit der analysierten Artikel fiel. Die Verordnungen über Päderastie dürfen – darauf weist Nabokov hin – nur im buchstäblichen, begrenzten Sinne angewandt werden und *bilden* als solche nach der Meinung eines anderen Experten, A. Lohvickij, *eine Ausnahme von der allgemeinen Theorie des Verbrechens*[30]. Die prozessualen Komplikationen bei der Feststellung des Faktums, des Tatbestandes und des Umfangs des Verbrechens, die bisweilen unüberwindlich sind, dienen Nabokov als ein wesentliches Argument gegen die anti-homosexuelle Gesetzgebung überhaupt[31]. *Unter der Bedingung einer öffentlichen Ordnung für gerichtliche Verfolgung bietet die Feststellung des Tatbestandes des Verbrechens hier sehr große Schwierigkeiten, insbesondere, wenn man die Strafbarkeit des Versuchs zuläßt. Was für ein großes und reiches Feld für Hochstapelei, für straflose Erpres-*

sung, wenn man sich daran erinnert, daß gerichtliche Beweise in diesem Bereich genau genommen ganz selten den Charakter unumstößlicher Tatsachen haben können! Welch eine Verführung für Feinde, die durch böswilligen Klatsch leicht einen Gegner zugrunde richten können![32] Und weiter: *Muß man noch hinweisen auf die Peinlichkeiten und die Schädlichkeit der in diesem Bereich notwendigen Einräumung weiter, fast unbegrenzter Vollmachten für die Polizei in Sachen der Anstellung einer Verfolgung? Auf die Unmöglichkeit eines öffentlichen und die Peinlichkeit eines geheimen Prozesses, der dem Angeklagten die Möglichkeit nimmt, sich vor den Augen der gesamten Öffentlichkeit von dem vielleicht unverdient auf ihn gefallenen Verdacht zu befreien?*[33] Dann folgt eine Äußerung, die von unserem Gesichtspunkt aus größte Wichtigkeit für das Verständnis der realen Sachlage im Rußland jener Jahre hat: *Und* [muß man] *schließlich* [noch] *auf eines der größten Übel: auf die faktische Nicht-Anwendbarkeit des Gesetzes, auf den zufälligen und ungleichmäßigen Charakter der Bestrafung* [hinweisen], *die über die einen herfällt, aber andere verschont, die durch ihre Stellung, ihren Einfluß, ihre Beziehungen mächtig sind? Auf all das hinzuweisen bedeutet, von dem zu sprechen, was allen Beobachtern unseres gesellschaftlichen Lebens längst bekannt ist.*[34]

So gab es im Rußland wie im Europa dieser Zeit insgesamt (übrigens auch zu anderen Zeiten) in bezug auf die Homosexualität einen beträchtlichen und immer größer werdenden Bruch zwischen Theorie und Praxis, zwischen der Lage »de iure« und derjenigen »de facto«. Mehr noch: Es wird kaum übertrieben sein zu behaupten, daß im Sinne der Universalität und der Verbindlichkeit der Anwendung auf die letzten Jahrzehnte des 19. Jahrhunderts die antihomosexuelle Gesetzgebung ganz außer Gebrauch kam. Das bedeutet natürlich nicht, daß die Homosexualität unter keinen Umständen, ungeachtet des Bestehens entsprechender Statuten, verfolgt wurde – so wie das bis heute beispielsweise in einigen Staaten Amerikas geschieht, wo Paragraphen des Strafrechts erhalten blieben, die von den Behörden einfach ignoriert werden.

Wie Nabokov schreibt, hatte damals die Bestrafung in Rußland einen *zufälligen und ungesetzlichen* Charakter, anders gesagt: einen außerordentlich wählerischen. Dieselbe zitierte Passage gibt den Schlüssel zum Verständnis des Prinzips dieser Auswahl: Nicht verfolgt wurden Personen, die *durch ihre Stellung, ihren Einfluß, ihre Beziehungen* mächtig waren. Eben diese Sachlage ist in Rußland für das gesamte 19. Jahrhundert charakteristisch: Machthabende mit homosexuellen Neigungen konnten sich nicht ohne Grund vollkommen sicher fühlen, ungeachtet irgendwelcher Gerüchte, die über sie im Umlauf sein mochten. Sogar in der »großen Welt« genügte zur Abwendung von Skandalen ein Minimum an Vorsicht. In sehr seltenen Fällen, in denen infolge der Unvernunft Beteiligter Skandale drohten, strengten die Behörden alle Kräfte an, um sie erfolgreich zu vertuschen und ernste Komplikationen welcher Art auch immer abzuwenden.

Ein ungewöhnlicher Fall war zur Zeit Aleksandrs I. beispielsweise der des älteren Sohns des bekannten Archivforschers N.N. Bantyš-Kamenskij und Bruders des Erforschers der ukrainischen Geschichte D.N. Bantyš-Kamenskij, V.N. Bantyš-Kamenskij, der im Kollegium für auswärtige Angelegenheiten arbeitete und den A.S. Puškin mehrfach in seinen Epigrammen erwähnt. *Man kann über ihn nicht sprechen, ohne zu erröten. Mehr will ich nicht sagen. Mit seiner Dummheit, seiner Niederträchtigkeit und seinen Lastern werde ich diese Seiten nicht besudeln*, so heuchlerisch schreibt über ihn F.F. Vigel'[35], selbst bekannt für seine homosexuellen Neigungen. V.N. Bantyš-Kamenskij wurde ohne Gerichtsurteil und Untersuchung nach einer Reihe offener Skandale im November des Jahres 1823 nach Vjatka verbannt. Schon drei Jahre später wurde er aus der Verbannung zu seinem Bruder D.N. Bantyš-Kamenskij, der dort Gouverneur war, nach Tobol'sk überführt, aber im Jahr 1828 *auf Allerhöchsten Befehl seiner Kaiserlichen Hoheit wieder verhaftet und wegen verurteilungswürdiger Handlungen eingesperrt*, und zwar ins Erlöser-Efimij-Kloster, wo er bald im 51. Lebensjahr starb[36].

In diesem Falle führte die unvernünftige und offen provozierende Lebensweise zu einer unausweichlichen Reaktion von seiten der Behörden.

Noch bekannter für seine Vorlieben als V.N. Bantyš-Kamenskij war indessen der schon erwähnte F.F. Vigel', ein bedeutender Staatsbeamter und Reaktionär, der nach dem Zeugnis von Zeitgenossen nicht nur mit einzelnen Personen, sondern auch *mit Städten, Ländern und ganzen Völkern* in Fehde lag. Puškin spricht in seinen Versen und Tagebüchern offen über Vigel's Homosexualität und schenkt ihm trotzdem seine Freundschaft. Vigel' hatte Feinde, die mächtiger waren als er selbst; aber es gelang ihnen nicht, seine strafrechtliche Verurteilung zu erreichen[37].

Zu Beginn der 1840er Jahre wird Vigel' – wieder in Verbindung mit einer gleichartigen Skandalgeschichte, an der er indessen nicht persönlich beteiligt war – zusammen mit einer Gruppe von Anhängern aus Petersburg verbannt. Er reist nach Moskau, die anderen gehen auf ihre Güter, und damit ist die Sache vertuscht. Nach drei Jahren kehrt er, als sei nichts geschehen, nach Petersburg zurück und setzt seine Karriere fort[38].

Wir kennen im gesamten 19. Jahrhundert kein einziges Gerichtsverfahren gegen einen mehr oder weniger bekannten Homosexuellen, der zum höheren Beamtentum, zur kulturellen Elite gehörte oder der überhaupt in der »besseren Gesellschaft« verkehrte, ganz zu schweigen von einer dem Hofe nahestehenden Person.

In der von V.A. Meržeevskij sorgfältig geordneten Kasuistik der Päderastie trifft man nur auf einen Fall, über den im *Peterburgskij listok* (»Petersburger Blättchen«) viel geschrieben wurde: Ein (für damalige Verhältnisse) *gebrechlicher Greis von etwa 65 Jahren, eine ziemlich hochgestellte Persönlichkeit wurde für schuldig befunden, in einem Arbeitshaus untergebracht und für geistesschwach und unzurechnungsfähig erklärt.*[39] Daß der Schuldige für geistesschwach befunden wurde, schloß seine strafrechtliche Verfolgung aus.

Ein anderer Prozeß, der Aufsehen in der Öffentlichkeit erregte und gegen einen bedeutenden Bürokraten angestrengt wurde, ist von V.M. Tarnovskij in seiner Untersuchung *Perversität des sexuellen Empfindens* beschrieben worden, und wahrscheinlich wird eben diese Begebenheit in Lev N. Tolstojs Roman *Auferstehung* erwähnt[40].

Es ging um einen Departementsdirektor (also eher einen mittleren als höheren Beamten), der bei einem Verbrechen nach Artikel 995 gefaßt und überführt wurde – ein Fall, der zu Beginn der 1870er Jahre die Köpfe vieler Petersburger beschäftigte. *Er wurde gefaßt, weil die Polizei ihn haßte*, merkt Tolstoj an. Die Sache wurde vertuscht.

Tarnovskij gibt diese Gerüchte wieder und kommentiert, daß *die indirekte Beziehung des Hauptanklägers in dieser Angelegenheit zu dem Vorsteher der Kriminalpolizei ungeklärt blieb*; der Beamte wurde ohne irgendeine gerichtliche Untersuchung ins Ausland geschickt[41].

Dieser Fall gab der öffentlichen Meinung einmal mehr Anlaß zur Verurteilung *von Verbrechen höherer Staatsbeamter, die nicht im Gefängnis, sondern in verschiedenen Behörden in Präsidentensesseln saßen*[42]. Bekannt ist auch ein Vorfall, nach dem zwanzig Gardeoffiziere ohne Gerichtsverfahren vom Dienst suspendiert wurden, was sie nicht hinderte, später eine erfolgreiche Karriere zu machen[43].

Aus dem bisher Dargelegten ergeben sich mindestens drei wichtige Schlüsse: Für die Anstrengung eines Prozesses gegen mehr oder minder bedeutende Personen war ein mächtiger äußerer Faktor erforderlich (eine ganze Reihe großer und offener Skandale oder zumindest der Haß der Polizei). Mehr als das: Selbst wenn auf diese Weise Prozesse angestrengt wurden, wurden die Fälle vertuscht. Endlich erwartete man als selbstverständliche Folge eines Skandals lediglich die Anwendung administrativer Maßnahmen wie: Versetzung des Beschuldigten von einem Posten in der staatlichen Verwaltung auf einen anderen (die Bestellung zum Gouverneur beispielsweise war zwar eine »Erniedrigung«, aber keineswegs eine katastrophale), Verbannung aus der Hauptstadt auf das Landgut des Betroffenen, in eine andere Stadt oder ins Ausland und nur in seltenen Fällen die Einsperrung in ein Kloster oder Irrenhaus. Diese administrativen Maßnahmen hatten mit einer kriminalrechtlichen Bestrafung, wie sie von der Gesetzgebung eigentlich vorgesehen war, nichts gemein und wurden ohne Gerichtsverfahren gemäß einer Verfügung des Zaren, der Gouverneure oder der Organe des Innenministeriums angewendet[44]. Im vorrevolutionären Rußland wurden administrative Maßnahmen dann angewendet, wenn die Behörden aus irgendwelchen Gründen ein Bekanntwerden bestimmter Fälle vermeiden wollten, das bei einem Gerichtsverfahren unvermeidbar gewesen wäre.

Bedeutete das, daß Homosexuelle selten hohe Staatsposten einnahmen? Keineswegs, eher im Gegenteil.

Wenn man sich in die Memoiren- und Tagebuchliteratur der Epoche vertieft, wird offenkundig, daß das Bekanntwerden ungewöhnlicher sexueller Neigungen der einen oder anderen prominenten Person keine gerichtlichen Verfügungen oder juristischen Nachforschungen zur Folge haben mußte. Im engen Kreis der höheren Gesellschaft waren solche Neigungen allgemein bekannt: Sie waren Gegenstand von (zumeist gar nicht boshaftem) Klatsch und Epigrammen, es gab Gerede. Die Objekte dieses Geredes wurden aber in keinem Falle boykottiert oder aus den Salons ausgeschlossen; im Gegenteil verliehen sie ihnen häufig zusätzlichen Glanz. Viele dieser Personen waren im übrigen sehr mächtig, Angriffe gegen sie wären deren Urhebern schlecht bekommen.

Unter den Bedingungen des vertrauten Umgangs miteinander – wie er für die »große Welt« typisch war – bedurfte es nur weniger

Anzeichen, um über die sexuellen Vorlieben einer Person Bescheid zu wissen. Man brauchte sich nur das Leben der Aristokratie in London, Paris oder St. Petersburg vorzustellen. Die Art und Weise des Benehmens, eine vorwiegend männliche Umgebung oder die besondere Vorliebe für die Gesellschaft junger Männer, das Fehlen von Liebesbeziehungen zu Frauen – das genügte einem klugen und aufmerksamen Zeitgenossen vollauf, um sich ein Bild vom Intimleben eines anderen Mitglieds der Aristokratie zu machen. Eben dies – nicht mehr und nicht weniger – nahm die Gesellschaft der großen Welt auch von Petr Il'ič Čajkovskij wahr.

In der russischen Geschichte des 19. Jahrhunderts hatten Personen, die von ihren Zeitgenossen einmütig für homosexuell erklärt wurden, zahlreiche und verantwortliche staatliche Posten inne und spielten im politischen und kulturellen Leben des Landes eine große Rolle. Es seien hier nur die bekanntesten Namen genannt: Am Hof Aleksandrs I. wirkten unter den einflußreichsten Personen Fürst A.N. Golicyn, Minister für Aufklärung und geistliche Angelegenheiten, und der Außenminister und spätere Kanzler N.P. Rumjancev. Dem schon erwähnten V.N. Bantyš-Kamenskij befahl der Zar, *eine Liste aller diesbezüglichen Personen, die ihm bekannt waren, zusammenzustellen. Daraufhin legte Bantyš-Kamenskij ihm solch eine Liste vor, wobei er diese mit dem Minister für Aufklärung begann; dann kam der Kanzler usw. Danach hatte er noch eine Audienz beim Zaren und bezeugte ihm eidesstattlich die Wahrhaftigkeit seines Berichts.*[45] A.S. Puškin verlachte die Neigungen A.N. Golicyns und seine Protektion von V.N. Bantyš-Kamenskij in seinen Epigrammen.

Eine zentrale Figur unter Nikolaj I. war Graf S.S. Uvarov, Minister für Aufklärung und Erfinder der Formel von »Autokratie, Orthodoxie, Volksverbundenheit«, die das ideologische Gesicht des Zarentums definierte. Zum Vizepräsidenten der Akademie der Wissenschaften bestimmte Uvarov seinen Favoriten Fürst Dondukov-Korsakov. Die Homosexualität der beiden war für niemanden ein Geheimnis (Puškins Epigramme und Tagebuch bezeugen es)[46]. Einer der bedeutendsten religiösen Schriftsteller dieser Zeit, A.N. Murav'ev, der ebenfalls einen nicht geringen Beitrag zum Bau der offiziellen Fassade leistete, war ständiges Objekt entsprechender Epigramme und Attacken des liberalen Journalismus. N.A. Dobroljubov tadelte in der Zeitschrift *Sovremennik* (»Der Zeitgenosse«) im Jahre 1859 öffentlich die Neigungen von A.N. Murav'ev[47]. A.V. Bogdanovič, Gattin des Generals E.V. Bogdanovič, in deren Salon sich das mondäne Petersburg traf, notierte in ihrem Tagebuch vom 16./28. Dezember 1891: *Man sprach* [...] *von Andrej Nikolaevič Murav'ev. E.V.* [Bogdanovič] *sagte, daß Murav'ev Meščerskij und Mosolov verführt habe, die dann ihrerseits halb Petersburg mit ihrer schändlichen Leidenschaft verführt hätten* [...][48]

Sowohl Golicyn wie Uvarov und Murav'ev hatten wegen ihrer reaktionären Anschauungen und Charakterschwierigkeiten in den verschiedensten Lagern eine Unzahl von Feinden, die nur nach ihrer Vernichtung dürsteten und eine passende Gelegenheit suchten, ihnen zu schaden. Doch keinem gelang es, mit dem Vorwurf der Päderastie und dem Hinweis auf die gültige Gesetzgebung ihren Sturz zu befördern. Es wäre ihnen auch gar nicht in den Sinn gekommen, sich auf die Gesetzgebung zu berufen. Über Verleumdungen, die auf die Diskreditierung der Genannten in der öffentlichen Meinung zielten, ging im übrigen niemand hinaus.

Wenn man von Čajkovskijs Lebenszeit spricht, der Regierungszeit Aleksandrs III., ist es sehr sinnvoll, die Meinung eines Zeitgenossen über die Homosexualität anzuführen: *Dem schändlichen Laster waren in Petersburg viele bekannte Leute ergeben: Schauspieler, Schriftsteller, Musiker, Großfürsten. Ihre Namen waren in aller Munde; viele stellten ihre Lebensweise offen zur Schau. Die Skandale, die die Entdeckung solcher Abenteuer bei irgend jemandem begleiteten, zogen sich ohne Unterbrechung hin, aber bis vor Gericht gelangten die schmutzigen Dinge gewöhnlich nicht. In dieser Beziehung fehlte es Aleksandr III. an der Entschiedenheit Wilhelms II., der auch einen persönlichen Freund* [gemeint ist Graf Eulenburg] *nicht schonte. In dem Maße, wie er in seiner eigenen Familie so verbrecherische Mitglieder duldete, beschränkte er sich auf seltene Entlassungen einzelner Offiziere, deren Handlungsweisen schon weitreichend bekannt geworden waren.*[49]

Berüchtigt war der schon erwähnte Fürst V.P. Meščerskij, Herausgeber des *Graždanin* (»Der Bürger«) und vielleicht der meistgehaßte Mann im öffentlichen Leben Rußlands in der zweiten Hälfte des 19. Jahrhunderts[50]. Fürst Meščerskij war einerseits Čajkovskijs Kamerad in der Rechtsschule und eine Zeitlang ein enger Freund des Komponisten und seines Bruders Modest, andererseits ein Vertrauter der Zaren Aleksandr III. und Nikolaj II. mit großem Einfluß auf die Politik der Regierung[51].

Fürst von Sodom und Bürger von Gomorrha wurde Meščerskij von dem Dichter und Philosophen Vladimir Solov'ev genannt[52].

Graf S.Ju. Witte, ein Staatsmann jener Zeit, klagte in seinen Memoiren: *Sein ganzes Leben lang beschäftigte sich Meščerskij nur mit seinen Favoriten. Aus der Politik machte er ein Handwerk, mit dem er auf gewissenloseste Weise zu seinem und seiner Favoriten Nutzen Handel treibt. So kann ich über Meščerskij nichts anderes sagen, als daß dies ein ganz schrecklicher Mensch ist. Davon wissen fast alle, die Beziehungen zu ihm haben.*[53]

Im Jahre 1887 brach über V.P. Meščerskij, der einem jungen Trompeter des Leibschützenbataillons übermäßige Aufmerksamkeit zuwandte, ein Sturm los, der große Folgen hatte: Verwandte sagten sich öffentlich von Meščerskij los[54]. Der Oberprokuror des Synods, K.P. Pobedonoscev, überantwortete ihn dem Kirchenbann und versuchte, den Hof gegen ihn zu beeinflussen. Aber Meščerskij verteidigte sich verzweifelt, und Aleksandr III. ergriff seine Partei. Der Skandal wurde nicht nur ohne alle Konsequenzen für seinen Urheber vertuscht – mehr als das: *Während des Höhepunkts seiner Skandale erreichte Meščerskij auch den Höhepunkt seiner Macht*; er wurde der bevollmächtigte Berater Aleksandrs III[55].

Im Jahre 1889 geriet der »berüchtigte« Fürst wieder in Not. Es stellte sich heraus, daß er in eine Angelegenheit verwickelt war, an der bis zu zweihundert Personen beteiligt waren, unter ihnen Mitglieder der Garde und Schauspieler des Aleksandrinskij-Theaters. Es gingen Gerüchte um, daß man ihm nahelegen werde, Petersburg zu verlassen. Aber Meščerskij überstand auch diese Prüfung wohlbehalten[56].

Als Feinde Meščerskijs ihn noch einmal – schon unter dem folgenden Zaren – zu Fall zu bringen versuchten, spielten sie dem Zaren heimlich den Briefwechsel Meščerskijs mit seinem Geliebten Burdukov zu. A.S. Suvorin, Herausgeber der Zeitung *Novoe vremja* (»Neue Zeit«), notierte nicht ohne Enttäuschung in seinem Tagebuch: *Der Zar hat den Briefwechsel gelesen. Er verhielt sich dieser »Partei« gegenüber gleichgültig.*[57]

Ein anderer wichtiger Beamter am Hofe der beiden letzten russischen Zaren war Graf V.N. Lamzdorf, zunächst oberster Berater beim Außenminister, dann von 1890 an bis zu seinem Tode Minister. *Der Zar nennt den Grafen Lamzdorf »Madame«, seinen Geliebten Savickij befördert er unter die Hofchargen. Lamzdorf prahlt damit, daß er dreißig Jahre (!) in den Korridoren des Außenministeriums verbracht habe. Da er Päderast war und Männer für ihn Dirnen waren, verbrachte er dreißig Jahre gewissermaßen im* [Bordell]. *Nützlich und angenehm!* – bemerkt ein Zeitgenosse nicht

Fürst Vladimir P. Meščerskij, ehemaliger Mitschüler Čajkovskijs an der Rechtsschule in St. Petersburg.

Čajkovskij mit dem Dichter Aleksej N. Apuhtin
(1840–1893, im Hintergrund) und Aleksandr A. Žedrinskij (links)
sowie dem gemeinsamen Freund Georgij P. Karcov, St. Petersburg 1884.

Čajkovskij, Ölgemälde von Nikolaj D. Kuznecov,
entstanden in Odessa, Januar 1893.

ohne Belustigung[58]. Der Ton dieser Tagebucheintragung ist von dem einer Verurteilung weit entfernt.

Das erstaunt nicht mehr, wenn man weiß, daß an der Spitze der »homosexuellen Pyramide« zu Čajkovskijs Zeiten Großfürst Sergej Aleksandrovič stand, Sohn Aleksandrs II. und Bruder des regierenden Zaren; er war Generalgouverneur von Moskau und wurde am 4./17. Februar 1903 von dem Terroristen Kaljaev ermordet. Nach vielen Zeugnissen lenkte er unter Aleksandr III. und besonders unter Nikolaj II. maßgeblich die russische Außen- und Innenpolitik[59].

Die Neigung des Großfürsten zum eigenen Geschlecht war für niemanden ein Geheimnis; man sprach darüber offen in den Salons der Hauptstadt und erzählte komische Vorfälle. Die allwissende Generalsfrau A.V. Bogdanovič notierte in ihrem Tagebuch: *Sergej Aleksandrovič lebt mit seinem Adjutanten Martynov, und er hat seiner Frau mehrfach vorgeschlagen, sich einen Gatten aus den Männern ihrer Umgebung auszuwählen.* In einer ausländischen Zeitung stand sogar, *daß le grand duc Serge avec sa maitresse m-r un tel* [der Großfürst Sergej mit seiner Mätresse Herrn Soundso] *nach Paris kam. Man kann sich denken, was für Skandale das gab.*[60] Ein anderer Zeitgenosse erinnert sich, daß Sergej Aleksandrovič *vor allem durch seine widernatürlichen Neigungen bekannt war, die sein Familienleben ruinierten und die Dienstkarrieren der hübschen Adjutanten in seiner Umgebung beförderten. Es gab auch Geliebte unter den Zivilbeamten: Einer von ihnen verheimlicht bis heute nicht seine früheren Beziehungen zu dem Großfürsten und zeigt an seinen gepflegten Fingern Ringe, die er sich mit dem schlimmsten aller Arten von Lastern verdient hat.*[61]

Der Großfürst gründete in Petersburg sogar einen Homosexuellen-Klub, der bis 1891 existierte, dem Jahr, in dem Sergej Aleksandrovič zum Generalgouverneur von Moskau ernannt wurde[62]. Anläßlich seiner Ernennung ging in der Hauptstadt ein Witz um: *Moskau stand bis jetzt auf sieben Hügeln; jetzt muß es auf einem Hügel* [bougre] *stehen* (Wortspiel: russisch »bugr« = französisch »bougre« bezeichnet einen Menschen mit homosexuellen Neigungen)[63].

Čajkovskij war mit Meščerskij befreundet und persönlich mit Sergej Aleksandrovič bekannt. Sein Freund und Klassenkamerad Apuhtin führte offen ein homosexuelles Leben, ohne sich durch irgend etwas in Verlegenheit bringen zu lassen oder etwas zu fürchten, und machte es zum Gegenstand von Witzen[64]. Wenn man Menschen wie dem allseits verhaßten Meščerskij nichts anhaben konnte, dann galt das um so mehr für so bekannte und persönlich bezaubernde Menschen des Kulturlebens wie Apuhtin, von dem allgemein beliebten Petr Il'ič gar nicht zu reden.

Zwei Voraussetzungen machten ihre Position unverletzlich: Ihre Zugehörigkeit zur privilegierten Klasse und die damit verbundene Vorbildlichkeit ihrer politischen Ansichten (beide waren konservativ, ungeachtet der sowjetischen Versuche, in bezug auf den Komponisten das Gegenteil zu beweisen) und die Besonnenheit ihres Verhaltens, das Exzesse vermied und ein hohes Maß an Diskretion, Takt und Geschmack kannte. Als weiteres Beispiel kann der berühmte Reisende N.M. Prževal'skij dienen[65]. Bekanntheit, Beziehungen und einflußreiche Protektion verhinderten zuverlässig jeden Skandal, selbst wenn ein solcher wider Erwarten aufgrund von Unvorsichtigkeiten und Mißverständnissen oder infolge des Zusammentreffens besonderer Umstände hervorgerufen wurde.

Mehr als das: Sowohl Čajkovskij wie auch Apuhtin waren schon früh aus bitteren Erfahrungen klug geworden: Im Jahre 1862 waren beide in einen homosexuellen Skandal in dem Petersburger Restaurant Šotan verwickelt. Modest schreibt, daß beide Freunde *in der ganzen Stadt unter der Bezeichnung »bougres« entehrt* waren[66].

Čajkovskijs Lebenssituation im Herbst 1893 kann man nur als in jeder Beziehung glänzend bezeichnen. Nach seiner triumphalen Tournee in den USA und nachdem ihn die Universität Cambridge mit der Ehrendoktorwürde ausgezeichnet hatte, war er weltberühmt. In Rußland wurde seine Musik von allen Schichten der Bevölkerung – vom Hof bis hin zum einfachen Volk – geradezu vergöttert. Unserer Ansicht nach garantiert schon allein dieser Status seine Sicherheit; das gilt um so mehr für ein Land, in dem man überhaupt nicht gern aus der Schule plaudert. Vergessen wir nicht, daß es um die Zeit vor dem Jahre 1895 geht, in dem das Urteil über Oscar Wilde die Grundlagen der viktorianischen Moral erschütterte und entsprechende Skandale in anderen Ländern auslöste (mit Krupp und Eulenburg in Deutschland und mit Adelsvard-Fersen in Frankreich). Bis dahin wurden – und es ist wichtig, das im Auge zu behalten – Gesetze über die Homosexualität gegen Männer des Kulturlebens, die nicht einmal international, sondern nur im eigenen Lande bekannt waren, überhaupt nicht angewandt. (So verurteilte man etwa Paul Verlaine nicht wegen seiner Homosexualität, sondern wegen des Versuchs, Arthur Rimbaud im Duell zu erschießen.) Man kann keinesfalls annehmen, daß Rußland diese ungeschriebene Regel als erstes Land verletzt und dabei nicht nur seinen »nationalen Schatz«, sondern auch sein kulturelles Prestige geopfert hätte.

Es sei angemerkt, daß im Unterschied zu Wilde, der bewußt die Pose des »épater les bourgeois« wählte und sich schon dadurch zahlreiche Feinde machte, das Verhalten von Petr Il'ič unveränderlich vorsichtig war – unter vollständiger Beachtung der gesellschaftlichen Konventionen. So hätten die Behörden, wenn sie es – infolge einer hypothetischen Unbesonnenheit – gewagt hätten, den Komponisten einer strafrechtlichen Verfolgung zu unterziehen, nicht einmal auf den Anteil an Unterstützung von seiten philisterhafter Kreise rechnen können, deren sich im Falle von Wilde die britischen Behörden versichern konnten. Im Gegenteil hätte der kleinste Angriff auf Čajkovskij einen Ausbruch öffentlicher Empörung hervorgerufen. Das Ausmaß seiner immensen Popularität zeigte die allgemeine Reaktion auf seinen Tod. Schließlich zog Wilde – wie bekannt – selbst die Katastrophe auf sich, indem er ein Gerichtsverfahren gegen den Vater seines Geliebten, Lord Alfred Douglas, wegen Verleumdung anstrengte.

Gegen all das könnte man einwenden, daß es für die russische Regierung, wie aus der voraufgehenden Darstellung folgt, nicht obligatorisch gewesen wäre, Čajkovskij den Prozeß zu machen. Man hätte ihn, um einen Skandal zu vermeiden, administrativ bestrafen und ihn für eine beliebige Zeit auf ein beliebiges Gut verbannen können. Selbst wenn man eine so wenig wahrscheinliche Möglichkeit erwägt, ist ein Selbstmord des Komponisten auszuschließen; war doch nach der Logik Alexandra Orlovas dessen Ursache Erpressung, verbunden mit der Androhung eines Skandals. Gerade ein Skandal wäre aber damals durch eine in solchen Fällen übliche administrative Maßnahme abgewandt worden. Und eine administrative Bestrafung hätte Petr Il'ič kaum berühren können. Er hatte feste und starke Verbindungen zum Hofe, wo viele Personen ihm sehr wohlgesonnen waren, nicht zuletzt Aleksandr III. Selbst wenn man annimmt (wofür es entschieden keine Gründe gibt), daß sich in den folgenden fünf Jahren die Beziehungen zwischen dem Zaren und dem Komponisten verschlechterten, hat die Gewährung einer lebenslänglichen Pension von jährlich 3 000 Silberrubeln im Jahre 1888 eine entscheidende Bedeutung; auch wenn man die ganz unterschiedlichen Umstände in Betracht zieht, verband dieser Akt den Zaren ebenso mit Čajkovskij wie die Gelddotation an den *Graždanin* für immer seine Beziehungen zu Meščerskij festigte[67]. In beiden Fällen drückte die offizielle finanzielle Unterstützung den Empfängern den persönlichen Stempel höchsten Wohlwollens auf. Das machte ihre Desavouierung, unter welchen Umständen auch immer, unmöglich; jeder mit ihnen verbundene Skandal hätte, wenn er nicht vertuscht worden wäre, einen Schatten auf den Zaren geworfen. Im Schicksal Meščerskijs spielte, wie wir wissen, dieser Umstand eine rettende Rolle.

Beziehungen anderer, viel engerer Art existierten zwischen Petr Il'ic und dem Großfürsten Konstantin Konstantinovič, dem Dichter K. R[omanov]. In einem Brief an N.F. fon-Mekk vom 10./22. November 1886 beschreibt Čajkovskij seine Beziehungen zum Hofe so: *In höheren Kreisen habe ich außer dem mir wohlgesinnten Zaren und der Zarin einen besonderen, speziellen Gönner, und zwar den Großfürsten Konstantin Konstantinovič.*[68] Die letzten Briefe an den Großfürsten schrieb Čajkovskij am 21. September/3. Oktober und 26. September/8. Oktober 1893 – also 36 und 29 Tage vor seinem Tode. In ihnen wird der hohe Grad des Wohlwollens sichtbar, das K. R. dem Komponisten zuteil werden ließ, und wie bezaubernd die Art des letzteren war, sich mit dem hohen Gönner auf gleicher Höhe zu halten. In dem vorletzten Brief, der die Bitte des Großfürsten, ein *Requiem* auf Verse von Apuhtin zu schreiben, diskutiert, treffen wir auf wichtige Überlegungen, die zu dramatischen Erklärungen Anlaß geben. *Mich verwirrt ein wenig der Umstand, daß meine letzte Sinfonie, die gerade fertig geworden und für den 16./28. Oktober zur Aufführung vorgesehen ist (ich hätte es schrecklich gern, daß Eure Hoheit sie hörten), von einer Stimmung durchdrungen ist, die derjenigen sehr nahe kommt, von der auch das »Requiem«* [Apuhtins] *übervoll ist. Ich glaube, daß mir diese Sinfonie gelungen ist, und ich fürchte, ich würde mich selbst wiederholen, wenn ich mich gleich an ein Werk machte, das in Geist und Charakter seinem Vorgänger verwandt wäre.*[69]

Folgt daraus – wie es einige Autoren sehen wollen –, daß Čajkovskij, als er die *Pathétique* schrieb, bewußt sein eigenes Requiem verfaßte? Das ist ganz unwahrscheinlich. In dem zweiten (und letzten) der erwähnten Briefe lehnt er den Vorschlag von K. R., Apuhtins *Requiem* zu vertonen, endgültig ab: *Es gibt einen Grund dafür, daß ich wenig geneigt bin, eine Musik auf jedes beliebige Requiem zu schreiben, aber ich fürchte, in taktloser Weise Ihr religiöses Gefühl anzutasten. Im Requiem* [von Apuhtin] *wird viel von einem richtenden Gott, einem strafenden Gott, einem rächenden (!!) Gott gesprochen. Verzeihen Sie, Eure Hoheit, aber ich erkühne mich anzudeuten, daß ich an solch einen Gott nicht glaube oder daß solch ein Gott in mir jedenfalls nicht die Tränen, das Entzücken, die Verehrung des Schöpfers und der Quelle alles Guten wecken kann, die mich inspirieren würden.*[70]

Ende Februar 1881 wurde Čajkovskij während seines Aufenthalts in Rom den Großfürsten Sergej und Pavel Aleksandrovič vorgestellt. Von der Begegnung mit ihnen schreibt er mit großer Begeisterung an N.F. fon-Mekk und seine Brüder[71]. Die Großfürsten waren ebenfalls von der Persönlichkeit des Komponisten bezaubert und luden ihn sogar ein, mit ihnen zu reisen, und dieser Vorschlag wurde wohlwollend aufgenommen. Aber gerade in diese Zeit fiel die tragische Nachricht von der Ermordung ihres Vaters Aleksandrs II., und selbstverständlich wurden alle Vergnügungspläne aufgegeben. Von diesen beiden Brüdern war Sergej Aleksandrovič, wie schon erwähnt, selbst homosexuell, und das war weithin bekannt.

Man kann nicht ausschließen, daß Sergej Alexandrovič durch den sponatenen »Informationsdienst«, den es zu allen Zeiten in homosexuellen Kreisen und über alle sozialen und gesellschaftlichen Grenzen hinweg gab, von den amourösen Vorlieben des Komponisten wissen oder etwas vermuten konnte. Zu Beginn der 1890er Jahre stand er dem Thron besonders nahe und hätte es, falls notwendig, sicher nicht unterlassen, für einen guten Bekannten und »Gleichgesinnten« einzutreten. Nicht umsonst bemerkt die Frau des Generals Bogdanovič anläßlich eines derartigen Skandals im Jahre 1889 voller Empörung: *Man sagt, daß sich die Großfürsten beeilen werden, diesen Vorfall aus der Welt zu schaffen: Von ihnen gehören viele zu dieser Gesellschaft.*[72]

Übrigens nimmt gerade zu dieser Zeit der Einfluß von Meščerskij, einem ehemaligen Juristen und intimen Freund Čajkovskijs, der die Neigungen des Komponisten teilte, merklich zu.

Aus dem Gesagten ergibt sich, daß jeder Skandal im Zusammenhang mit den sexuellen Neigungen von Petr Il'ič das Prestige und die Interessen einer ganzen Reihe mächtiger Personen bis hin zur Spitze der Regierungshierarchie ernstlich verletzt hätte. Es wäre aber völlig falsch, daraus den Schluß zu ziehen, die Regierung (oder irgendeine Person oder Personengruppe) hätte, um dies zu vermeiden, ein Kriminalverbrechen begehen können – eben darauf läuft Alexandra Orlovas Theorie hinaus, die Theorie von der »Verschwörung der Juristen« und ihrer Erpressung mit dem Ziel, Čajkovskij zum Selbstmord zu zwingen. Eine solche Annahme wäre im übrigen ebenso willkürlich wie die Behauptung, Lermontov sei auf persönlichen Befehl Nikolajs I. aus dem Gebüsch heraus ermordet worden oder derselbe Monarch habe selbst die Intrige dirigiert, die zum Tode Puškins führte.

Der Zarenhof mit so vielen Gönnern des Komponisten hätte einen Skandal mit einer Menge sehr viel vernünftigerer, dabei weniger mittelalterlicher Mittel vertuschen können; er hätte nicht einmal zu administrativen Maßnahmen greifen müssen. Es hätte etwa genügt, Čajkovskij vorzuschlagen, für einige Zeit ins Ausland zu reisen. Das hätte er sicher gern getan, um so mehr, als er durch denselben Kunstgriff Enthüllungen während seiner katastrophalen Ehe entgangen war. Was seine angeblichen Ankläger betraf, so hätte es, da es sich um eine aristokratische Familie handelt (A. Orlovas Konstruktion wird später im einzelnen dargelegt), in ihrem Interesse gelegen, alles möglichst schnell und unauffällig zu vertuschen. Aleksandr III. hätte allen Grund gehabt, nach dem Rezept seines Großvaters zu verfahren: »Die vergewaltigte Soundso [ist] als Jungfrau zu betrachten.« Und kein Höfling hätte es gewagt, in einer derartigen Situation dem Willen des Monarchen zu widersprechen.

Und das sogar, wenn es tatsächlich eine »Verschwörung der Juristen« gegeben hätte. Dies hätte Čajkovskij nicht hindern können, Meščerskij um Beistand zu bitten (der seinerzeit mühelos einer kaum weniger gefährlichen Kollision entgangen war) oder an noch höherer Stelle Sergej Aleksandrovič und K. R. und schließlich dem Zaren zu Füßen zu fallen, der als vernünftiger Staatsmann nicht einmal daran hätte denken können, den Stolz der russischen Musik wegen eines homosexuellen Vergehens einem Gericht zu übergeben. Wie man sieht, hält die Selbstmordtheorie vom Gesichtspunkt der äußeren Umstände her keiner Kritik stand, d. h. wenn man von der Idee ausgeht, daß ein (übrigens von niemandem bewiesener) entsprechender Vorfall Čajkovskij zum Selbstmord zwingen mußte. Selbstmord ist das letzte Mittel, wenn es keinen anderen Ausweg aus einer Sackgasse mehr zu geben scheint. In jedem Falle aber hätte es für Petr Il'ič mehrere Möglichkeiten des Auswegs aus einer solchen Situation gegeben – von einer unverzüglichen Flucht ins Ausland bis hin zur Bitte um Hilfe an zahlreiche Gönner, darunter den Zaren.

Kapitel III
Das Damoklesschwert

Die Selbstmordtheorie hätte dann einen gewissen Sinn haben können, wenn bewiesen worden wäre, daß die postulierten schwerwiegenden äußeren Umstände bei Čajkovskij mit nicht weniger schwerwiegenden inneren Umständen zusammenfielen, d. h. wenn die »Verschwörung der Juristen« mit einer qualvollen persönlichen Krise zusammengefallen wäre und dies Zusammentreffen den Komponisten zum Selbstmord veranlaßt hätte. Die »inneren Umstände« des Komponisten im Herbst 1893 sollen gleich dargelegt werden. Čajkovskij habe sich während seines gesamten Lebens wegen seiner Homosexualität »heftig gequält«, ist eine zentrale These in der Konzeption derjenigen, die behaupten, der Komponist habe Selbstmord begangen.

Seine ganze Existenz war vergiftet, behaupten sie, *die Furcht vor Entdeckung verfolgte ihn ununterbrochen. – Von seinen frühen Jahren an quälte ihn das Gefühl der Isolierung, und mehr als einmal versuchte er, sich in eine Frau zu verlieben.*[73] All das ist richtig – mit einem wesentlichen Vorbehalt: Der letzte Versuch dieser Art, der in die Ehe mit Antonina Ivanovna Miljukova mündete, fand im Jahre 1877 statt, als der Komponist 37 Jahre alt war – sechzehn Jahre vor seinem Tod.

Alle Briefzitate, auf die sie ihren Standpunkt gründen, beziehen sich ausnahmslos auf die kurze Periode 1875–1877. In diesen Jahren machte der Komponist tatsächlich eine Lebenskrise durch, die eng mit seiner Homosexualität zusammenhing. Von ähnlichen Krisen, die ihr voraufgingen (wenn sie wirklich stattgefunden haben), wissen wir nichts. Es ist jedoch offensichtllch, daß die Krise der Jahre 1875–1877 die letzte dieser Art war.

Betrachten wir sie näher. Es gibt allen Grund für die Annahme (wenn man etwa an die Schwärmerei des Komponisten für die Sängerin Désirée Artôt im Jahre 1868 denkt), daß Čajkovskij sich bis in die Mitte der 1870er Jahre nicht vorstellen konnte oder mochte, daß seine Homosexualität unüberwindlich sei – wie das auf viele Menschen seiner Veranlagung zutrifft. Dafür gab es Gründe: Tatsächlich begegnet man der Bisexualität ungleich viel öfter als ausschließlicher Homosexualität. So war der Gedankengang gewöhnlich folgender: Ich werde meinen Neigungen nachgeben, so lange das möglich ist; wenn aber irgendwelche Gründe es kategorisch fordern, werde ich mich überwinden, mich von meinen Gewohnheiten lösen und leben wie alle anderen normalen Menschen.

Genau solch eine Stimmung tritt in dem Brief an Modest Il'ič vom 10./22. September 1876 offen zutage – eben dem Brief, den Alexandra Orlova heranzieht: *Was mich betrifft, so werde ich alles Mögliche tun, um in eben diesem Jahr zu heiraten, und wenn ich dafür nicht Mut genug habe, dann will ich doch auf jeden Fall meine Gewohnheiten abwerfen und mich darum bemühen, daß man aufhört, mich zur Gesellschaft der Gruzinskij und Co. zu zählen.* [Gruzinskij war ein bekannter Moskauer Homosexueller – A. P.] *Ich denke ausschließlich daran, die unheilvollen Leidenschaften in mir auszumerzen.*[74] Die Entschlossenheit verringert sich jedoch von Zeit zu Zeit, und er schreibt nach einer Woche weitaus besonnener an denselben Adressaten: *In dieser Angelegenheit beabsichtige ich mich nicht zu beeilen, und Du sei überzeugt, daß ich, wenn ich mich tatsächlich mit einer Frau verbinde, dies ganz umsichtig tun werde.*[75] Ausführlicher schreibt er an Modests Zwillingsbruder Anatolij: *Ich fühlte, daß ich log, als ich Dir sagte, daß ich mich ganz und gar zu der Dir bekannten schroffen Wende in meiner Lebensweise entschlossen hätte. Eigentlich habe ich mich dazu überhaupt noch nicht entschlossen. Ich habe das nur ernsthaft im Auge und warte auf etwas, das mich veranlassen soll zu handeln* [...] *Ich wiederhole, daß ich ernsthaft im Auge habe, mich ganz und gar zu verändern; aber ich will mich darauf nur schrittweise vorbereiten.*[76]

Die Vorbereitung ging indessen unter großen Schwierigkeiten vor sich. In einem anderen Brief an Modest Il'ič vom 28. September/10. Oktober heißt es, nachdem Čajkovskij die Notwendigkeit einer Heirat leidenschaftlich mit den Gefühlen seiner Angehörigen begründet hat: *Auf jeden Fall erschrick nicht meinetwegen, lieber Modja. Die Realisierung meiner Pläne ist durchaus nicht so nahe, wie Du denkst. Ich habe so eingefleischte Gewohnheiten und Neigungen, daß ich sie nicht sofort wie einen alten Handschuh abwerfen kann. Außerdem bin ich weit davon entfernt, einen eisernen Charakter zu haben und habe nach meinen letzten Briefen an Dich schon etwa dreimal der Stärke meiner natürlichen Triebe nachgegeben. Stell' Dir vor! Ich habe neulich sogar eine Reise aufs Land zu Bulatov gemacht, dessen Haus nichts anderes als ein päderastisches Bordell ist. Nicht genug damit, daß ich dort war – ich habe mich wie eine Katze in seinen Kutscher verliebt!!! Also hast Du voll-*

kommen recht, wenn Du in Deinem Brief sagst, daß es – ungeachtet irgendwelcher Schwüre – keine Möglichkeit gibt, seine Schwächen zu unterdrücken.[77]

Also hatte der Komponist im Verlauf von weniger als einem Monat, wie er seinem Bruder gesteht, trotz aller Entschiedenheit und allem Pathos in seinen Worten drei homosexuelle Kontakte. Bemerkenswert ist der Ausdruck »natürliche Triebe«: Er zeigt, daß Čajkovskij seine Neigungen (eben diese Worte verwendet er folgerichtig in seinen Briefen) in keinem Maße als Anomalie betrachtete; in allen von ihm geschriebenen und uns bekannten Texten gibt es nicht die leiseste Andeutung, daß er sich für eine sexual-pathologische Persönlichkeit hielt. Weiter heißt es in dem zitierten Brief: *Und trotzdem bleibe ich bei meinen Absichten, und sei überzeugt, daß ich sie so oder anders verwirklichen werde. Aber ich werde das nicht plötzlich und nicht unüberlegt tun. Auf keinen Fall habe ich die Absicht, mir ein Joch aufzuerlegen. Ich werde eine gesetzliche oder ungesetzliche Verbindung mit einer Frau nicht anders eingehen als jemand, der sich seine Ruhe und seine Freiheit vollkommen gesichert hat.*[78] Unter »Freiheit« wird hier offensichtlich schon die Freiheit verstanden, seinen »Schwächen« nachzugeben, »die zu unterdrücken es, ungeachtet irgendwelcher Schwüre, keine Möglichkeit gibt«.

Einstweilen läßt sich, wie zu sehen war, nichts besonders Tragisches bemerken. Aber was war es dann, was Čajkovskij zu diesem Gedankengang veranlaßte und eine lange dauernde psychische Krise hervorrief? Nach Meinung der Anhänger der Selbstmordtheorie mußten das Gewissensbisse und die Furcht vor Enthüllung sein. Besondere Gewissensbisse sind in den angeführten Zitaten nicht zu bemerken; von der Furcht vor Enthüllung wird weiter unten die Rede sein. Gründe gab es aber, und da waren mehrere: Ein nicht unwichtiger war der nachdrückliche Wunsch des Vaters, den geliebten Sohn endlich verheiratet zu sehen; vgl. den Brief an N.F. fon-Mekk vom 3./15. Juli 1877: *Mit zu diesem Entschluß beigetragen hat, daß mein alter 82jähriger Vater und alle mir Nahestehenden nur danach trachten, daß ich heirate.*[79] Zweifellos spielte das Problem der »Nahestehenden« – in dem einen oder anderen Sinne – hier eine entscheidende Rolle. Davon ist in vollkommener Offenheit in dem schon zitierten Brief an Modest Il'ič vom 28. September/10. Oktober die Rede, in dem Čajkovskij auf die »antimatrimonialen« Argumente des Bruders entgegnet: *Dann sagst Du, daß man auf das »q u' e n d i r a - t' - o n«* [= was wird man dazu sagen?] *spucken soll! Das ist nur bis zu einem gewissen Grade richtig. Es gibt Menschen, die mich wegen meiner Laster nur darum nicht verachten können, weil sie anfingen mich zu lieben, als sie noch nicht den Verdacht hegten, ich sei eigentlich ein Mensch mit verlorenem Ruf. Hierher gehört z. B.* [unsere Schwester] *Saša! Ich weiß, daß sie alles errät und alles verzeiht. Ebenso verhalten sich zu mir viele Personen, die ich liebe und achte. Denkst Du etwa, mich belaste nicht dies Bewußtsein, daß man mich bedauert und mir verzeiht, während ich doch eigentlich in keiner Weise schuldig bin! Und ist nicht der Gedanke tödlich, daß Menschen, die mich lieben, sich manchmal meiner schämen können! Und doch war das hundertmal so und wird hundertmal so sein. Mit einem Wort: Ich möchte durch eine Heirat oder überhaupt durch eine öffentliche Verbindung mit einer Frau verschiedene verachtenswerte Kreaturen zum Schweigen bringen, auf deren Meinung ich überhaupt nichts gebe, die aber Menschen, die mir nahestehen, Kummer verursachen können.*[80] Es gibt also, obwohl der Komponist hier für seine sexuellen Vorlieben das traditionelle Wort »Laster« verwendet, in diesem ganzen Brief nicht das Empfinden einer eigenen Sündhaftigkeit: »während ich doch eigentlich in keiner Weise schuldig bin«. Mit dem »verlorenen Ruf« verhält es sich auch komplizierter als es scheinen könnte: Die sogenannte »öffentliche Meinung« wird hier als »verschiedene verachtenswerte Kreaturen« abqualifiziert, deren Ansichten keine Aufmerksamkeit verdienen.

Die Motive sind ungleich erhabener: Friede und Ruhe von nahestehenden Menschen und völliges gegenseitiges Einverständnis mit ihnen – ohne daß etwas ungesagt, gelogen oder verschwiegen werden muß. Diese Bestrebungen zusammen mit der Überzeugung, es bestehe die prinzipielle Möglichkeit, »seine Natur zu ändern«, veranlaßten ihn zu der Behauptung in dem ersten Brief an Modest Il'ič (vom 19./31. August 1876), in dem er dieses Thema zum erstenmal berührt: *Ich habe beschlossen zu heiraten. Das ist unvermeidlich. Ich muß das tun und zwar nicht nur für mich, sondern auch für Dich und für Tolja* [Anatolij] *und für Saša und für alle, die ich liebe. Für Dich besonders!*[81] Der letzte Satz nimmt offenbar Bezug auf Modests gerade aufgenommene Berufstätigkeit als Erzieher des taubstummen Jungen Kolja Konradi und auf die gemeinsame Auslandsreise mit dem Komponisten im Sommer desselben Jahres. Offenbar war Čajkovskij, der sich selbst zu dem Zögling seines Bruders hingezogen fühlte, durch die Situation, die sich entwickelt hatte, außerordentlich beunruhigt. Wenn man außerdem in Betracht zieht, daß auch Modest Il'ič homosexuell veranlagt war, kann man sich vorstellen, daß Čajkovskij für die Beziehungen der drei in der Zukunft unzählige Komplikationen erwartet. Von einer solchen Beunruhigung ist eine weitschweifige Erklärung in einem Brief an Modest vom 10./22. September durchdrungen: *Ich habe in dieser Zeit viel über mich und über Dich und über unsere Zukunft nachgedacht. Das Ergebnis dieser ganzen Überlegung war, daß ich mich von heute an ernsthaft anschicken werde, eine gesetzliche eheliche Verbindung mit wem auch immer einzugehen. Ich finde, daß unsere Neigungen für uns beide ein sehr großes und unüberwindliches Hindernis zum Glück darstellen und daß wir mit all unseren Kräften gegen unsere Natur ankämpfen müssen. Ich liebe Dich sehr, ich liebe Kolja sehr und ich wünsche sehr, daß Ihr Euch – zu Eurem gemeinsamen Glück – nicht trennen müßt. Aber die Bedingung »sine qua non« für die Dauerhaftigkeit Eurer Beziehungen ist, daß Du nicht der bleibst, der Du bis jetzt warst. Das ist nicht für das »qu'en dira-t'-on« notwendig, sondern für Dich selbst, für Deine seelische Ruhe. Ein Mensch, der sich von seinem Kind (man kann ihn Deins nennen) trennt und sich dem ersten besten Lumpen in die Arme wirft, kann kein solcher Erzieher sein, wie Du es sein möchtest und sein mußt. Wenigstens kann ich Dich mir nicht ohne Entsetzen im Aleksandrovskij-Garten Arm in Arm mit Okonešnikov vorstellen. Du wirst sagen, daß es in Deinem Alter schwer ist, Leidenschaften zu bekämpfen; darauf will ich antworten, daß es in Deinem Alter leichter ist, seine Neigungen in eine andere Richtung zu lenken. Hier muß Deine Religiosität, wie ich vermute, für Dich eine starke Stütze sein.*[82] Das heißt, eines von Čajkovskijs Motiven, eine Ehe einzugehen, ist es, dem jüngeren Bruder durch die Heirat ein Vorbild zu geben und dadurch eine Katastrophe in dessen Beziehungen zu seinem Schüler abzuwenden.

In diesen Zusammenhang gehört eine in ČR (Cajkovskijs Briefe an die Familie*) gekürzte Passage in dem voraufgegangenen, schon zitierten Brief an denselben Adressaten (vom 19./31. August 1876), die hier nach dem Original ergänzt wird: *Aber auch Du, Modja, mußt gut darüber nachdenken. Bougromanie* [= Homosexualität] *und Pädagogik können sich nicht miteinander vertragen.*[83] Alles Gesagte ändert nichts daran, daß sich in diesem Lebensabschnitt bei Čajkovskij, einer äußerst neurotischen Natur, von Zeit zu Zeit die

* s. Verzeichnis der Abkürzungen, S. 189

ihm eigenen Anfälle von Hypochondrie mit dem Problem seiner Homosexualität verbinden konnten. Diesen Umstand erklärt noch ein Zitat aus einem Brief an Anatolij Il'ič vom 9./21. Januar 1875: *Ich bin hier sehr, sehr einsam, und wenn nicht meine ständige Arbeit wäre, würde ich einfach in Melancholie verfallen. Und wahr ist auch, daß die verfluchte Homosexualität zwischen mir und den meisten Menschen einen unüberschreitbaren Abgrund bildet. Sie verleiht meinem Charakter Entfremdung, Angst vor Menschen, Furchtsamkeit, unermeßliche Schüchternheit, mit einem Wort, tausend Eigenschaften, durch die ich mehr und mehr menschenscheu werde. Stell' Dir vor, daß ich jetzt häufig und längere Zeit hindurch bei dem Gedanken an ein Kloster oder etwas Ähnliches verweile.*[84] Es sei aber angemerkt, daß die hauptsächliche Klage in diesem Brief der Mißbilligung des 1. Klavierkonzerts durch seinen engen Freund und Konservatoriumsdirektor N.G. Rubinštejn am 24. Dezember 1874/5.Januar 1875 galt, einem Ereignis, das für Čajkovskij einen schweren Schlag bedeutete. V.A. Ždanov bemerkt dazu: *Čajkovskij behielt den Unglückstag gut im Gedächtnis und verlieh drei Jahre später, als er sich über N.G. Rubinštejn aus einem anderen Anlaß ärgerte, seinem Zorn wiederum in einem ausführlichen Brief an Frau fon-Mekk Ausdruck.*[85]

Folglich hatte die Hauptursache seiner Melancholie damals keinen Bezug zur Homosexualität. Im übrigen trägt die Stimmung, die sich in dem Brief widerspiegelt, die charakteristischen Merkmale jedes beliebigen neurasthenischen Menschen, unabhängig von seiner sexuellen Orientierung. Mehr als das: Es ist bekannt, daß Čajkovskij es trotz all seiner Schüchternheit verstand, in Gesellschaft äußerst bezaubernd zu sein, und daß er überhaupt in jüngeren Jahren modische Zerstreuungen suchte und ein mehr als mondänes Leben führte. Der Verzicht auf diese Lebensart wurde nicht durch Verwicklungen in homosexuelle Beziehungen hervorgerufen, sondern durch den Beginn der schöpferischen Tätigkeit und den Entschluß, ihr all seine Kräfte zu widmen. Auch weiterhin gab es Zeiten, in denen Petr Il'ič von großen Menschenmengen umgeben war. Er strebte oft danach, vor ihnen davonzulaufen, und das nicht aus Gründen, die mit seiner Homosexualität zusammenhingen, sondern weil gesellschaftliche Verpflichtungen ihn bei der Arbeit störten.

Auf keinen Fall darf man aus einem einzigen Zitat (und selbst nicht aus weiteren Äußerungen dieser Art, wenn es sie denn gäbe) den Schluß ziehen: *Es ist unbestritten* [...], *daß er von ihr* [der Homosexualität] *im Verlauf seines Lebens heftig gequält wurde.*[86]

Und so sind durch unsere Analyse entschieden alle Briefe und Zitate der Jahre 1875–1877 bis zum Moment von Petr Il'ičs Heirat mit A.I. Miljukova abgetan, die Alexandra Orlova als Argumente für ihre Theorie heranzieht (oder hätte heranziehen können). Man bemerkt schnell, daß diese Zitate von ihr bei der Interpretation in der Regel aus dem Zusammenhang gerissen werden. Indessen reicht das Material sogar in ihrer Interpretation überhaupt nicht aus, um Čajkovskij als einen Menschen darzustellen, der ununterbrochen unter seiner Homosexualität leidet. Es zeichnet sich ein weitaus komplizierteres Bild ab: Das Element des Leidens gab es selbstverständlich – wie in jedem bedeutenden Leben –, aber es ist überhaupt nicht offenkundig, daß die Homosexualität seine Hauptursache war. Seine Neigungen stellten sich Čajkovskij als »natürlich« dar, er fühlte sich durch sie nicht schuldig; und um die öffentliche Meinung als solche kümmerte er sich wenig. Als Mensch mit einer großen Seele quälte er sich aber wegen der Leiden, die ihm nahestehende Menschen seinetwegen tatsächlich oder in seiner Einbildung empfanden oder in Zukunft empfinden konnten. Der Glaube an die Möglichkeit von vollwertigen Beziehungen zu Frauen gab ihm die Hoffnung auf eine Beruhigung seiner Angehörigen und eine allgemeine Harmonie. Er vermutete damals nicht, daß er von Natur aus zu dem eher selten anzutreffenden Typ des ausschließlichen Homosexuellen gehörte und daß eine Affäre mit einer Frau – welcher Art auch immer – für ihn unmöglich war. Diese Erkenntnis gewann er erst während des kurzen Ehelebens mit Antonina Miljukova: Die Illusionen, mit einer Frau zusammenleben zu können, verschwanden für immer. Man muß hervorheben, daß er in keinem Falle seinen »Neigungen« die Schuld an der Katastrophe gab, die sich damals abspielte. Im Gegenteil gab er die Schuld an ihr seinem Entschluß, ihnen entgegenzuwirken. Hier eine charakteristische Briefpassage: *Ich verdiene Verachtung, weil solch einen Wahnsinn, wie ich ihn vollbracht habe, nur ein ausgemachter Dummkopf, ein verrückter Waschlappen vollbringen kann. Aber es geht mir nicht um eine allgemeine Verachtung. Es ist mir nur schmerzlich zu denken, daß Ihr mir* [...] *in der Tiefe Eures Herzens böse seid, weil ich mich nach einer Heirat drängte, ohne mich mit jemandem von Euch zu beraten, und Euch dann zur Last fiel.*[87] Oder: *Ach, wie viele Dummheiten habe ich gemacht und wie habe ich mir selbst geschadet! Ich habe nicht einmal jemanden, auf den ich mein Unglück abwälzen könnte; an allem bin ich allein schuld!*[88] Oder: *Und wozu überkam mich der Wahnsinn; wozu spielte sich diese ganze abge-*

schmackte Tragikomödie ab![89] Es besteht kein Zweifel, daß Petr Il'ič nach der schrecklichen Erfahrung seiner Eheschließung keinerlei Neigungen mehr empfand, irgendeine Frau zu lieben, indem er mit ihr »eine gesetzliche oder ungesetzliche Verbindung« einging. Mehr als das: In einem Brief aus Florenz vom 13./25. Februar 1878 an seinen Bruder Anatolij kommt P.I. Čajkovskij zu einem wichtigen Schluß: *Erst jetzt, besonders nach der Geschichte mit der Heirat, beginne ich endlich zu begreifen, daß es nichts Fruchtloseres gibt, als nicht der sein zu wollen, der man seiner Natur nach ist.*[90]

Den gleichen Gedanken äußert er schon früher, am 23. Dezember 1877/4. Januar 1878, N.G. Rubinštejn gegenüber: *Ich weiß jetzt aus Erfahrung, was es bedeutet, sich ändern zu wollen und gegen seine Natur anzugehen, welcher Art sie auch sein möge.*[91]

Bekanntlich endete Čajkovskijs Versuch einer ehelichen Verbindung mit einem schweren seelischen Zusammenbruch und hatte seine Flucht ins Ausland zur Folge. Dank der Anstrengungen seiner Verwandten und Freunde gab es immerhin keinen Skandal.

Wir wollen gleich unterstreichen, daß mit dem oben angeführten Material alles ausgebreitet ist, was in den veröffentlichten Texten über psychische und andere Probleme zu finden ist, die im Bewußtsein des Komponisten mit seiner Homosexualität verbunden waren. Alle Dokumente stammen aus den Jahren 1875–1878. Da es keinerlei Hinweise ähnlicher Art in der späteren und in schöpferischer Hinsicht wichtigeren Periode seines Lebens gibt, wird deutlich, wie anfechtbar die These von Čajkovskij als lebenslangem homosexuellen Märtyrer ist. Es ist offensichtlich, daß der Komponist sich nach dem katastrophalen ehelichen Experiment ohne besondere Mühe mit seinen »natürlichen Trieben« abfand; in den Tagebüchern z. B. findet sich auch nicht der geringste Hinweis darauf, daß er sie als Sünde, Leid oder Anomalie empfand.

Im gesamten Briefwechsel Čajkovskijs nach seiner Ehe ließen sich nur zwei Passagen ausfindig machen, in denen man eine gewisse Sehnsucht nach weiblicher Liebe entdecken kann. Die bewegendste steht in einem Brief an Modest Il'ič vom 17./29. Oktober 1881, in dem er die Ankunft des Bräutigams einer Tochter seiner Schwester Aleksandra Il'inična beschreibt: *Er verschlingt sie mit den Augen; er ist böse und traurig, wenn sie nur für einen Augenblick fortgeht. Aber es ist offensichtlich, daß das nicht nur Schwärmerei, sondern wirkliche normale Liebe ist. Modja, wie arm sind wir beide – werden wir doch unser ganzes Leben zubringen, ohne*

Čajkovskij mit seiner Frau, Antonina I. Čajkovskaja, geb. Miljukova, Moskau 1877.

auch nur für eine Sekunde die Fülle des Liebesglücks erfahren zu haben.[92]

Die Augenblicksstimmung, die sich hier widerspiegelt, ist wohl jedem Homosexuellen bekannt; sie kommt und geht, ohne eine Spur zu hinterlassen. Ihr Wesen ist jedoch offenkundig: Die ausschließliche Homosexualität hinterläßt – wie jede Unvollständigkeit – das Empfinden des Unbefriedigtseins. Man kann übrigens behaupten, daß im Unterbewußtsein auch die ausschließliche Heterosexualität von einem ähnlichen Empfinden geprägt ist.

In der zitierten Äußerung, es sei ihm prinzipiell unmöglich, in der Liebe die Fülle des Glücks zu finden, widerspricht Čajkovskij der berühmten Passage aus seinem Brief an N.F. fon-Mekk vom 9./21. Februar 1878, wo die Frage sozusagen dialektisch angegangen wird: *Sie fragen, meine Freundin, ob ich die nichtplatonische Liebe kenne. Ja und nein. Wenn man diese Frage etwas anders stellt, d. h. wenn man fragt, ob ich in der Liebe die Fülle des Glücks empfunden habe, so antworte ich: Nein, nein und abermals nein!!! Übrigens denke ich, daß es auch in meiner Musik eine Antwort auf diese Frage gibt. Wenn Sie mich aber fragen, ob ich die ganze Macht, die ganze unermeßliche Kraft dieses Gefühls verstehe, so antworte ich: Ja, ja und abermals ja, und ich will wiederum sagen, daß ich wiederholt mit Liebe versucht habe, die Qual und zugleich die Seligkeit der Liebe durch Musik auszudrücken.*[93]

Ein bemerkenswerter Text: Wenn es um Emotionen geht, ist es dann möglich zu verstehen, ohne zu empfinden, und noch mehr, das nicht Empfundene (»die Seligkeit«) doch mit Mitteln der Kunst auszudrücken? Offensichtlich nicht. Die Lösung des Dilemmas liegt darin, daß die Briefpartner, auch wenn sie eine moderne Sprache sprechen und mit ein und derselben Semiotik operieren, doch eine verschiedene Semantik im Auge haben: Nadežda Filaretovna die heterosexuelle Liebe, Petr Il'ič die homosexuelle. Aber daraus folgt, daß Čajkovskij im Rahmen der homosexuellen Liebe schon die Qual und die Seligkeit (d. h. auch die Fülle des Glücks) empfand, wenn er sich als fähig erwies, sie zu verstehen und in Musik auszudrücken. Übrigens kannte der Komponist, als die zitierten Briefe an Modest Il'ič und N.F. fon-Mekk geschrieben wurden, noch nicht die mächtigste und umfassendste Leidenschaft seines Lebens, die Liebe zu Vladimir Davydov.

Die zweite Passage über Frauen, die Aufmerksamkeit auf sich zieht, finden wir in einem Brief an Anatolij vom 8./20. Februar 1882 anläßlich der bevorstehenden Heirat des Bruders: *Es gibt ein be-*

stimmtes Bedürfnis nach Liebkosung und Fürsorge, das nur eine Frau befriedigen kann. Mich überkommt bisweilen das wahnsinnige Verlangen, von einer weiblichen Hand liebkost zu werden. Manchmal sehe ich sympathische weibliche Gesichter (von übrigens nicht jungen Frauen), denen ich so gern den Kopf auf die Knie legen und deren Hände ich küssen möchte. Übrigens fällt es mir schwer, dem Ausdruck zu geben.[94] Wie wir sehen, ist diese Äußerung nicht ernst gemeint; Čajkovskij verzichtete sogar darauf, ihr Ausdruck zu geben. Sie ist pragmatisch und sentimental, ganz im Stil von Petr Il'ič und ganz zu der Begebenheit passend, die sie hervorrief. Und wiederum hat der Wunsch, älteren Damen »die Hand zu küssen«, wenig gemein mit dem »heftigen Leiden«, das Alexandra Orlova daraus folgert.

Man muß anmerken, daß Antonina Ivanovna die sexuellen Gründe der Abneigung, die ihr Gatte gegen sie hegte, sehr gut verstand; das geht aus flüchtigen Bemerkungen in ihren Briefen hervor. *Der letzte Brief* [der Miljukova] *ist dadurch bemerkenswert, daß sie sich aus einem Schaf, das Dich so weit rührte, daß Du in ferner Zukunft die Möglichkeit einer Versöhnung zwischen uns annahmst, plötzlich in eine ganz grausame, tückische und schlaue Katze verwandelte. Ich erwies mich als Betrüger, der sie geheiratet hatte, um sich zu tarnen; ich habe sie jeden Tag beleidigt, sie hat viel von mir erduldet, sie entsetzt sich über mein schändliches Laster usw. usw. O, was für eine Gemeinheit! Aber zum Teufel mit ihr.* (An M.I. Čajkovskij am 26. Oktober/7. November 1877[95].) In der Situation, wie sie sich entwickelt hatte, eröffnete sich ihr die Möglichkeit der Erpressung: Čajkovskij war lange davon überzeugt. Noch zwei Jahre nach der Eheschließung, am 1./13. Mai 1879, schreibt er an Anatolij: *Sei überzeugt davon, daß sich eigentlich in allem, was sie tut, das unbestimmte, aber unzweifelhafte Streben nach Erpressung verbirgt.*[96] Indessen ist bemerkenswert, daß der Komponist trotz dieser äußerst zugespitzten Sachlage keineswegs eine Entlarvung fürchtet, was der methodologischen Einstellung von Alexandra Orlova von Grund auf widerspricht. Übrigens ist das nicht erstaunlich: Čajkovskij konnte sich, im Unterschied zur Autorin, sehr gut die Praxis der russischen Rechtsorgane in diesen Dingen vorstellen, die wir weiter oben ausführlich untersucht haben. *Sie will mich erpressen, indem sie der Geheimpolizei über mich berichtet – nun, das fürchte ich überhaupt nicht.* (An A.I. Čajkovskij, 3./15. Februar 1878[97].) Oder an denselben (einen Berufsjuristen!) am 23. Dezember 1878/4. Januar 1879: *Darum kann ich mir keine anderen Beweggründe für ihre Initiative vorstellen, und Erpressung ist auch nicht möglich, selbst wenn sie sich dazu entschließen sollte.*[98]

Bei der ihm eigenen krankhaften Einbildungskraft konnten Čajkovskij von Zeit zu Zeit Angstträume überwältigen; aber er kam immer schnell wieder zu sich und gab sie der Verspottung preis: *Ich will Dir noch sagen, daß es für mich jetzt komisch und peinlich ist, mich daran zu erinnern, welchen Aufruhr ich anläßlich Deines Briefes über Antonina Ivanovna angestiftet habe! Ich werde ganz verrückt, sobald diese Angelegenheit auch nur zum Vorschein kommt! Was habe ich mir nicht alles eingebildet! Unter anderem habe ich in meinem Geist beschlossen, daß sie einen Prozeß beginnt und mich anklagen will. Ich stellte mir lebhaft vor, daß ich auf der Anklagebank saß, und obwohl ich den Staatsanwalt in meiner letzten Rede niederschmetterte, ging ich doch unter der Last der schändlichen Anklage zugrunde. In den Briefen an Dich tat ich mutig, aber eigentlich hielt ich mich schon für jemand, der ganz zugrunde gegangen war. Jetzt stellt sich mir all das als reiner Wahnsinn dar.* (An A.I. Čajkovskij, 26. Oktober/7. November 1878[99].)

Čajkovskij gab sich Rechenschaft darüber, daß ein ziemlich weiter Kreis von Menschen von seinen amourösen Vorlieben wußte. In einem Anfall von Erregung über N.G. Rubinštejn, der in Wirklichkeit sein treuer Freund und Beschützer war, und auch bei seinen Überlegungen, die Lehrtätigkeit am Konservatorium aufzugeben, schreibt er am 15./27. Januar 1878 an Anatolij: *Ihm kommt es immer so vor, als ob ich mich nur durch seine Wohltaten halte. Weißt Du, was ich als Grundlage von alldem ansehe? Immer wieder dasselbe. Erpressung! »Du bei Deinem schändlichen Ruf hättest dem Schicksal zu danken, daß ich Dich noch halte.« Ehrenwort, so ist das.*[100] Der Ton ist hier zwar voller Empörung, aber weit entfernt von Panik.

Das war zweifellos seinem Verleger P.I. Jurgenson bewußt. Ihm schreibt Čajkovskij in Zusammenhang mit Zeitungsverleumdungen und -klatsch: *Du weißt, wie ich unglücklicherweise von dieser Seite her verletztlich bin.*[101] P.I. Jurgenson war offensichtlich auf dem laufenden über seine Begegnungen und Bekanntschaften. *Am wahrscheinlichsten ist, daß das jemand von den passiven Urningen ist, die den Saft aus der Zitrone pressen*, schreibt er vieldeutig an Čajkovskij über einen der Besucher in seinem Kontor[102]. Die Verwendung des Wortes »Urning« zeugt von seiner Bekanntschaft mit der entsprechenden Literatur und seiner Respektierung von Čajkovskijs Neigungen.

Nach P.I. Čajkovskijs überstürzter Abreise ins Ausland im Zusammenhang mit der Katastrophe seiner Eheschließung schrieb ihm Modest, daß *ganz Petersburg* darüber rede: *Deine Krankheit ist hier schrecklich populär und zusammen mit den Kriegsnachrichten Gegenstand des Geredes, angefangen vom Salon des Großfürsten Konstantin Nikolaevič bis hin zu den Spalten kleiner Zeitungen wie dem »Peterburgskij listok«* [»Petersburger Blättchen«].[103] Verschiedene Gerüchte liefen um, darunter jenes, der Komponist sei wahnsinnig geworden; aber irgend jemand veröffentlichte in einer Zeitung eine Gegendarstellung. Unbekannte und Bekannte hielten Modest auf der Straße und im Theater an und fragten nach dem Ergehen seines Bruders, seiner Adresse usw.[104] Es steht fast außer Zweifel, daß diese Gerüchte mit den sexuellen Neigungen von Petr Il'ič zusammenhingen; davon hätte man Modest Il'ič allerdings kaum etwas gesagt. Und selbst wenn man etwas gesagt hat, dann hat er schwerlich etwas darüber nach Clarens geschrieben, wo Čajkovskij sich langsam erholte. Anatolij merkte ebenfalls an, daß es *so viel Klatsch* gebe, *daß es Gott erbarme!*[105]

In diesem Zusammenhang erscheint eine völlig harmlose Klatschgeschichte ganz und gar nicht seltsam: In seinem Tagebuch notierte A.S. Suvorin, daß, als *Čajkovskij und Apuhtin beide wie Mann und Frau in einer Wohnung lebten, Apuhtin im Bett lag, Čajkovskij zu ihm kam und sagte, daß er schlafen gehe, woraufhin Apuhtin ihm die Hand küßte und sagte: »Geh nur, mein Lieber; ich komme gleich zu dir.«*[106]

Wenn nach der »Flucht« des noch wenig bekannten bescheidenen Konservatoriumsprofessors ins Ausland ein ganzer Schwall unwahrscheinlichster Gerüchte und Klatschgeschichten über die Hauptstadt niederbrach, was war dann von dem plötzlichen und vorzeitigen Tod des in der ganzen Welt bekannten russischen Komponisten zu erwarten?

Wenn man der unglückseligen Gattin des Komponisten glauben kann (zu dieser Zeit war sie noch bei gesundem Verstand), dann wußte auch die Polizei sehr wohl von den sexuellen Neigungen ihres Mannes; diese Tatsache teilt sie nicht ohne Schadenfreude in einem Brief an den Komponisten vom 15./27. Dezember 1889 mit[107].

Darüber hinaus warf ihn nicht einmal ein öffentlicher Schlag – ein Artikel in der Zeitung *Novoe vremja* (»Neue Zeit«) vom 26. August/7. September 1878 – nieder; es handelte sich um ein Feuilleton über die Lebensweise im Konservatorium mit groben Angriffen auf Rubinštejn und Verleumdungen, die das Privatleben der Lehrer betrafen. Čajkovskij schreibt darüber an Modest am 29. August/ 10. September: *In Fastov nahm ich eine Zeitung* [»Novoe vremja«] *zur Hand und fand in ihr das »Moskauer Feuilleton«, das einer schmutzigen, gemeinen, ekelhaften und von Verleumdungen erfüllten Philippika gegen das Konservatorium gewidmet war. Von mir persönlich steht dort fast gar nichts, und es wird sogar erwähnt, daß ich mich nur mit Musik befasse und mich an den Intrigen und Zänkereien nicht beteilige. Aber an einer Stelle des Artikels wird über die Amouren der Professoren mit jungen Mädchen geredet und an seinem Schluß wird hinzugefügt: »Es gibt im Konservatorium noch Amouren anderer Art, aber über die will ich aus einem ganz verständlichen Grunde nicht sprechen« usw. Man versteht, worauf diese Anspielung zielt. Also hat in Gestalt einer Zeitungsverleumdung jenes Damoklesschwert, das ich mehr als alles auf der Welt fürchte, wieder nach meinem Hals geschlagen. Nehmen wir an, daß die Verleumdung mich diesmal nicht persönlich trifft, aber um so schlimmer. Mein Ruf als Homosexueller fällt auf das ganze Konservatorium, und dadurch wird mir noch peinlicher und noch schwerer zumute. Ich ertrug diese unerwartete Passage heroisch und philosophisch und unterhielt mich bis Kiev weiterhin mit Leva über Schwarzerde usw., aber an meiner Seele nagte es.* Doch in demselben Brief steht auch schon: *Après tout steht alles bestens, und gegenwärtig habe ich mich in bezug auf Zeitungen jeder Art völlig beruhigt* [...] *Eigentlich ist alles gleichgültig, wenn man Menschen hat, die man liebt.*[108]

Im nächsten Zug erwartete Petr Il'ič am selben Tag eine neue Prüfung: *Im Wagon, in dem ich von Kiev nach Kursk fuhr,* schreibt er an N.F. fon-Mekk, *saßen irgendwelche Herren, darunter irgendein Petersburger Musiker. Die Unterhaltung drehte sich um verschiedene Streitigkeiten und Klatschereien in der Musikwelt. Schließlich streiften sie auch mich. Sie sprachen nicht über meine Musik, sondern über mich, über meine Heirat, über meine Verrücktheit. Mein Gott! Wie sehr war ich niedergeschmettert von dem, was ich hören mußte. Ich werde Ihnen keine Einzelheiten wiedergeben. Es war ein ganzes Meer von Unsinnigkeiten, Lügen und Ungereimtheiten. Es geht nicht darum, was sie gerade sagten. Mir ist nicht unerträglich, daß man über mich Lügen und Märchen erzählt, sondern daß man sich mit mir beschäftigt, daß man auf mich zeigt, daß ich der Gegenstand nicht nur musikkritischer Erörterungen, sondern auch gewöhnlicher Klatschereien sein kann.*[109] Alle diese Tiraden erwecken unbedingt den Eindruck, daß der Komponist ohne Zweifel ein ungeschützter, verletzlicher Mensch war und Vorgänge solcher Art mit Schmerz aufnahm. Von dort ist es aber sehr weit zu der Behauptung, daß ihn derartiges zum Selbstmord treiben konnte.

Im selben Brief an N.F. fon-Mekk vom 4./16. September packte Petr Il'ič wieder der Zorn über das Feuilleton in *Novoe vremja*: *In Fastov, wo man lange auf den Zug von Brest warten muß, nahm ich eine Zeitung zur Hand, in der ich einen Artikel über das Moskauer Konservatorium fand – einen Artikel voll schmutziger Anzüglichkeiten, Verleumdungen und aller möglicher Scheußlichkeiten, worin sich auch mein Name findet und wo man sich ein wenig auch über mich ausläßt. Ich kann Ihnen den Eindruck nicht schildern, den dieser Artikel auf mich gemacht hat: Ich war wie vor den Kopf geschlagen! Ich bin ein Mensch, der eine sehr große, unüberwindliche Abneigung gegen die Öffentlichkeit im allgemeinen und gegen die in der Presse im besonderen hegt. Für mich ist nichts fürchterlicher, nichts schrecklicher, als Gegenstand öffentlicher Aufmerksamkeit zu sein. Da ich eine künstlerische Tätigkeit gewählt habe, muß ich selbstverständlich immer gewärtig sein, meinen Namen in der Zeitung zu lesen, und ich bin, so schwer mir das auch fällt, nicht imstande zu verhindern, daß man über meine Musik in der Presse spricht. Leider beschränken sich die Zeitungen nicht auf die künstlerische Tätigkeit eines Menschen; sie wollen weiter in das Privatleben des Menschen eindringen und die intimen Seiten seines Lebens antasten. Ob das aus Mitgefühl oder mit der offenen Absicht zu schaden geschieht – für mich ist es gleich unangenehm, Gegenstand der Aufmerksamkeit zu sein. Früher hatte ich oft zu leiden, entweder durch unsichtbare Freunde, die mich in der Presse als einen jeder Anteilnahme würdigen Menschen hinstellten, oder durch unsichtbare Feinde, die durch Zeitungsklatsch meine Person mit Schmutz bewarfen; doch früher war ich in der Lage, diese Liebesdienste geduldig zu ertragen, ich war in der Lage, ohne Schauder, sowohl unpassende Äußerungen der Sympathie zu meiner Person wie auch giftige Angriffe hinzunehmen. Jetzt, nachdem ich ein ganzes Jahr fern von den Zentren unseres gesellschaftlichen Lebens verbracht habe, wurde ich unerträglich empfindlich gegen solche öffentlichen Äußerungen.*[110]

Eine derartige Reaktion auf den Zeitungsartikel ist sehr interessant. In dem Feuilleton waren, wie aus dem Zitat oben ersichtlich, keine direkten Ausfälle gegen Čajkovskij enthalten; im Gegenteil, er wurde zu einem der anständigsten Menschen im Konservatorium erklärt – die Anspielung auf »Amouren anderer Art« erfolgte ohne

Namensnennung. Im Brief aber lenkt er – im Widerspruch zu der von den Biographen betonten Furcht vor einem angeblichen »Damoklesschwert« – die Aufmerksamkeit seiner Briefpartnerin auf irgendwelche realen oder eingebildeten Subtexte, die sonst unbemerkt übergangen werden können, so aber riskieren, bei ihr Zweifel hervorzurufen. All das entspricht wenig der schon traditionell gewordenen Darstellung Čajkovskijs als einer Figur, die in manischer Weise unbedingt ihr »Laster« rechtfertigen wollte oder es überhaupt vor allen und jedem zu verbergen trachtete (übrigens zwei psychologisch nicht zu vereinbarende Tendenzen). Im Gegenteil, dadurch, daß er Frau fon-Mekk die Zeitungsnotiz mitteilte und sie kommentierte, brachte er sich dem Schlag des »Damoklesschwertes« nur näher.

Natürlich waren Čajkovskij der Klatsch und das Gerede, die mit seinem Privatleben verbunden waren, unangenehm. Aber er konnte kaum so naiv sein, ernsthaft daran zu glauben, daß man sie ganz und gar abwenden könnte. Außerdem war Klatsch verschiedener Art immer ein charakteristischer Zug homosexueller Kreise, und der Komponist kannte ihn ziemlich gut. Beispielsweise war sein enger Freund N.L. Bočečkarov ein bekannter Austräger der verschiedensten Gerüchte, besonders in der Zeit, als Čajkovskij in Moskau lebte. Er mußte sich also psychisch auf diese unangenehme, aber unausweichliche Realität einstellen. Und er konnte das um so eher, als seine Homosexualität später, nach dem Tode seines Vaters und der geliebten Schwester Aleksandra, seinen Angehörigen gegenüber kein besonderes Problem mehr darstellte.

In jedem Falle kann man nicht der extravaganten Erklärung der Anhänger der Selbstmordtheorie zustimmen, daß der patriotisch gesonnene Komponist im Jahre 1893 sich lieber das Leben genommen hätte als ins Ausland zu reisen. Das widerspricht vollkommen seiner Verhaltensweise sechzehn Jahre früher, als er in die Schweiz flüchtete, um – wie er dachte – einem möglichen Skandal im Zusammenhang mit seiner unglückseligen Eheschließung vorzubeugen. Im Kontext eben dieser Verhaltensweise Čajkovskijs, die in seiner Erfahrung und seinen Gewohnheiten verwurzelt war, muß man sich in einer weiteren Argumentation zurechtfinden, die die Anhänger der Selbstmordtheorie vorbringen, und zwar im Zusammenhang mit einem Vorfall, der sich angeblich ebenfalls während des kurzen Zusammenlebens Čajkovskijs mit Antonina Miljukova ereignet hat und von dem N.D. Kaškin, ein Konservatoriumskollege Čajkovskijs, in seinen im Jahre 1918 geschriebenen Memoiren berichtet[111].

Laut Kaškin erzählte ihm der Komponist in einem vertraulichen Gespräch, das während eines seiner Besuche in Klin stattfand, die Geschichte seines mißlungenen Selbstmordversuchs auf dem Höhepunkt der Ehekrise im Herbst 1877, bevor er beschloß, sich für immer von seiner Frau zu trennen und ins Ausland zu fliehen. Nach Kaškins Worten enthielt dieses erstaunliche Geständnis einen Bericht darüber, wie Čajkovskij einmal nachts in einem Moment der Verzweiflung absichtlich in das kalte Wasser der Moskva untertauchte, um sich eine Lungenentzündung zu holen und an ihr zu sterben, da ihm dies die einzige Art und Weise schien, daß seine Verwandten nichts errieten. Glücklicherweise hatte dieses Abenteuer für ihn keine Folgen.

Es verwundert nicht, daß die Anhänger der Selbstmordtheorie sich an diese Geschichte hielten: Sie sahen in ihr einen wichtigen Präzedenzfall, der gleichsam den späteren angeblichen Selbstmord vorwegnahm. Wenn Čajkovskij – so lautet ihre These – Mut genug hatte, in einer schweren Stunde in eiskaltes Wasser zu gehen, dann hätte er nicht gezögert, sich einem Befehl, Gift zu nehmen, zu fügen, als er sich in einer noch schwierigeren Situation befand. Diese Überlegung weckt jedoch, ebenso wie die von Kaškin erzählte Geschichte, viele Zweifel. Selbst wenn man annimmt, Kaškin habe dem Komponisten nahe genug gestanden, daß dieser ihm ein so intimes Erlebnis anvertraute, so erscheint dennoch die Tatsache, daß der Verfasser der Erinnerungen den Bericht in der ersten Person, d. h. in Čajkovskijs wörtlicher Rede wiedergibt, als sehr seltsam. Kennern der Memoirenliteratur ist geläufig, daß gerade die Teile von Erinnerungen am wenigsten vertrauenswürdig sind, in denen die Autoren direkte Rede oder die Erzählung einer berühmten Persönlichkeit (in der ersten Person) wiedergeben. Mehr als das: Selbst wenn Čajkovskij Kaškin die fragliche Geschichte in eben dieser Form erzählt haben sollte, bedeutet das noch nicht, daß man aus ihr die Schlüsse ziehen kann, die die Anhänger der Selbstmordtheorie ziehen. Wenn man die beiden Episoden, seien sie nun hypothetisch oder real, miteinander vergleicht – und zwar das In-den-Fluß-Gehen mit dem Ziel, sich eine Lungenentzündung zu holen, und das Einnehmen von Gift, um den Eindruck des Todes durch Cholera zu erwecken –, dann zeigt sich ein feiner, aber wichtiger archetypischer Unterschied im Verhalten. Im ersten Falle konnte Čajkovskij nicht wissen, ob sein Plan gelingen würde – anders gesagt, ob er krank werden und sterben würde –, wie er es in diesem Moment wohl wünschen mochte. Im zweiten Falle dagegen war keinerlei Moment der Unsicherheit; denn Gift ist eine tödliche Substanz. Mehr noch: Wenn er Gift nahm, konnte der Komponist in keiner Weise sicher sein, daß vier Ärzte ein falsches Zeugnis ablegen und übereinstimmend erklären würden, er sei an Cholera gestorben – »damit die Schande die Familie nicht berühre«. Aber seinen Angehörigen zu suggerieren, er sei eines natürlichen Todes gestorben, war doch das Hauptmotiv von Čajkovskijs Plan, sich eine Lungenentzündung zuzuziehen. Oder müssen wir annehmen, daß die vorsichtigen »juristischen Verschwörer« sich auf irgendeine Weise im voraus der Übereinstimmung der vier Ärzte in einem falschen Zeugnis versicherten? Psychologen behaupten, daß die Art und Weise der Reaktion auf jede beliebige Prüfung zu den fixierten Charakteristika des Verhaltens gehört und keinen Veränderungen unterworfen ist. Wie sein Verhalten während der Ehekatastrophe im Jahre 1877 zeigte, nahm die Reaktion Čajkovskijs auf die Krise die Form eines Versuches, vor ihr zu fliehen, an und nicht die einer Selbstvernichtung in Verbindung mit ihr. Was aber die Episode des Ins-Wasser-Gehens betrifft, so spricht sie (wenn man sie überhaupt für glaubhaft halten kann) eher nicht für die Besessenheit von einer Selbstmordidee, sondern für einen eigentümlichen Fatalismus, der mehr der Vorstellung entspricht, der Komponist habe »russisches Roulette« gespielt, als er während der Choleraepidemie absichtlich ein Glas unabgekochten Wassers trank und dabei natürlich nicht voraussehen konnte, ob das zu einem tödlichen Ausgang führen würde oder nicht. Aber auch diese Projektion, auf der Grundlage einer einzigen Episode ein gewisses archetypisches Verhalten zu postulieren, ist nicht gerechtfertigt: Es genügt, darauf hinzuweisen, daß die Mutter des Komponisten an der Cholera gestorben war, und daß die bloße Erinnerung daran ihn mit Entsetzen erfüllte. Es ist psychologisch äußerst unwahrscheinlich, daß er sich nach einer derart mächtigen prägenden Erfahrung in der Kindheit imstande gefühlt hätte, sich selbst freiwillig ein solches Ende zu bereiten. Man müßte das Seelenleben des Komponisten für vollkommen krank und spezifisch verzerrt halten (wofür es keine Hinweise gibt), wenn man die freiwillige Selbstansteckung mit Cholera als Versuch ansehen wollte, den Tod der Mutter in eigener Erfahrung zu reproduzieren. Diese These mag romantisch und fesselnd sein; sie ernsthaft zu erwägen und zu begründen, erfordert zumindest gewisse Hinweise. Aber diese gibt es nicht.

Zu guter Letzt wurde Čajkovskij in den Jahren 1877–1878, wenn auch unter nicht geringen Opfern, mit enormen Unannehmlichkeiten fertig, die ihn mit eben den Folgen eines gesellschaftlichen Skandals bedrohten, den er mehr als alles auf der Welt fürchtete: nicht aus Scham und innerer Qual, wie Alexandra Orlova denkt, sondern wegen seiner tiefen Verwurzelung im Kreise von Verwandten und Freunden, der unter den Folgen eines Skandals leiden konnte. Vergessen wir aber nicht, daß er damals noch ein bescheidener Professor am Konservatorium war, der um seine Anerkennung kämpfte und sich um die Gunst N.G. Rubinštejns bemühen mußte, von dem er abhängig war.

Im Jahre 1893 dagegen ist Čajkovskij eine Weltberühmtheit, ein »nationaler Schatz«, Ehrendoktor der Universität von Cambridge, vom Zaren und von den Großfürsten hofiert – mit einem Ruhm und einer Produktivität, die ungestüm weiter nach oben strebten. Unter diesen Umständen besteht kein Zweifel, daß im Falle eines Skandals nicht der Komponist das Opfer öffentlicher Empörung geworden wäre, sondern daß diese seine Verfolger getroffen hätte.

Kapitel IV
Im Zenit der Ruhms

Allem Anschein nach war das Liebesleben des Komponisten in seinem letzten Lebensjahr mehr als zufriedenstellend. Beglückend war vor allem die Beziehung zu seinem Neffen Vladimir Davydov (»Bob«), wobei es ganz gleichgültig ist, ob sie auch eine körperliche Beziehung war oder nicht. Čajkovskij war eine Persönlichkeit, stark genug, um im Eros die seelische Verbundenheit und den reinen Platonismus zu schätzen. Die sogenannte »Vierte Suite« seiner Umgebung, die aus fröhlichen und attraktiven jungen Menschen – Freunden und Verwandten von Bob – bestand, Menschen, die sich zumindest bedingungslos liebkosen ließen, mußte Čajkovskijs Mußestunden mit Freude erfüllen[112]. Der Status einer Weltberühmtheit machte ihn unwiderstehlich für die jungen Leute, die seine sexuellen Neigungen teilten oder seiner Protektion bedurften. Schließlich standen ihm zur sinnlichen Befriedigung andere Wege offen. Tagebücher und Briefe des Komponisten sind voll von offenen und versteckten Anspielungen auf Begegnungen solcher Art während seiner Spaziergänge durch Moskau und Petersburg, Paris, Rom und Florenz und auch beim Besuch entsprechender Restaurants und Bäder, wo er junge Leute antreffen konnte, die zu bezahlten Diensten jeder Art bereit waren.

Die Vorstellungen von Sexualmoral im Rußland der zweiten Hälfte des 19. Jahrhunderts waren verschwommen. Die russischen Moralisten schrieben nicht allzu viel darüber, was normales sexuelles Verhalten sei und was nicht. Nach dem Zeugnis eines Zeitgenossen war Rußland für ihn *eine gewisse polynesische Insel*, wo alles erlaubt war[113]. Donald Rayfield, der Biograph von N.M. Prževal'skij, der die Aufmerksamkeit auf dieses Zeugnis lenkte, das auf Französisch veröffentlicht wurde und lange Zeit unbemerkt blieb, merkt vorsichtig an, daß man, *wenn man von Sexualmoral spricht, Verallgemeinerungen vermeiden muß. Vor allem muß man konkret denken – in Abhängigkeit von Ort, Zeit und handelnden Personen. Gleichzeitig wird es nicht übertrieben sein zu behaupten, daß die unterdrückenden Faktoren und Beschränkungen, die auf die Sexualmoral wirken, im Rußland des 19. Jahrhunderts weniger fühlbar waren als in England, Frankreich und Deutschland.*[114] Darum, so fügt er hinzu, *werden die homosexuellen Leiden Čaj-*

kovskijs eher als Anomalie aufgefaßt.[115] Es sei aber gleich hinzugefügt, daß eine solche »Anomalie« gar nicht existierte; denn beim sorgfältigen Studium aller zur Verfügung stehenden Quellen ließen sich keine Hinweise auf »Leiden« finden. Es hätte auch keinen Anlaß für sie gegeben.

Das Gesagte bedeutet nicht, daß es im erotischen Universum Čajkovskijs keine Tragik gab. Echter Eros ist bekanntlich ohne Tragik überhaupt nicht denkbar – sonst wäre er trivial. Die tragische Spannung in Čajkovskijs Liebeserlebnissen während seiner letzten Lebensjahre war insbesondere von dem Konflikt geistiger und körperlicher Prinzipien in seinen Beziehungen zu Bob bestimmt. Für einen anspruchsvollen und sensiblen Künstler reicht ein solcher Konflikt vollkommen aus, um seine artistische Inspiration anzustacheln. In versteckter Form drückte der Konflikt natürlich den musikalischen Schöpfungen der letzten Jahre seinen tragischen Stempel auf und mußte sich auch in der pessimistischen Struktur der *Pathétique* widerspiegeln. Diese Erlebnisse entwickeln sich aber in der Sphäre des Geistes unabhängig von der Sphäre der alltäglichen Beziehungen, und von ihnen bis hin zu einem so verzweifelten Akt wie dem Selbstmord ist es so weit wie von der Erde bis zum Mond. Wenn es anders wäre, hätten sich ohne Zögern und dazu noch in jungen Jahren auch Dante, Petrarca, Goethe und viele bedeutende Schriftsteller, Maler und Musiker das Leben genommen.

Bemerkenswert ist aber, daß wir das Zeugnis einer Zeitgenossin darüber haben, wie Petr Il'ič selbst den Gehalt der Sechsten Sinfonie charakterisiert hat. Nach den Erinnerungen der Sängerin A.V. Panaeva-Karceva stimmte er nach der Erstaufführung der Sechsten Sinfonie, während er seine Cousine A.P. Merkling nach Hause brachte, ihrer Meinung zu, daß er in dem Werk sein Leben beschrieben habe. Und weiterhin erklärte er ausführlicher, daß der erste Satz die Kindheit und sein undeutliches Streben zur Musik darstelle, der zweite die Jugend und das fröhliche Leben in der großen Welt, der dritte den Lebenskampf und das Erreichen des Ruhms. *Nun, und der letzte,* fügte er fröhlich hinzu, *ist das, womit wir alle enden; aber das ist für mich noch weit entfernt. Ich fühle in mir so viel Energie, so viele schöpferische Kräfte; ich weiß, daß ich jetzt noch viel, viel Gutes schaffen werde und Besseres als bisher.*[116]

Dieses Zeugnis paßt schlecht zu der Vorstellung, daß sich der Komponist kurz vor seinem Tod im Zustand einer ausweglosen Krise befand und von Vorahnungen einer kommenden Katastrophe gequält wurde. Die Memoirenschreiber bezeugen vielmehr das Gegenteil. So behauptet z. B. Kaškin, der Čajkovskij kurz vor seiner schicksalhaften Reise nach Petersburg traf, daß *er sich niemals so gesund und so glücklich gefühlt habe wie zur gegenwärtigen Zeit*[117]. Die Mutter von Modest Il'ičs Zögling Kolja Konradi, A.I. Brjullova, erinnert sich: *Er selbst fühlte sich verhältnismäßig ruhig; einen Teil des Sommers verbrachte er auf dem Lande in der Ukraine* [...] *er schloß die Instrumentierung der Sechsten Sinfonie ab. Seine Gesundheit hatte sich in den letzten Jahren gefestigt, er hatte zugenommen; nichts konnte einen auf den Gedanken an eine nahe Katastrophe bringen.*[118] Ihr sekundiert der Cellist Ju.I. Poplavskij, der Čajkovskij kurz vor dessen Tode traf: *Indessen habe ich Petr Il'ič niemals lebhafter und lebensfroher gesehen als bei seinem letzten Besuch in Petersburg.*[119]

Der Pianist V.L. Sapel'nikov sah den Komponisten im Sommer 1893: *Seine geistigen und physischen Kräfte befanden sich auf einem Höhepunkt. Er hoffte, noch viele musikalische Werke zu schaffen, und brannte vor Durst nach Schaffen und Arbeit. In seiner Vorstellung tönten schon Klänge und Melodien, die ihren Ausdruck in neuen Sinfonien und in einer Oper finden sollten, die er schreiben wollte. Ungeachtet dessen, daß die ganze Welt ihn für einen großen Komponisten hielt, erkannte Petr Il'ič seine früheren Verdienste ganz und gar nicht an. Er sagte, daß er schrecklich gern eine wirklich schöne Oper schreiben wolle.*[120]

Über Čajkovskijs schöpferischen Aufschwung in seinem letzten Lebensjahr spricht in beredter Weise G.A. Laroš, Musikkritiker und Freund des Komponisten. Gerade aus dem Jahre 1893 sind uns einige Opernpläne Čajkovskijs bekannt: *Der Kaufmann von Venedig* nach Shakespeare, ein Sujet, das ihm Kolja Konradi vorgeschlagen hatte, das er aber abgelehnt hatte, weil er *etwas Originelles, tief Rührendes* wollte. Dem Komponisten gefiel auch ein anderes, von Modest vorgeschlagenes Sujet nicht: *Nala und Damayanti* nach Žukovskij: *Zu weit entfernt vom Leben; ich brauche ein Sujet in der Art der »Dorfehre«* [Cavalleria rusticana]. Sein letzter Plan war ein Sujet nach der Erzählung *Die Liebe des Mr. Gilfield* von George Elliot; dieses Sujet *fesselte ihn* – nach Laroš – *besonders durch das Pathos seines Inhalts*[121].

Die Saison 1893/94 versprach sehr ausgefüllt zu werden. I.N. Grekov, der Impresario des Operntheaters in Odessa, beschwor ihn zu kommen; darum geht es in dem letzten erhaltenen Brief von Petr Il'ič vom 21. Oktober/2. November. Es war schwierig für ihn, einen Termin zu finden: Konzerte waren am 27. November in Petersburg und am 4. Dezember in Moskau vorgesehen, am 15. und 29. Januar wieder in Petersburg, im März Amsterdam, im April Helsingfors, im Mai London. Man lud ihn nach Har'kov, Warschau, Frankfurt am Main und in andere Städte ein[122].

All das könnte unserer Ansicht nach in keiner Weise mit der Seelenlage eines Menschen zusammenstimmen, der sich darauf vorbereitete, Selbstmord zu begehen: Wir haben im Augenblick nicht die Theorie von Alexandra Orlova im Auge, die behauptet, daß von seiten ehemaliger Absolventen der Rechtsschule eine verbrecherische Erpressung stattfand, sondern die andere – und weiter verbreitete – Meinung, der Komponist habe angeblich, von seiner Homosexualität und von tragischer Liebe gequält, in dem schicksalhaften Augenblick absichtlich ein Glas unabgekochtes Wasser in der Absicht getrunken, sich mit Cholera zu infizieren und eben dadurch auf eine für seine Angehörigen am wenigsten schmerzhafte Weise freiwillig aus dem Leben zu scheiden. Die Anhänger dieser Version sehen darin eine Parallele zu dem schon erwähnten zweifelhaften Versuch Čajkovskijs im Jahre 1877, als er in die Fluten der Moskva tauchte, um sich eine Lungenentzündung mit tödlichem Ausgang zuzuziehen. Indem die Anhänger der Selbstmordthese die Geschichte vom Gang in die Moskva als archetypisches Verhalten bei der Lösung einer akuten Situationskrise verstehen, ignorieren sie völlig einen anderen Archetyp, der im Unterschied zum ersten eine solche Krise lösen konnte: die Flucht (ins Ausland).

Einen Menschen, der beschlossen hat, sich im Oktober selbst mit Cholera zu infizieren, wird wohl kein Gastspiel in Amsterdam im nächsten März beschäftigen. Nur ein ganz außergewöhnliches Zusammentreffen von Umständen hätte Čajkovskij veranlassen können, bei dem Ausmaß an Verpflichtungen, die er ein halbes Jahr im voraus eingegangen war, einen solchen schicksalhaften Entschluß zu fassen und auszuführen. Ein ebensolches Zusammentreffen besonderer Umstände nimmt Alexandra Orlova in Form der »Verschwörung der Juristen« an. Aber bevor wir direkt auf ihre Argumente eingehen, müssen wir noch einen Faktor berühren, den sie ebenfalls erwähnt: Čajkovskijs Furcht vor dem Tode.

Trotz allem, was über den schöpferischen Elan und die positive Gemütslage Čajkovskijs im Jahre 1893 gesagt wurde, kann man nicht umhin anzunehmen, daß ihn, wie die gleichen Zeitgenossen bezeugen – so wie es vielen Menschen in verschiedenen Lebensperioden ergeht –, von Zeit zu Zeit düstere Vorahnungen bestürmten.

Čajkovskij mit einem früheren Schüler,
dem befreundeten Geiger Iosif I. Kotek (1855–1885), Moskau 1877.

Čajkovskij, Prinz Vladimir N. Argutinskij-Dolgorukov (1874–1941) und Nikolaj G. Konradi (1868–1922, rechts), Tiflis 1890.

Insbesondere Erinnerungen an die Aufführung der *Pathétique* veranlassen die Memoirenschreiber zu entsprechenden Überlegungen: *Sie ist tatsächlich durchweht von der Vision des nahen Todes,* schreibt die schon zitierte Panaeva-Karceva, er [Čajkovskij] *verkörpert in ihr gewissermaßen sein Leben* [...] *das kurze, tragische Finale ist das Ende; der Tod durchschneidet das reiche, schöpferische Leben, vernichtet alles, was ihm in wunderbare Klänge zu ergießen gelang. Sogar im ersten Satz gibt es den Widerhall eines Totengottesdienstes. Aber diese traurige Musik ergoß sich gleichsam unbewußt aus der Tiefe der ewig schwankenden, beunruhigten, unbefriedigten Seele des Komponisten.*[123] Zum selben Thema schreibt Poplavskij: *Offenbar hat sich nirgends sein Genius so weit entwickelt wie in diesem Werk. Er nannte sie* [die 6. Sinfonie] *sein Requiem. Und das nicht ohne Grund: Er ahnte gleichsam voraus, daß er diese Welt bald verlassen werde. In Papieren und Briefen aus der Zeit dieser kolossalen Schöpfung verfolgt Petr Il'ič der Gedanke an den Tod. In einem Brief sagt er: »Ich glaube, daß ich nach dieser Sinfonie nicht mehr imstande sein werde, etwas zu schreiben; das ist mein letztes Werk.«*[124] An Todesahnungen während Čajkovskijs Besuch in Itter (Österreich) im Juni 1893 erinnert sich auch Sapel'nikov: *Petr Il'ič, dieser hochgebildete und intelligente Mensch, war natürlich nicht abergläubisch und konnte es nicht sein; dieser Mensch war die Aufrichtigkeit selbst. Um so rätselhafter erscheint natürlich die Vorahnung des nahen Todes, die bei ihm einige Monate vor seinem Ende auftauchte. Diese Vorahnung erfaßte das ganze Wesen von Petr Il'ič irgendwie sehr schnell und machte es unkenntlich* [...] *Aus einem fröhlichen und lebensfrohen Menschen verwandelte er sich auf einmal in einen, der von dem Gedanken des nahen Todes niedergedrückt war* [...] *Abends, am Tag vor der Abreise nach Kamenka, war P*[etr] *I*[l'ič] *außergewöhnlich lebhaft und in guter Stimmung. Aber dann, beim Tee, wurde Petr Il'ič plötzlich ernst und schweigsam. Er brach die Unterhaltung ab und versank in Nachdenken. Ich blickte ihn an und erschrak. Seine Augen waren auf einen Punkt gerichtet. Der Gesichtsausdruck wurde traurig und konzentriert. So unbeweglich blickte er einige Minuten.*

Für den nächsten Tag war seine Abreise angesetzt. Den ganzen Weg über war Petr Il'ič nachdenklich. Auf dem Bahnhof, am Buffet bat Petr Il'ič, eine Flasche Selterwasser zu bringen. Nachdem er sich und mir zwei Gläser eingeschenkt hatte, führte Petr Il'ič sein Glas an die Lippen; aber plötzlich senkte er die Hand mit dem Glas, ohne es berührt zu haben. Wieder nahm sein Gesicht den gestrigen traurigen Ausdruck an, und er versank in tiefes Nachdenken. Das zweite Klingelzeichen ertönte. Es war Zeit, den Platz im Wagon einzunehmen. Wir standen auf. Petr Il'ič nahm meine Hand und hielt sie lange in seiner. »Lebe wohl«, sagte er endlich, »vielleicht sehen wir uns zum letzten Mal.«

Im Klang seiner Stimme empfand ich gleichsam den letzten Gruß eines mir teuren Menschen. In seine guten Augen traten Tränen.[125]

Einerseits darf man Memoirenschreibern nicht uneingeschränkt glauben: sie neigen zur Einseitigkeit und zur sozusagen bearbeitenden Retrospektive. Denn die Memoiren berichten, wie wir gesehen haben, auch von Čajkovskijs Hochstimmung und zahlreichen schöpferischen Plänen. Andererseits sind sogar bei einem gesunden Menschen düstere Vorahnungen vom möglichen Ende, auch etwa einem durch einen Unglücksfall hervorgerufenen, ein psychologisch wohl bekanntes, wenn auch einstweilen unerklärliches Phänomen: Um dieses Thema herum rankt sich eine ganze anthropologische Folklore. Dabei bestürmen den Menschen, je begabter und verfeinerter er ist, gemäß zahlreichen Hinweisen solche Vorahnungen mit um so größerer Kraft (vgl. den »schwarzen Mann« in Puškins *Mozart und Salieri*). Dies gilt auch für Čajkovskij. Während seines Aufenthalts in Itter erfuhr er vom Tode seines einstmals engen Freundes K.A. Al'breht in Moskau. Und weitere enge Freunde sterben 1893: A. Apuhtin, V. und K. Šilovskij, N. Zverev. Čajkovskij wußte, daß ihrer aller Zustand hoffnungslos war – noch bevor er nach Rußland zurückkehrte. Petr Il'ič war eine neurotische Natur; während seines ganzen Lebens suchten ihn Anfälle schwerer Depression heim, häufig ohne den geringsten äußeren Grund.

Was die *Pathétique* betrifft, so ist uns aus einigen Quellen bekannt, daß der Komponist selbst unsicher war über die Wirkung und Berechtigung ihres düsteren Finales. So bemerkt etwa N.D. Kaškin in seinen Erinnerungen an seine letzte Begegnung mit dem Komponisten im Oktober 1893, Čajkovskij habe ihm gesagt, daß er *bezüglich der ersten drei Sätze keinerlei Zweifel habe, der letzte Satz für ihn aber noch eine Frage stelle und daß nach der Petersburger Aufführung dieser Satz vielleicht vernichtet und durch einen neuen ersetzt werden würde*[126]. Indessen verleiht gerade dieses berühmte *Adagio lamentoso* jeder Aufführung ein tragisches und pessimistisches Kolorit, wie es die Hörer während des Gedächtniskonzerts nach Čajkovskijs Tod unter der Leitung von Ė.F. Napravnik erschütterte.

Die Tatsache, daß die *Pathétique* Vladimir Davydov gewidmet ist, spielt andererseits auf die erotische Dimension ihres Inhalts an. Im schöpferischen Prozeß ist Eros in intimer Weise mit Thanatos verbunden. Paradoxerweise wird dieser Zusammenhang z. B. in einem Brief des Komponisten an den Neffen vom 17./29. Mai 1893 deutlich, der bisweilen angeführt wird, um eine seelische und körperliche Krise zu beweisen: *Ich schreibe Dir mit einer gewissen Wollust. Der Gedanke, daß dieses Papier in Deinen Händen, bei Dir zu Hause sein wird, erfüllt mich mit Freude und rührt mich zu Tränen. Ist es nicht in der Tat seltsam, daß ich mich freiwillig diesen Foltern unterwerfe? Warum nur das alles? Gestern unterwegs war ich einige Male entschlossen, alles hinzuwerfen und wegzulaufen, aber irgendwie schämte ich mich, ohne irgend etwas zurückzukehren. Gestern gingen meine Qualen so weit, daß ich Schlaf und Appetit verlor, und das ist bei mir selten. Ich leide nicht nur an Schwermut, die sich nicht in Worten ausdrücken läßt (in meiner neuen Sinfonie gibt es eine Stelle, die sie, wie mir scheint, gut ausdrückt), sondern auch an Haß auf fremde Menschen, an irgendeiner unbestimmten Angst und weiß der Teufel woran noch. Physisch drückt dieser Zustand sich aus in einem Schmerz des unteren Teiles des Bauches und in einem nagenden Schmerz und einer Schwäche in den Beinen.*[127]

Das Bemerkenswerteste ist, daß dieser Brief auf der Reise nach Cambridge geschrieben wurde, in den Sternstunden seines Ruhms, bevor ihm das Ehrendoktorat einer der berühmtesten Universitäten Europas verliehen wurde. Wie uns scheint, kommen in diesem Brief die charakteristischen Symptome einer Liebesneurose in ihrer somatischen Äußerung zusammen mit der bei Čajkovskij gewohnten Phobie vor dem Umgang mit vielen Menschen zum Ausdruck. Es gibt keinen Grund, in diesem Zustand oder in diesen Umständen irgend etwas Tragisches zu sehen.

Einzelne Briefe werden bisweilen aus dem Zusammenhang gerissen, so wie das z. B. mit einem Brief an A.K. Glazunov vom 30. Januar/11. Februar 1890 geschah (also mehr als drei Jahre vor Čajkovskijs Tod geschrieben): *Ich bedarf jetzt sehr eines freundschaftlichen Mitgefühls und eines ständigen Umgangs mit Menschen, die meinem Herzen nahestehen. Ich erlebe ein sehr rätselhaftes Stadium auf dem Weg zum Grabe. In meiner Natur ereignet sich etwas, das für mich selbst unverständlich ist: Eine gewisse*

Čajkovskij im Ornat eines Ehrendoktors der Universität Cambridge, Juni 1893.

Čajkovskij und sein Lieblingsneffe Vladimir (»Bob«) L. Davydov (1871–1906), Paris, Herbst 1892.

Vasilij L. Sapel'nikov (1868–1941), mit Čajkovskij befreundeter Pianist, Hamburg 1888.

Lebensmüdigkeit, eine gewisse Enttäuschung, zeitweise eine wahnsinnige Schwermut, aber nicht die, in deren Tiefe die Voraussicht eines neuen Andrangs von Liebe zum Leben enthalten ist, sondern etwas Hoffnungsloses, Endzeitliches und sogar, wie das Finalsätzen eigen ist, etwas Banales. Und damit zusammen eine schreckliche Lust, etwas zu schreiben. Der Teufel weiß, was das ist: Einerseits fühle ich gleichsam, daß mein Lied schon zu Ende gesungen ist, andererseits ist da ein unüberwindliches Verlangen, entweder immer das gleiche oder, noch besser, ein neues Liedchen anzustimmen [...] *Übrigens – ich wiederhole es – weiß ich selbst nicht, was mit mir vorgeht.*[128] Dieser Erguß ist wahrhaft pessimistisch, aber man darf nicht übersehen, daß er unmittelbar nach dem Erhalt eines der regelmäßigen Briefe von Antonina Ivanovna geschrieben wurde. Nachrichten von dem »Scheusal« (so nannte er sie gewöhnlich) oder über sie stürzten den Komponisten immer in Verzweiflung. Außerdem muß man anmerken, daß Briefe vieler schöpferischer Menschen, besonders wenn sie untereinander korrespondieren – mehr als wenn sie es mit jemand anderem tun –, eine chronische Klage enthalten: Angst vor dem Verlust der Inspiration.

Aber selbst wenn man annimmt, daß den Komponisten in seinen letzten Jahren von Zeit zu Zeit Vorahnungen seines Endes quälten, wäre es doch ein psychologisches »non sequitur«, daraus auf selbstmörderische Stimmungen zu schließen. Im Gegenteil: Die Todesfurcht, die dem Komponisten während vieler Jahre im höchsten Grade eigen war, läßt seinen Freitod mehr als zweifelhaft erscheinen.

Die Todesfurcht Čajkovskijs ist durch seine eigenen Äußerungen und durch Memoirenschreiber gut dokumentiert. So schreibt der Komponist in einem Brief an seine Cousine Anna P. Merkling im April 1889: *Und dann ist noch notwendig, daß man keine Todesfurcht hat. In eben dieser Beziehung kann ich mich nicht rühmen. Ich bin nicht so von Religion durchdrungen, daß ich im Tode den Urbeginn eines neuen Lebens sehen könnte, und ich bin kein Philosoph, so daß ich mich mit dem Abgrund des Nicht-Seins abfinden könnte, in den man eintauchen muß.*[129]

G.A. Laroš erinnert sich: *Er erfreute sich einer ausgezeichneten Gesundheit, aber er hatte ungewöhnliche Angst vor dem Tode, Angst sogar vor allem, was auf den Tod nur anspielte. In seiner Gegenwart durfte man die Worte »Sarg, Grab, Beerdigung« usw. nicht gebrauchen. Eine der größten Unannehmlichkeiten in Moskau bestand darin, daß sich die Zufahrt zu seiner Wohnung (in den 1860er Jah-*

ren) [...] *neben dem Laden eines Sargmachers befand.*[130] Allerdings spricht Laroš weiterhin davon, daß Čajkovskij sich später dem Tode gegenüber *sehr viel ruhiger* zu verhalten begann, *so daß er nicht nur anderen erlaubte, ihm mitzuteilen, daß der und der gestorben sei oder im Sterben liege, sondern sogar selbst das Gespräch auf dieses Thema brachte und z. B. ausführlich erzählte, wie in Aachen einer seiner Freunde in seinen Armen gestorben sei.*[131]

Aus einem Brief Čajkovskijs an M.M. Ippolitov-Ivanov vom 5./17. Mai 1890 wird aber klar, daß der Komponist diese Angst noch nicht überwunden hatte: *Der Tod von Korganov hat mich sehr, sehr betrübt. Dies stumpfnasige Scheusal ist immer empörend gemein, aber wenn es einen Menschen in der Blüte seiner Kräfte vernichtet, dann hasse ich es besonders.*[132]

Aus dem oben Gesagten wird deutlich, daß es – sogar bei allen Vorbehalten – keine deutliche Übertreibung wäre, Petr Il'ič im Jahre 1893 »einen Menschen in der Blüte seiner Kräfte« zu nennen. Im August des Jahres 1893, schon nach der Komposition der Sechsten Sinfonie, charakterisiert Čajkovskij in einem Brief an den jungen Lyriker Daniil Ratgauz seinen psychischen Zustand der letzten Zeit: *Ich erhebe den Anspruch, in der Musik aufrichtig zu sein – indessen bin ich auch überwiegend zu traurigen Liedern geneigt und kenne, ähnlich wie Sie, wenigstens in den letzten Jahren keine Not und kann mich überhaupt für einen glücklichen Menschen halten.*[133]

Und so kehren wir, indem wir das bisher Gesagte zusammenfassen, zur Selbstmordtheorie zurück.

Auf der einen Waagschale der Wahrscheinlichkeit befinden sich: Verwirrung in den Gesetzen über »Päderastie« im Russischen Reich; sehr geringe Möglichkeit, die Substanz des Verbrechens zu beweisen; die Unmöglichkeit, diese Gesetze auf Personen von hohem sozialen oder gesellschaftlichen Stande anzuwenden ebenso wie die Praxis, in diesen Fällen Skandale zu vertuschen; Čajkovskijs ungewöhnliche Popularität in Rußland und sein Weltruhm; die Tatsache, daß er keine mächtigen Feinde hatte; die allerhöchste Protektion, die ihm von dem Zaren Aleksandr III. zuteil wurde, der ihm selbst eine persönliche und lebenslange Pension aussetzte; ferner die Tatsache, daß er sehr einflußreiche Gönner bei Hofe hatte, nämlich K.R., Sergej Aleksandrovič, Meščerskij (die beiden letzteren selbst homosexuell); die immer vorhandene Möglichkeit, einem Skandal durch die Reise ins Ausland zu entgehen – nach dem Muster der Ehekatastrophe im Jahre 1877 – und das bei unbedingter Duldung durch die Behörden; das Fehlen ernsthafter Qualen wegen seiner

Homosexualität in den letzten fünfzehn Jahren; die relativ glückliche Beziehung mit Bob am Ende seines Lebens und das Zusammensein mit den jungen Leuten seiner »Vierten Suite«; seelische Zufriedenheit und höchste Entwicklungsstufe in seinem Schaffen, die für das Jahr 1893 bezeugt sind. Ein Überfluß an kompositorischen Plänen und Verabredungen von Konzertreisen sowie schließlich die Todesangst, die ihn niemals verließ.

Auf der anderen Waagschale der Wahrscheinlichkeit insgesamt nur Gerüchte von einer »Verschwörung der Juristen« und einem »Ehrengericht«, die in Wandelgängen zirkulierten – wie sich Nina Berberova, Malcolm Brown und Simon Karlinsky ausdrückten –, der Glaube an das, was ein Mann im Jahre 1966 von dem erzählte, was er 1913 von einer Frau gehört hatte, die dieses ihrerseits von ihrem Mann erfahren hatte, der im Jahre 1902 gestorben war[134]. Indessen versuchen die Anhänger der Selbstmordtheorie, diese Gerüchte durch indirekte Beweise zu erhärten. Gehen wir daher zur Analyse dieser Beweise über.

Kapitel V
Verschwörung der Juristen

Im Jahre 1979 emigrierte die ehemalige sowjetische Musikschriftstellerin Alexandra Orlova in die USA. Im Jahre 1980 beschloß sie, »das Geheimnis von Čajkovskijs Leben und Tod« in einer russischsprachigen Wochenschrift in New York und 1981 in der englischen Zeitschrift *Music and Letters* zu veröffentlichen. Sie teilt mit, im Jahre 1966 habe ihr A.A. Vojtov folgende »schreckliche Geschichte« erzählt: *In der Liste der Schüler, die die Rechtsschule gleichzeitig mit Čajkovskij absolvierten, findet sich der Name Jakobi. In der Zeit, als ich dort Schüler war, verbrachte ich alle Feiertage in Carskoe Selo in der Familie des 1902 verstorbenen Nikolaj Borisovič Jakobi (der in den 1890er Jahren Oberprokuror des Senats gewesen war). Jakobis Witwe Elizaveta Karlovna war meinen Eltern freundschaftlich und verwandtschaftlich verbunden; sie liebte mich sehr und nahm mich gastfreundlich auf. Im Jahre 1913, als ich Schüler der letzten Klasse war, wurde weithin des 20. Todestages Čajkovskijs gedacht. Und damals – offenbar unter dem Eindruck der sie überwältigenden Erinnerungen – erzählte mir Elizaveta Karlovna unter dem Siegel der Verschwiegenheit eine Geschichte, die sie, wie sie bekannte, schon lange quälte. Sie sagte, daß sie gerade zu diesem Zeitpunkt beschlossen habe, mir etwas zu bekennen, weil sie schon alt sei und fühle, daß sie nicht das Recht habe, ein wichtiges und schreckliches Geheimnis mit ins Grab zu nehmen. »Du interessierst dich«, so sagte sie, »für die Geschichte der Rechtsschule und das Schicksal ihrer Schüler, und darum mußt du die Wahrheit wissen. Um so mehr ein so trauriges Kapitel aus der Geschichte deiner Schule.«*

Und hier ist, was sie mir erzählte:

»Es war im Herbst 1893. Čajkovskij drohte großes Unheil. Graf Stenbok-Fermor, beunruhigt durch die Aufmerksamkeit, die der Komponist seinem Neffen schenkte, schrieb einen empörten Brief an den Zaren und übergab ihn meinem Mann, damit er ihn Aleksandr III. aushändige. Bei einer Enthüllung drohte Čajkovskij der Verlust aller Rechte, Verbannung nach Sibirien, unausbleibliche Schande. Schande drohte bei einer Enthüllung auch der Rechtsschule und allen Juristen, die Kameraden von Petr Il'ič gewesen waren. Aber die Ehre der Uniform bewahrten die Juristen wie etwas

Heiliges. Um ein Bekanntwerden in der Öffentlichkeit zu vermeiden, verfuhr mein Mann folgendermaßen: Er lud alle ehemaligen Klassenkameraden Čajkovskijs, darunter auch ihn selbst, zu sich ein und organisierte ein Ehrengericht. Insgesamt versammelten sich acht Personen. Ich saß mit einer Handarbeit auf meinem gewohnten Platz, neben dem Arbeitszimmer von Nikolaj Borisovič. Von dorther waren von Zeit zu Zeit Stimmen zu vernehmen, bald laut und erregt, dann offenbar bis zum Flüstern gesenkt. So verging eine sehr lange Zeit, fast fünf Stunden. Dann verließ Čajkovskij sehr schnell das Arbeitszimmer. Er war sehr bleich und erregt. Er lief fast vorbei, grüßte irgendwie seitwärts und ging fort, ohne ein Wort gesagt zu haben. Alle anderen blieben noch lange in dem Arbeitszimmer und unterhielten sich leise. Als aber die Fremden auseinandergegangen waren, nahm mir Nikolaj Borisovič den Schwur ab, daß ich schweigen würde, und erzählte mir dann unter dem Siegel strengster Verschwiegenheit, daß sie den Brief des Grafen Stenbok-Fermor an den Zaren diskutiert hätten. Diesen Brief nicht weiterzugeben, hatte mein Mann kein Recht. Also faßten die ehemaligen Klassenkameraden Čajkovskijs einen Beschluß, und diesem versprach Petr Il'ič sich zu unterwerfen. Sie verlangten von ihm, seinem Leben ein Ende zu machen ... Ein oder zwei Tage danach verbreitete sich in Petersburg die Nachricht von seiner tödlichen Krankheit.[135]

Weder Alexandra Orlova noch ihr Informant Vojtov geben einen Hinweis darauf, welche Stenbok-Fermors es waren, die im Schicksal Čajkovskijs eine so schicksalhafte Rolle gespielt haben sollen. In Petersburg und seinen Vororten lebten in den 1890er Jahren mindestens sechs Familien dieses Namens. Das Geschlecht der Stenboks stammt aus Schweden und ist in Rußland seit dem 18. Jahrhundert bekannt; seit 1825 führt einer der Zweige des Grafengeschlechts den zusätzlichen Namen Fermor[136]. Beide Zweige lebten in der Hauptstadt des Russischen Reiches, und ihre Vertreter hatten hohe Stellungen bei Hofe inne. Kann man überhaupt annähernd die vermutlich an dieser Geschichte Beteiligten bestimmen? Wie sich herausstellte, ja.

Nach langem Forschen im Stammbaum der Grafen Stenbok und Stenbok-Fermor fanden wir heraus, daß der unglückselige Neffe, dem der bekannte Komponist angeblich seine Aufmerksamkeit geschenkt hatte, Aleksandr Vladimirovič Stenbok-Fermor, Sohn des Grafen Vladimir Aleksandrovič, gewesen sein könnte[137]. Wo und wie er den Komponisten kennengelernt haben könnte, weiß man nicht, weil in keiner gedruckten Quelle – weder in Čajkovskijs Briefen noch in seinen Erinnerungen – von ihm oder den Stenboks im allgemeinen die Rede ist. Doch räumen wir zunächst ein, daß dies ein Resultat der Intrigen von Modest Il'ič und den sowjetischen Zensoren ist, welche die Version von Čajkovskijs Cholera-Tod durchsetzen wollten[138].

Ferner: Der »durch die Aufmerksamkeit beunruhigte« Onkel hätte der Graf Aleksej Aleksandrovič Stenbok-Fermor sein können, Stallmeister am Hofe Aleksandrs III., eine sehr einflußreiche Persönlichkeit am Hofe des vorletzten russischen Monarchen[139]. Er konnte dem Zaren besagten Brief persönlich übergeben. Warum er der Dienste N.B. Jakobis bedurfte, ist nicht klar. Nehmen wir an, daß er dieser Angelegenheit einen offiziellen Verlauf geben wollte; da er aber dem Hofe nahestand, mußte er – und durch ihn alle Stenboks und Stenbok-Fermors – von den Neigungen und Vorlieben des Großfürsten Sergej Aleksandrovič wissen. Außerdem war der schon früher erwähnte V.N. Lamzdorf, zu dieser Zeit ein einflußreicher Beamter im Außenministerium, ein Vetter von G.G. Stenbok, der dem Hofe des Großfürsten Sergej Aleksandrovič vorstand[140]. Wenn sie Aufmerksamkeit erregten und eine skandalträchtige Atmosphäre um eine so heikle Angelegenheit herum schufen, mußten sie zuvor gut über die möglichen Folgen nachdenken, die für ihre Karriere sehr unangenehm werden konnten.

Selbst wenn man einräumt, daß es einen derartigen Vorfall, der den Komponisten mit einem Skandal bedrohte, wirklich gab, ist doch die Schlußfolgerung, die Alexandra Orlova daraus zog, mehr als zweifelhaft: *Bei einer Enthüllung drohte Čajkovskij der Verlust aller Rechte, Verbannung nach Sibirien, unausbleibliche Schande.*[141]

Was hätte enthüllt werden können? Die Aufmerksamkeit, die der berühmte Musiker dem Neffen eines Grafen zuwandte? Der Zar hätte in diesem Falle allen Grund gehabt, diesen Grafen der Paranoia zu verdächtigen. Dutzende junger Leute suchten das Wohlwollen des Komponisten; das bezeugen seine Gastspiele in Har'kov und Odessa im Jahre 1893[142]. Man kann sich nur schwer vorstellen, daß der Zar sich mit der privaten Klage des Grafen soweit abgab, daß er auf eine unsinnige Beschuldigung hin gegen den Liebling des gesamten russischen Musikpublikums eine polizeiliche Nachforschung und eine gerichtliche Untersuchung anstrengte. Und ohne Nachforschung und Untersuchung konnte Čajkovskij, wie wir schon wissen, nicht einfach aller Rechte verlustig gehen und nach Sibirien verbannt werden. Letzten Endes war das Rußland dieser Zeit doch ein Rechtsstaat. Selbst in dem wenig wahrscheinlichen Falle, daß Aleksandr III. sich ernsthaft mit einer solchen Klage befaßt hätte, hätte schon ein privat an den Komponisten gerichteter Verweis – persönlich oder durch einen Mittelsmann – das gewünschte Ziel erreicht, nämlich weiteren Kontakten zwischen ihm und dem angeblich von Verführung bedrohten jungen Mann vorzubeugen und den erzürnten Verwandten zu beruhigen.

Mehr als das: Auch Jakobi selbst hätte durchaus die Möglichkeit gehabt, den maßlosen Grafen zur Raison zu bringen; er hätte Stenbok-Fermor mühelos nötigen können, die Angelegenheit gütlich beizulegen – was übrigens gänzlich den in jener Epoche üblichen Verhaltensnormen entsprochen hätte – und Čajkovskij hätte sich ohne jeden Zweifel verpflichtet, den Neffen des Grafen in Ruhe zu lassen. Vergessen wir ferner nicht, daß wir es bei den Juristen mit Personen von scharfem juristischen und diplomatischen Verstand zu tun haben, die sowohl die Gesetze sehr gut kannten als auch wußten, wie man sie umgehen konnte; und selbst wenn man Alexandra Orlova darin zustimmt, daß ihnen »die Ehre der Uniform« über alles auf der Welt ging (was durchaus nicht erwiesen ist), muß man doch zugeben, daß die Vertuschung eines Skandals eine weitaus weniger riskante Methode gewesen wäre, sie zu wahren, als ein melodramatischer kollektiver Mord, wie ihn Alexandra Orlova beschreibt.

Ihre zentrale These hinsichtlich der Motive der »Verschwörer« läuft darauf hinaus, daß »die Ehre der Uniform von den Juristen wie ein Heiligtum gewahrt wurde«. Selbst wenn das so war, gehörte Čajkovskij schon lange nicht mehr zu ihnen und war nicht verpflichtet, auf sie zu hören. Es gibt keinen Grund für die Annahme, daß er der Rechtsschule, die fast seine Karriere als Musiker verhindert hätte, besondere Wertschätzung entgegenbrachte. Im Gegenteil lesen wir in den Erinnerungen von A.I. Brjullova: *Eine andere kleine Besonderheit von ihm war der Wunsch, nicht mit den Kameraden von der Rechtsschule zusammenzutreffen, an der er sich sehr einsam und verlassen gefühlt hatte. Ich hatte zwei Bekannte, Kameraden von ihm, sehr nette Menschen und ganz unmusikalisch, was in Čajkovskijs Augen auch ein Reiz hätte sein können: Keine musikalischen Gespräche mit Laien. Sie waren oft zum Mittagessen bei mir. Petr Il'ič sah mich immer bittend an: »Laden Sie D. und Š. nicht ein, wenn ich bei Ihnen bin.« Natürlich wurde diese Bitte widerspruchslos erfüllt. Eine Ausnahme machte Čajkovskij nur für Apuhtin und Meščerskij. Warum er zu letzterem ein gutes Verhält-*

nis hatte, ist ein Rätsel […][143] Wir wissen, warum: Sie hatten die gleichen sexuellen Neigungen.

Bekanntlich komponierte Čajkovskij im Jahre 1885 anläßlich des 50jährigen Jubiläums der Rechtsschule das »Lied der Juristen« für gemischten Chor a cappella auf seinen eigenen Text »Der lichten Wahrheit reine Flamme« sowie den »Juristenmarsch« (oder »Rechtsschulmarsch«) D-Dur für Orchester; und trotzdem lehnte er die Einladung, die Schule zu besuchen, entschieden ab[144]. Während seines ganzen Lebens war er dort nur wenige Male in Angelegenheiten seiner Brüder und seines Neffen und dachte nur mit Bedauern daran zurück. Čajkovskij fühlte sich also weder an die Schule noch an ihre Absolventen irgendwie gebunden; selbst wenn man die Existenz des von Alexandra Orlova behaupteten Ultimatums einräumt, konnte er es leicht ignorieren, Schutz bei einflußreichen Gönnern suchen oder ins Ausland reisen, wie er es fünfzehn Jahre zuvor getan hatte. Zeit, darüber nachzudenken, hatte er – wie Alexandra Orlova selbst sagt – nicht weniger als zwei Tage.

Aber an welchem Tage fand das berüchtigte »Ehrengericht« eigentlich statt? So seltsam es klingen mag, eine klare Antwort darauf läßt sich in den Schriften von Alexandra Orlova nicht finden. Von polemischem Feuereifer ergriffen, wollen ihre Anhänger nicht nur die gravierenden Unstimmigkeiten und faktischen Fehler in ihren Theorien nicht sehen; sie wollen auch die ihr eigene intellektuelle Unredlichkeit nicht bemerken.

Abgesehen von dem Durcheinander in Namen, Daten und Fakten und dem unverändert aggressiven Ton, korrigiert Alexandra Orlova in jedem ihrer folgenden Aufsätze (und das sind inzwischen acht in russischer und englischer Sprache) ihre jeweils früheren Thesen, von denen sie viele, die sie zuvor für prinzipiell wichtig erklärt hatte, ganz und gar verwirft, ohne ein einziges Mal zuzugeben, daß sie in irgendwelcher Hinsicht Unrecht haben könnte. Mit anderen Worten: Sie ist jedes Mal bestrebt, die Informationen und Argumentationen, die sie in den Entgegnungen anderer Autoren fand, ihrem Schema anzupassen; dabei wiesen ihr diese doch mehr als einmal mangelnde Kompetenz und Unwissenheit nach. Es ist bezeichnend, daß Alexandra Orlova ihre Kritiker kein einziges Mal in wesentlichen Punkten widerlegen konnte oder ihnen dafür dankte, daß sie Fakten richtigstellten, die sie durcheinandergebracht hatte.

Besonders charakteristisch ist in diesem Zusammenhang der Wechsel ihrer Positionen hinsichtlich des Tages, an dem angeblich das zentrale Ereignis ihrer Geschichte stattfand, das »Ehrengericht«.

Čajkovskij mit etwa 18 Jahren (1858)
vor dem Abschluß der Petersburger Rechtsschule.

Die Rechtsschule in St. Petersburg,
die Čajkovskij von 1850 bis 1859 besuchte.

Das Aleksandrinskij-Theater in St. Petersburg, in dem Čajkovskij am Abend des 20. Oktober/1. November 1893 eine Aufführung des Dramas *Das heiße Herz* von Aleksandr N. Ostrovskij sah.

In ihrem englischen Aufsatz aus dem Jahre 1981 datiert Alexandra Orlova den dramatischen Besuch des Komponisten bei Jakobi in Carskoe Selo, der mit der Verurteilung endete, auf Dienstag, den 19./31. Oktober (in der russischen Fassung weist sie – und ist sich dabei der Wochentage unsicher – auf den 20. Oktober/1. November hin[145]).

Dies ist nämlich der einzige Tag zwischen dem 16. und 21. Oktober, von dem wir nicht wissen, was der Komponist bis zum Abend hin tat, als er eine Aufführung von A.G. Rubinštejns Oper *Die Makkabäer* besuchte; er war also in Gesellschaft vieler Menschen und auf engem Raum[146]. Nach dieser Version erhielt er das Gift für den folgenden Tag von einem guten Freund, dem Advokaten Avgust Gerke, der ihn unter dem Vorwand aufsuchte, einen neuen Vertrag zwischen der Musikfirma Bessel' und ihm abschließen zu wollen[147].

Offensichtlich konnte vor diesem Datum nichts Derartiges geschehen; denn an jenem Dienstag, dem 19. Oktober, schrieb Čajkovskij einen Brief an den holländischen Dirigenten Willem Kes, in dem er von seiner Absicht sprach, im Frühjahr des folgenden Jahres Amsterdam zu besuchen. Daraus folgt, daß er von dem ihn bedrohenden Todesurteil nur in der Zeit zwischen dem Schreiben des Briefes und dem Besuch der Oper im Kononovschen Hause hätte erfahren können.

Der Dienstag ist ein gewöhnlicher Arbeitstag; infolgedessen hätte Nikolaj Jakobi, der Initiator des »Ehrengerichts«, große Anstrengungen unternehmen müssen, um eine Versammlung von acht bedeutenden Staatsbeamten in seinem Hause in Carskoe Selo zu einer Zeit zu organisieren, in der sie theoretisch alle im Dienst sein mußten. Weitaus logischer wäre es gewesen, dieses »Gerichtsverfahren« aufs Wochenende zu verschieben; denn es ist wenig wahrscheinlich, daß die Familie Stenbok auf einer unverzüglichen Bestrafung des Beschuldigten bestanden hätte.

Gegen diese Datierung spricht auch das Verhalten Čajkovskijs am nächsten, auf die »Gerichtsverhandlung« folgenden Tag, an dem er angeblich das tödliche Gift erhielt. Wir lesen bei Modest, daß Čajkovskij am Morgen, nach dem Besuch von Gerke, *mit einem unserer Neffen, dem Grafen A.N. Litke, spazierenging und ihm dabei sehr viel von Bočečkarov erzählte* [seinem verstorbenen und exzentrischen Freund, der übrigens auch homosexuell war], *von seinen Launen, Wortspielen und Scherzen und auch davon, daß er fast genau solche Sehnsucht nach ihm habe, wie in der ersten Zeit nach seinem Tode im Jahre 1876*[148]. So verhält sich kein Mensch, dem man gerade ein tödliches Gift überreicht hat, damit er sich umbringe. *An diesem Tag,* fährt Modest fort, *aß er bei seiner alten Freundin, Vera Vasil'evna Butakova, geb. Davydova* [die in ihrer Jugend für ihn geschwärmt hatte] *zu Mittag. Für den Abend hatte er eine Loge im Aleksandrinskij-Theater, wo man »Das heiße Herz« von A.N. Ostrovskij spielte.*[149]

Ju.M. Jur'ev, Schauspieler am Aleksandrinskij-Theater (der die gleichen Neigungen hatte wie der Komponist, bis zum Jahre 1948 in aller Ruhe lebte und mit dem Titel eines Volkskünstlers der UdSSR ausgezeichnet wurde), erinnert sich, daß er 1893 bei einer Aufführung von Ostrovskijs Stück *Petr Il'ič mit seiner ganzen »Suite« von Verwandten und Freunden im Theater sah. Alle waren von der Aufführung entzückt. »Was für ein Stück ist das!« begeisterte sich Petr Il'ič. »Kein Wort, das nicht von Gold ist!«*[150] Wir wissen, daß Ostrovskijs Komödie im Jahre 1893 in Petersburg nur im Herbst aufgeführt wurde. Čajkovskij kam am 10./22. Oktober in die Hauptstadt. Offensichtlich sprechen der Bericht Modests und die Erinnerung Jur'evs von ein und demselben Besuch der Aleksandrinka[151]. Die von Jur'ev beschriebenen Reaktionen Čajkovskijs sind nicht nur vom Gesichtspunkt der Psychologie, sondern auch von dem des gesunden Menschenverstands her nicht die eines zum Tode verurteilten Menschen. (Jur'ev konnte im übrigen kaum in die von Alexandra Orlova postulierte »Verschwörung des verwandtschaftlichen Betruges« eingeweiht sein; denn er stand dem Komponisten nicht nahe; er hatte ihn bis zu diesem Zeitpunkt nur ein einziges Mal getroffen.) Angesichts seines Todes wäre ein Mensch sicher nicht imstande, eine Theateraufführung zu genießen. Kommen wir auf Modests Bericht zurück: *In der Pause ging er mit mir in die Garderobe von K.A. Varlamov* [eines Schauspielers, der in den erwähnten homosexuellen Skandal des Jahres 1889 verwickelt war, ohne daß dieser Auswirkungen auf seine Lebensweise und seine Karriere gehabt hätte]. *Er schätzte dessen erstaunliche Begabung immer sehr, und nachdem er ihn in den 90er Jahren kennengelernt hatte, gewann er ihn persönlich lieb. Die Unterhaltung kam auf Spiritismus. Konstantin Aleksandrovič äußerte mit dem ihm eigenen Humor, der sich auf Papier nicht wiedergeben läßt, seine Abneigung gegen »diese ganze Gottlosigkeit« wie überhaupt gegen alles, was ihn an den Tod erinnerte. Einen besseren Gefallen konnte er Petr Il'ič nicht tun; dieser stimmte begeistert zu und lachte von Herzen über die originelle Manier, in der dies geäußert wurde. »Wir werden dies widerwärtige stumpfnasige Wesen schon noch kennen-*

lernen«, sagte er – und dann im Fortgehen, zu Varlamov gewandt: »Übrigens sind Sie und ich noch weit von ihm entfernt! Ich weiß, daß ich lange leben werde.«[152]

Nehmen wir einmal an, Modest hätte sich diese Episode ausgedacht. Dagegen spricht, daß Varlamov zu der Zeit, als *P.I. Čajkovskijs Leben* publiziert wurde, noch am Leben war. Offensichtlich fürchtete der Biograph keine Einwände oder Dementis von seiner Seite, weil er wußte, daß es die beschriebene Szene tatsächlich gegeben hatte. Nehmen wir ferner an, daß der Komponist, der schon von seiner Verurteilung wußte, ein nervöses Bravourstück geliefert hätte. Warum aber hätte er dann überhaupt dem Schauspieler einen Besuch abstatten sollen? Warum sollte er das Risiko eingehen, daß Varlamov auf seine gesteigerte Nervosität aufmerksam wurde und Modest, der keinerlei Verdacht hatte, darauf hinweisen sollte? Modest fährt fort: *Aus dem Theater fuhr Petr Il'ič zusammen mit unseren Neffen, den Grafen Litke, und dem Baron Buksgevden* [Buxhövden] *ins Restaurant Lejner. Ich sollte später dorthin nachkommen, und als ich etwa eine Stunde später ankam, traf ich alle genannten Personen in Gesellschaft von I.F. Gorbunov, A.K. Glazunov und F.F. Mjul'bah* [Mühlbach] *an. Petr Il'ič aß Makkaroni und trank dazu nach seiner Gewohnheit Weißwein mit Mineralwasser. Das Abendessen dauerte nicht sehr lange, und zwischen ein und zwei Uhr gingen wir beide zu Fuß nach Hause. Petr Il'ič war völlig gesund und ruhig.*[153] Auch nach Alexandra Orlova verbrachte Čajkovskij den 20. Oktober/1. November auf diese Weise: Spaziergang mit Sanja Litke, Mittagessen mit Vera Butakova, Besuch des Schauspiels *Das heiße Herz* und Abendessen im Restaurant Lejner[154].

Um so seltsamer ist es, wenn man in ihrem russischen Text über den 20. Oktober/1. November folgende lyrische Abschweifung liest: *Wie er diesen Tag nach dem »Gericht« verbrachte, läßt sich nur vermuten. Vielleicht streifte er in den Parks von Carskoe Selo umher, die er so liebte – verloren, zur äußersten Verzweiflung getrieben, streifte er umher, ohne auf den Weg zu achten …*[155] Das Erstaunen legt sich, wenn man zu begreifen beginnt, daß in der russischen Fassung des Aufsatzes von Alexandra Orlova das Gericht erst am 20. Oktober/1. November stattfand – und nicht am 19./31. Oktober wie in der englischen[156]. Was übrigens den Abend des 19./31. Oktobers betrifft, so bedarf es keiner Phantasiegebilde: Wir wissen, daß Čajkovskij ihn nicht verzweifelt in den Alleen von Carskoe Selo herumirrend verbrachte, sondern daß er Rubinštejns *Makkabäer* im Kononovschen Hause hörte.

Man muß annehmen, daß Alexandra Orlova sich zu guter Letzt davon überzeugte, daß die Datierung des »Ehrengerichts« auf Dienstag, den 19. Oktober, unsinnig war. In ihren letzten Arbeiten scheint sie den vermuteten Besuch Čajkovskijs in Carskoe Selo vergessen zu haben. Statt dessen behauptet sie, daß die »Sitzung der Juristen«, an der der Komponist als Angeklagter teilnahm, am Donnerstag, dem 21. Oktober, stattfand, d. h. an dem Tag, an dem er erkrankte. Da nicht nur Modest Il'ič, sondern auch eine Reihe anderer Personen bezeugt hatten, wie er diesen Tag verbrachte, entschied Alexandra Orlova, daß die einzig mögliche Zeit von Čajkovskijs Besuch bei Jakobi der Morgen dieses Donnerstags sein mußte. Das bedeutet natürlich, daß der Bericht von Modest Il'ič einschließlich seiner Beschreibung, wie er morgens mit dem Bruder Tee trank, nicht der Wirklichkeit entsprechen kann.

Wir wissen aber aus Aufzeichnungen von Čajkovskij selbst und aus anderen Quellen, daß er die Absicht hatte, am Vormittag die Familie Napravnik aufzusuchen, und auch aufbrach, dann aber nach Hause zurückkehrte, weil er sich unwohl fühlte[157].

Zur Zeit des Frühstücks, etwa um ein Uhr, war Čajkovskij schon zu Hause und empfing Fedor F. Mjul'bah (Mühlbach), den Besitzer einer Petersburger Klavierfabrik[158]. Gegen fünf Uhr kam Aleksandr K. Glazunov zu ihm, der – ebenso wie Mjul'bah – offenbar vorher eingeladen worden war; das Treffen war sicher bei dem Essen am voraufgehenden Abend im Restaurant Lejner vereinbart oder bestätigt worden[159].

Wie soll man in diesem Zeitplan die Fahrt Čajkovskijs nach Carskoe Selo und von dort zurück unterbringen – und die »Gerichtsverhandlung« selbst, die nach den Worten von Vojtov sehr lange dauerte, nämlich fast fünf Stunden. Die einzige, aber völlig unsinnige Lösung wäre, anzunehmen, der Komponist habe Petersburg etwa um vier Uhr morgens verlassen, d. h. zwei Stunden nach seiner Rückkehr aus dem Restaurant Lejner, und einige sehr beschäftigte Personen hätten an einem Arbeitstag die Stunden vor Morgengrauen damit zugebracht, die Erpressung und Ermordung des großen Komponisten zu planen, während die Frau eines von ihnen zu dieser Zeit mit einer Strickarbeit beschäftigt war.

Es ist bezeichnend, daß Alexandra Orlova es in diesem Stadium ihrer Überlegungen für vernünftig hielt, Vojtovs Behauptung, diese ganze Geschichte habe sich in Carskoe Selo abgespielt, zu verschweigen und dadurch die ursprüngliche Information zu entstellen, auf der ihre Theorie basiert. Der Leser ihrer letzten Aufsätze muß im übrigen den Eindruck haben, das ganze Drama habe sich in Petersburg abgespielt und nicht in seiner Vorstadt. Indessen läßt sich leicht feststellen, daß N.B. Jakobi zu dieser Zeit überhaupt keine Petersburger Adresse hatte. Wie wir wissen, lebte er in Carskoe Selo. Außerdem ist es unwahrscheinlich, daß die fragliche Versammlung ehemaliger Rechtsschüler anderswo in St. Petersburg hätte stattfinden können, z. B. in der Stadtwohnung eines der Beteiligten. In diesem Falle hätte Frau Jakobi nicht mit ihrer Handarbeit anwesend sein können. Dabei war sie doch – nach den Worten von Vojtov – der einzige Zeuge des »gerichtlichen Mordes«.

Soweit bekannt ist, gab der Komponist kurz vor seiner Erkrankung dem Wunsche Modests nach und änderte seine Pläne. Statt am nächsten Tag nach Moskau zurückzukehren, wie er vorgehabt hatte, beschloß Čajkovskij, seinen Aufenthalt in St. Petersburg zu verlängern, um bei der Premiere von Modests neuem Stück anwesend zu sein, die Ende Oktober stattfinden sollte[160].

Selbst wenn man das ganze Problem der Datierung des »Ehrengerichts« beiseite läßt und von der Vorstellung ausgeht, daß es an einem der Tage vor der Erkrankung und dem Tode des Komponisten stattfand (aber nicht vor Dienstag, dem 19. Oktober, auf den der Brief an Willem Kes datiert ist), wird sein Verhalten während dieser Tage unbegreiflich bleiben. So verfolgte Čajkovskij z. B. am Tag seiner Erkrankung, am Dienstag, dem 21. Oktober, obwohl er sich nicht wohl zu fühlen begann, weiterhin seine Pläne: Er schickte sich an, die Napravniks zu besuchen, und traf sich, nachdem er nach Hause zurückgekehrt war, mit Mjul'bah; außerdem schrieb er einige Briefe, darunter einen an Ivan N. Grekov, einen Opernunternehmer am Theater von Odessa. In diesem (erhaltenen) Brief erwähnt Čajkovskij auch seine verschiedenen Pläne für die nächsten Monate und seine große Inanspruchnahme, willigt aber trotzdem ein, zwischen dem 15. Dezember und 5. Januar nach Odessa zu kommen. Außerdem bittet er Grekov, alles Notwendige für diesen Besuch vorzubereiten[161]. Wozu ein Mensch, der sich zu sterben anschickte, noch derartige Briefe schreiben sollte, daran will Alexandra Orlova überhaupt nicht denken; sie ignoriert diese ihr unbequeme Tatsache einfach.

Um diese Reihe von Episoden aus dem Blickwinkel von Alexandra Orlovas Theorie zu erklären, muß eine von zwei Positionen bewiesen werden: Entweder fanden all diese Ereignisse gar nicht statt und sind einfach von Modest Čajkovskij, Glazunov und Mjul'bah erdacht worden – das anzunehmen, wäre absolut unsinnig.

Oder aber, Čajkovskij, der schon von dem »Urteil« der Juristen wußte, vollbrachte übermenschliche Willensanstrengungen und spannte seine nervlichen und emotionalen Kräfte bis zu einer Grenze an, die jenseits aller denkbaren psychischen Möglichkeiten liegt. Jeder Mensch würde sich in einer vergleichbaren Situation vom Gesetz psychischer Ökonomie leiten lassen, d. h. er würde seine Tätigkeit auf ein Minimum und das Notwendigste beschränken. Čajkovskijs Verhaltensweise in den fraglichen drei Tagen steht jedoch in deutlichem Widerspruch zum Gesetz der psychischen Ökonomie: Die meisten seiner Unternehmungen waren in keiner Weise notwendig, und sein Verhalten zeigt nicht die geringsten Spuren einer außergewöhnlichen seelischen Überforderung. Daß Alexandra Orlova diese Frage zu umgehen versucht, ruft Zweifel an der intellektuellen Redlichkeit ihrer Theorien hervor.

Sie ist sich darüber im klaren, daß das von ihr gezeichnete Bild psychologisch äußerst unwahrscheinlich ist. *Wenn man weiß, daß Čajkovskijs Persönlichkeit sich durch extreme (innere) Angespanntheit auszeichnete, kann man sich nur schwer vorstellen, wie er nach seiner Verurteilung zum Tode zwei ganze Tage verbringen konnte, ohne sich zu verraten.*[162] Sich das vorzustellen, ist in der Tat schwer. *Man kann nur annehmen, daß die Angst vor Entlarvung stärker war als die Todesangst.*[163] Das kann man nicht: Die Erfahrung des Jahres 1877 beweist, daß aufgrund der besonderen psychischen Konstitution des Komponisten eine nervöse Anspannung, die durch Angst vor Entlarvung (oder, wenn man will, durch Todesangst) hervorgerufen· war, in seinem Falle auf eine psychische Erkrankung hinausgelaufen wäre mit der Folge eines seelischen Zusammenbruchs, aber keinesfalls auf eine unerwartete schauspielerische Meisterschaft, die zwei Tage lang viele Menschen täuschen konnte.

Oben wurde nachgewiesen, daß die Parallele zu Čajkovskijs Selbstmordversuch im Jahre 1877, als er sich durch das Eintauchen in die Moskva eine Lungenentzündung zuziehen wollte (wenn man denn der Mitteilung Kaškins Glauben schenken will), hier ebenfalls nicht verfängt. Untersucht man die Alternativen der Lösung einer seelischen Krise, so ist die Rolle des »Imprinting« entscheidend, d. h. der schon realisierten prägenden psychischen Erfahrung. Anders gesagt: Wenn die eine Methode der Lösung (in unserem Falle ein Selbstmordversuch) in der Wechselbeziehung innerer und äußerer Faktoren fehlgeschlagen ist, die andere (in unserem Falle eine Nervenkrankheit und, um sie zu kurieren, eine Reise ins Ausland) dagegen erfolgreich war, dann würde, wenn eine Kollision analog zu der durchlebten Krise ein zweites Mal aufträte, diese zweite, schon erprobte Methode – natürlich nur, wenn sie noch offensteht – den Verhaltenscharakter des Individuums bedingen. Wieder anders gesagt: Als Čajkovskij im Jahre 1877 in den Fluß ging, wußte er noch nicht, daß sich alles regeln würde, wenn er ins Ausland reiste; im Jahre 1893 wußte er dies aus persönlicher Erfahrung dagegen sehr wohl. Ein nicht unbedeutender Umstand, schreibt Alexandra Orlova, *war die Tatsache, daß er vom Abend des 19./31. Oktobers an bestrebt war, immer mit anderen Menschen zusammenzusein – in Theatern, Restaurants, bei Besuchen –, sich so viel wie möglich in Gesellschaft anderer Menschen aufzuhalten, um nicht mit Modest allein zu sein. Sein Bruder hätte sofort gemerkt, daß etwas nicht in Ordnung war.*[164]

Aber auch dieses Argument arbeitet – mit dem Blick auf die archetypisch ähnlichen Ereignisse des Jahres 1877 – ihrer Theorie entgegen: Tatsächlich strebte der Komponist, wenn er Angst vor Schande und Entlarvung hatte, danach, möglichst allein zu sein; schon bei dem Gedanken an menschliche Gesellschaft verfiel er in Schrecken und bedurfte allein der Gegenwart von Menschen, die ihm besonders nahestanden.

Also veranlaßten – nach Alexandra Orlovas Darstellung – die Ereignisse Ende Oktober 1893 Petr Il'ič zu einer wahrhaft übermenschlichen Heldentat, nämlich alle seine ihm angeborenen und erworbenen psychischen Eigenschaften umzukehren und sich in Erwartung des sicheren Todes ganze zwei Tage lang so aufzuführen, als sei er das Gegenteil von sich selbst. Und warum? Wegen des »Ehrenkodexes« ihm völlig gleichgültiger Juristen? Existierte denn ein solcher Kodex überhaupt?

Die Forscherin will in der Rechtsschule eine Zitadelle moralischer Prinzipien sehen und in ihren ehemaligen Absolventen Kämpfer für die Reinheit der Moral, die bereit waren, ein doppeltes Verbrechen zu begehen: Erpressung und Mord – um den guten Ruf ihrer Alma mater zu retten. Tatsächlich aber zeichnete sich die Rechtsschule – wie jede andere geschlossene Lehranstalt für Jungen verschiedenen Alters – nicht durch hohe Moral aus. In der Schule gedieh die Unzucht junger Männer in verschiedenster Form[165]. Es blieb sogar eine obszöne Schulhymne erhalten, die 1879 in einer ausländischen Ausgabe russischer pornographischer Poesie veröffentlicht wurde. Sie besingt die Wonnen der Päderastie und heißt *Lied der Juristen.* Im Kommentar heißt es, daß *dieses Lied in den vierziger und fünfziger Jahren an der Rechtsschule sehr im Umlauf war.* Aus Platzmangel und wegen seiner extremen Unanständigkeit führen wir es nicht an[166].

Vladimir I. Taneev, der ältere Bruder des Komponisten Sergej I. Taneev und spätere utopische Sozialist, den P.I. Čajkovskij offensichtlich nicht mochte, war in der Schule zwei Klassen unter ihm. In seinen autobiographischen Aufzeichnungen erinnert er sich, daß im Jahre 1860 – also ein Jahr, nachdem der Komponist die Schule absolviert hatte – *Zubov, ein Zögling der 3. Klasse, im Sommer im Park von Pavlovsk Fomin, einen anderen Rechtsschüler, fing, ihn mit Hilfe seines Kameraden Bulgakov in eine Grotte schleppte und vergewaltigte. Obwohl Zubov gar nicht in unserer Klasse war, beschlossen wir, eine gemeinsame Versammlung aller drei Klassen des älteren Kurses einzuberufen, um über ihn eine Gerichtsverhandlung durchzuführen.*[167]

Das Gericht versammelte sich; V.I. Taneev und sein Freund waren die Ankläger. Zur Verteidigung Zubovs wurden dagegen fünf oder sechs (!) Personen aufgerufen. *Ich gab meinem Abscheu gegen Zubovs Tat und sein Verhalten im allgemeinen Ausdruck; aber ich schenkte ihm wenig Aufmerksamkeit*, schreibt Taneev. *Ich war vor allem bestrebt, Haß und Abscheu gegen die Schulleitung zu wecken ... Die Verteidiger sprachen viel, schlecht und ohne Zusammenhang. Einige behaupteten, Zubovs Tat sei etwas Privates gewesen; wir dürften uns da nicht einmischen ... Ich betrachtete alles sorgfältig, beobachtete alle, hörte aufmerksam zu, und mir schien, daß die allgemeine Stimmung der Zöglinge zugunsten Zubovs war, daß man ihn nicht fortjagen wollte. Ich dagegen beschloß, man müsse ihn fortjagen, koste es was es wolle. Ich beschäftigte mich mit der Fragestellung und führte alle in die Irre ...* So beschließt Taneev tiefsinnig und stolz seinen Bericht. Kürzer gesagt: Zubov wurde aus dem Hause vertrieben und Bulgakov von der überwältigenden Mehrheit in Ruhe gelassen[168].

Es ist hervorzuheben, daß es bei dieser ganzen improvisierten Gerichtsverhandlung nicht um ein heimliches Laster ging, wo zwei in flagranti ertappt wurden, sondern darum, daß ein Älterer mit Hilfe eines Freundes einen Jüngeren vergewaltigte. Die Schulverwaltung ergreift keine Maßnahmen, weil sie entweder nicht informiert wurde (in diesem Falle muß man sich über die Einigkeit im Abwenden von Denunziationen wundern; denn von dem Vorfall wußten mehr als 80 Schüler) oder weil sie es nicht wollte (in diesem Falle ist die Haltung der Schulleitung sehr ungewöhnlich).

In dieser Parodie einer Gerichtsverhandlung treten mehrere Personen als Verteidiger des Beschuldigten auf, während es nur zwei Ankläger gibt, nämlich Taneev und Bulanin. An einer gewöhnlichen Gerichtsverhandlung sind nur ein Ankläger und ein Verteidiger beteiligt; diese Tatsache mußte den Juristen sehr wohl bekannt sein. Die Verteidiger behaupteten insbesondere, Zubovs Verhalten sei etwas Privates gewesen (eine verblüffende Erklärung, wenn man den betreffenden Paragraphen des Strafgesetzbuches ins Auge faßt), und darum sei eine Einmischung der Gesellschaft nicht zulässig.

Der Ankläger Taneev bekennt selbst, daß er sich trotz all seines Moralismus am allerwenigsten für Zubov und sein Verbrechen interessierte. Um die opponierende Versammlung zu überzeugen, nimmt er seine Zuflucht zu einem betrügerischen Trick, teils aus Starrköpfigkeit und teils, um sein eigenes Prestige zu wahren. Diese Tatsache zeugt auch davon, daß seine Hartnäckigkeit in der Verfolgung Zubovs keinen prinzipiellen, sondern einen sehr persönlichen Charakter hatte. Zudem ist offensichtlich, daß die Versammlung Zubov nicht aus Empörung über die von ihm begangene Tat verurteilte, sondern um die Notwendigkeit einer Erklärung über das Geschehene seitens der Schulleitung abzuwenden; denn diese hätte in dem Falle, daß das Ereignis öffentlich bekannt geworden wäre, tätig werden müssen. Anders gesagt: Indem die Versammlung nach Taneevs Vorschlag entschied, tat sie dies im Interesse des »schuldigen« Zubov.

Taneevs Versuch, Zubovs Komplizen aus der Schule zu jagen, schlug fehl; der Rechtsschüler Bulgakov wurde von der überwältigenden Mehrheit in Ruhe gelassen.

Die Verwaltung, beunruhigt durch das Verschwinden Zubovs, der nach dem Vorfall die Schule verließ und nicht zurückkam, und außerdem durch die Drohung der Schüler, einen Aufstand gegen sie anzuzetteln, ist bestrebt, den Skandal zu vertuschen. Mit Zustimmung der Schüler relegiert sie Zubov nicht, sondern setzt ihn sogar auf die Rangliste und gibt damit faktisch grünes Licht für seine Karriere. Die Schüler der Rechtsschule, zufrieden, die Schulleitung gedemütigt zu haben, erheben keinen Einspruch – ein weiterer Beweis dafür, wie gleichgültig ihnen das berüchtigte »moralische Prinzip« in Verbindung mit Homosexualität war.

Wie aus der Geschichte mit Zubov zu sehen ist, waren die Rechtsschüler am allerwenigsten geneigt, jemanden – wer es auch sein mochte – wegen eines solchen Vorgangs zu verfolgen. Mehr als das: Keinem der Juristen kam es in den Sinn, ein »Ehrengericht«

gegen den homosexuellen Meščerskij einzuberufen, als über diesen ein gewaltiger öffentlicher Skandal losbrach. Keine Juristen, weder einzeln noch in Gruppen, verfolgten Apuhtin – trotz seines provozierenden Verhaltens, der Verleumdung und der allgemeinen Bekanntheit seiner sexuellen Gewohnheiten. Im Gegenteil, er hatte viele prominente Freunde, unter anderem den bekannten und einflußreichen Juristen A.F. Koni, der damals Oberstaatsanwalt im Kriminal-Berufungsdepartement war, ferner Čajkovskijs ehemaligen Klassenkameraden Vladimir N. Gerard, der an der letzten Ausgabe von Apuhtins Gedichten beteiligt war, oder die Schauspielerin Aleksandra V. Panaeva-Karceva.

Schließlich war Modest Il'ič selbst homosexuell, ebenso wie einige seiner Schulfreunde. Es gibt viele Gründe für die Annahme, daß gute Bekannte Čajkovskijs und ehemalige Rechtsschüler wie Sergej A. Kireev und Nikolaj N. Burnašev dieselbe Veranlagung hatten, nicht zu reden von seinem engen Freund Nikolaj D. Kondrat'ev.

Wahrscheinlich gab Čajkovskij sich Rechenschaft über die Skandale um Meščerskij, Varlamov, Offiziere der Garde und andere, die sämtlich gut ausgingen; außerdem konnte er immer den Großfürsten Sergej Aleksandrovič vor Augen haben, der ebenfalls unbehelligt blieb.

Jedermann mit gesundem Menschenverstand fällt die Unverhältnismäßigkeit ins Auge, daß ein »Verbrechen«, wie es Alexandra Orlova Čajkovskij anlastet, nämlich die Aufmerksamkeit gegenüber dem Neffen eines Grafen unter Verletzung eines abstrakten Ehrenkodexes, mit der Verurteilung zum Selbstmord geahndet worden sein soll. Um ein solches Urteil zu provozieren, hätte P.I. Čajkovskij eine kriminelle Handlung begehen, zumindest den »unglückseligen« jungen Mann töten müssen. (Aber in diesem Falle hätte er nicht das »Ehrengericht« abzuwarten brauchen.) Das Aufkommen irgendwelcher Gerüchte hätte ihn zwingen können, seinem Leben auch ohne Hilfe seiner »Freunde« von der Rechtsschule ein Ende zu machen[169].

All diese Überlegungen machen die von Alexandra Orlova vorgeschlagene Motivation der »Verschwörer« ganz und gar unwahrscheinlich. Um weiterhin auf der Version einer Verschwörung zu bestehen, könnte sie als einzig mögliche psychologische Erklärung nur diese geben: Jakobi und seine Gesinnungsgenossen haßten Čajkovskij so erbittert, daß sie unter einem Vorwand an ihm eine so scharfsinnige sadistische Vivisektion vollzogen, wie sie sich nicht einmal die Phantasie eines Marquis de Sade hätte ausdenken können. Überflüssig, darauf hinzuweisen, daß es auch nicht die entferntesten Nachrichten über mögliche Ursachen gab, Petr Il'ič zu hassen, weder bei dieser Gruppe von sechs Menschen, noch bei irgendeiner Einzelperson – mit Ausnahme vielleicht von Vladislav A. Pahul'skij (Geiger und Komponist, erst Sekretär, dann Schwiegersohn von N.F. fon-Mekk), und auch dieser beneidete Čajkovskij vermutlich mehr als daß er ihn haßte. Im Gegenteil: Čajkovskij war – wie bekannt ist – allgemein beliebt.

Schließlich war Selbstmord für einen gläubigen Menschen, wie es P.I. Čajkovskij war, eine unverzeihliche Todsünde, zu der er sich kaum hätte entschließen können. Einige Fälle von Selbstmord ihm nahestehender junger Menschen trafen den Komponisten sehr schwer. So 1873 im Falle von Ėduard Zak; damals schrieb Čajkovskij an Vasilij V: Bessel': *Meine Nerven sind schrecklich erschüttert. Ich bin nicht imstande, irgend etwas zu tun.*[170] Und viele Jahre später, im Jahre 1886, brachte ihn der Selbstmord des mit ihm bekannten Offiziers Ivan A. Verinovskij für lange Zeit aus dem Gleichgewicht: *Auf mich hat dieser Tod einen furchtbaren Eindruck gemacht.*[171] – *Jeder Todesfall eines jungen, guten Menschen beeindruckt mich stark; umso mehr, wenn es ein Selbstmord ist!* schreibt der Komponist am 23. Juli/9. August 1886 an Mihail M. Ippolitov-Ivanov. *Ich glaube, wenn ich noch eine Woche in Tiflis geblieben wäre, könnte er noch am Leben sein. Ich hatte ihn sehr gern: Er war sich dessen bewußt, und es kann sehr wohl sein, daß meine Anteilnahme und moralische Unterstützung ihn von dem Gedanken abgebracht hätten, Hand an sich zu legen. Ach, mein Gott, mein Gott, wie leid tut er mir!*[172] Čajkovskij glaubte also daran, daß »Anteilnahme und moralische Unterstützung« einen Menschen am Selbstmord hindern konnten, und die Formulierung »Hand an sich legen« bezeugt unzweideutig seine sehr negative Einstellung zum Selbstmord. Als er 1888 vom Selbstmord eines anderen jungen Mannes, des ehemaligen Rechtschülers N. Svinkin, erfährt, schreibt er nicht ohne Bitterkeit und mit Erregung: *Ich weiß noch sehr gut, daß Svinkin in bezug auf Verinovskij an mich schrieb, Selbstmord sei Dummheit. Und jetzt hat er es selbst getan! Wie sind sie alle verrückt geworden!*[173]

Wissenschaftliche Objektivität zwingt uns dazu, bei Čajkovskij die Möglichkeit des Selbstmordes aufgrund irgendwelcher uns unbekannter innerer Ursachen grundsätzlich anzuerkennen, sei sie auch nach all dem bisher Gesagten höchst unwahrscheinlich. Der gesunde Menschenverstand erlaubt es nicht, sie völlig zu leugnen. Aber unserer Ansicht nach muß man – und zwar wiederum aufgrund des gesunden Menschenverstandes – absolut und entschieden die Wahrscheinlichkeit einer »Verschwörung der Juristen« leugnen: Die von uns dargelegten Argumente machen diese Version in jeder Beziehung zu einer Geschichte jenseits aller Wahrscheinlichkeit.

Wie wir schon oben bemerkt haben, können Gerüchte keinesfalls die Rolle einer faktischen Quelle spielen; sie spiegeln nicht das wider, was tatsächlich geschah, sondern das, was die Zeitgenossen – aus welchen Gründen auch immer – gerne glauben wollten. Wenn es aber dabei – wie in unserem Falle – Widersprüche gibt, dann entsteht ein Mythos. Einerseits forderte das »Laster« der Homosexualität als Laster im historischen Bewußtsein der Epoche eine Bestrafung, andererseits war der weltberühmte Petr Il'ič Čajkovskij eine bezaubernde Persönlichkeit und verdiente wegen seiner persönlichen Qualitäten keine Bestrafung. Der Mythos trat – nach Claude Lévi-Strauss – in seiner gewohnten Rolle als Mediator auf: Das Sujet der »Verschwörung der Juristen« hob den Unterschied zwischen Bestrafung und Verbrechen auf. Das Paradoxon der Situation wurde auf solche Weise in der vorgestellten Dimension der Individual- wie der Massenpsychologie aufgelöst.

Kapitel VI
Schicksalhaftes Geheimnis

Richten wir nun unseren Blick auf die Personen, die Alexandra Orlova zu Gewährsleuten ihres Berichts erklärt. Sechs werden in der englischen Version erwähnt; und alle ihre Informationen stammen aus zweiter oder dritter Hand. Von den genannten Personen müßte man drei als besonders wichtig anerkennen: Vasilij Bernardovič Bertenson und Aleksandr L. Zander, zwei der vier Ärzte, die den Komponisten vor seinem Tode behandelten, und natürlich Jurij L'vovič Davydov, einen Neffen des Komponisten. Über V.B. Bertenson heißt es: *Am Ende seines Lebens (er starb 1933) erzählte er dem Musikwissenschaftler Georgij Orlov* [Alexandra Orlovas Ehemann], *der auf dem Konservatorium mit dem Sohn des Arztes, Nikolaj, befreundet gewesen war, Čajkovskij habe sich vergiftet.*[174] Tatsächlich aber hat sich Bertenson mit keinem einzigen Wort über die berüchtigte »Verschwörung der Juristen« geäußert; andernfalls hätte Alexandra Orlova nicht versäumt, das zu erwähnen. Wir glauben, daß man dem mündlichen Zeugnis von V.B. Bertenson über Čajkovskijs Selbstmord, wie es Alexandra Orlova mitteilt, nicht trauen darf. Im Jahre 1933 war er 80, und in diesem Alter bringt das gealterte Gehirn gewöhnlich Tatsachen und Gerüchte außerordentlich leicht durcheinander. Außerdem wollte der alte Mann mit der Formulierung »er vergiftete sich« wahrscheinlich sagen: mit einem Glas unabgekochten Wassers, das er während der Choleraepidemie trank; und das widerspricht nicht der offiziellen Version[175]. Zu glauben, daß V.B. Bertenson bei gesundem Verstand und nüchterner Erinnerung die Selbstmordtheorie wiederholt hätte, ist ebenso schwierig wie von der Geschichte überzeugt zu sein, derselbe V.B. Bertenson habe bekannt, er selbst habe Čajkovskij auf Befehl des Zaren vergiftet. Daß Vasilij Bernardovič nicht bezweifelte, Čajkovskij sei an der Cholera gestorben, geht aus seinem Brief an Modest Il'ič vom 20. Juni 1905 hervor, in dem er die Erwähnung der Krankheit des Komponisten in seinem Buch *Über die Cholera* erläutert – und zwar bei der Erörterung sanitärer Maßnahmen während der Choleraepidemie[176].

Was Zander betrifft, so bietet der englische Text von Alexandra Orlova überhaupt keinen Anlaß dafür, ihn zu den Gewährsleuten zu zählen: *Ein anderer Kurskamerad Orlovs* [im Konservatorium] *war*

Ja. Zander, der Sohn des Arztes [A.L. Zander], *der Lev Bertenson während Čajkovskijs Krankheit assistierte. Alles, was Zander von seinem Vater hörte, enthält viele Details über die letzten Tage des Komponisten.*[177] Welche Details gemeint sind, wird nicht präzisiert; und von Selbstmord ist mit keinem Wort die Rede.

Was Jurij Davydov betrifft, so figuriert er nur in einer intrigierenden Anmerkung des englischen Textes: *Nachdem der Inhalt dieses Aufsatzes in David Browns Darstellung in den nationalen und internationalen Programmen von BBC gesendet worden war, erhielt man die Bestätigung, daß Jurij Davydov, dessen andere Erinnerungen den Bericht von der Cholera stützen, tatsächlich irgend einem sowjetischen Musiker die im wesentlichen gleichlautende Geschichte vom »Ehrengericht« anvertraut habe.*[178] Wir meinen, diese »Bestätigung« ist zu ignorieren. Faßt man nämlich die Umstände der sowjetischen Paranoia in allem, was Čajkovskijs Biographie betrifft, ins Auge, ist es unmöglich zu glauben, der erst 1965 verstorbene Jurij Davydov – eine unmittelbare biographische Autorität, von der jedes Wort sofort von den Forschern aufgegriffen und unter Aufsicht der Behörden offiziell überprüft werden mußte, ein Mensch, dem man am Ende seines Lebens den Posten des Hauptkustoden im Haus und Museum von Klin gab, d. h. den Posten eines staatlichen Aufsehers über die Tätigkeit der sowjetischen Čajkovskij-Forscher – dieser Jurij Davydov habe irgend jemandem eine außerordentlich kompromittierende Information anvertraut, die jedem Wort seiner eigenen, veröffentlichten Memoiren widersprach; er hätte dadurch die größten Unannehmlichkeiten riskiert[179].

Es bleiben drei Personen von denen, die nicht eng in die Ereignisse der letzten Tage Petr Il'ičs einbezogen waren. *Der Musikwissenschaftler Aleksandr Ossovskij, der im Jahre 1893 im Justizministerium arbeitete (in dem die ganze Wahrheit bekannt war), erzählte auch vom Selbstmord des Komponisten*, schreibt Alexandra Orlova[180]. Hier zeigt sich deutlich der schon von Nina Berberova, Malcolm Brown und Simon Karlinsky angeprangerte Mangel an Logik, der den Theorien Alexandra Orlovas eigen ist: Wenn die »Verschwörer« so komplizierte und raffinierte Maßnahmen ergriffen hatten, um das, was insgeheim geschehen war, zu verdecken (waren sie doch vom Gesichtspunkt des Gesetzes aus eines Verbrechens schuldig), wie konnten sie dann zulassen, daß die »ganze Wahrheit« im Justizministerium bekannt wurde? Und keiner von denen, die den »Verschwörern« persönlich nicht wohlgesinnt waren (sie gibt es in jeder Beamtenkarriere), nutzte diese »Wahrheit«, um einen von ihnen zugrunde zu richten? Es hätte genügt, die »Wahrheit« dem Zaren zur Kenntnis zu bringen, und ein Skandal wäre losgebrochen, weitaus schrecklicher, als wenn es um das Thema Homosexualität gegangen wäre. Ging es doch hier um die Ermordung eines Menschen, der der Stolz der russischen Kultur war! In diesem Zusammenhang ist auch das »Zeugnis« Ossovskijs blanker Unsinn. Erstaunlicherweise will niemand von denen, die Alexandra Orlovas Version wörtlich nehmen, die abweichende Meinung einer anderen Tschaikowsky-Biographin zur Kenntnis nehmen oder akzeptieren. Nina N. Berberova, Autorin des psychologisch überzeugenden Buches *Čajkovskij – Geschichte eines einsamen Lebens* (deutsch: Berlin 1938, ergänzt: Düsseldorf 1989) erhielt ihre Informationen – im Gegensatz zu Alexandra Orlova – aus erster Hand: Sie sprach in Paris persönlich mit A.K. Glazunov, der an dem »schicksalhaften« Essen im Restaurant Lejner teilgenommen hatte, mit V.N. Argutinskij-Dolgorukov, einem jungen Freund des Komponisten, mit P.V. Čajkovskaja, der Frau von Čajkovskijs Bruder Anatolij, und vielen anderen. Keiner von ihnen zweifelte daran, daß der Komponist an der Cholera gestorben war[181].

Aber als eigentliches »Fundament«, auf dem Alexandra Orlova alles Weitere aufbaut, erweist sich eine Information, die sie aus dritter Hand bekam. Wie wir wissen, hörte sie 1966 angeblich die ganze Geschichte von ihrem Bekannten A.A. Vojtov, einem Amateurbibliographen und Absolventen der Rechtsschule. Vojtov hörte die Geschichte seinerseits angeblich im Jahre 1913, als er »in der vorletzten Klasse der Schule« war, von Elizaveta Karlovna, der Witwe des Juristen Nikolaj Borisovič Jakobi (demselben, der das »Ehrengericht« organisiert haben und sein Vorsitzender gewesen sein soll)[182].

Wie Vojtov bezeugt, lebte die Familie Jakobi eine Zeitlang in Carskoe Selo, einem Vorort von Petersburg. Adreßbücher konnten uns sogar ihre genaue Adresse nennen: Kolpinskaja-Straße, Haus von Vetvenickij[183]. Erstaunt finden wir heraus, daß der größte Teil der gräflichen Familien Stenbok und Stenbok-Fermor ebenfalls einige Zeit dort lebte – in eigenen Häusern und in anderen Straßen[184]. Darüber hinaus hieß Jakobis Frau nicht Elizaveta, sondern Ekaterina. Ein ganz bezeichnender Fehler für die Art, wie Alexandra Orlova ihre Forschung betreibt. Erstens hätte sich Vojtov gut an den Namen der Zeugin der »Verschwörung« erinnern müssen; zweitens wäre Alexandra Orlova als Wissenschaftlerin verpflichtet, alle von ihm mitgeteilten Namen zu überprüfen.

Es ist nicht ausgeschlossen, daß ein gewisser »Klatsch von Carskoe Selo« auch im Bewußtsein von Ekaterina Karlovna, einer schon ehrwürdigen Greisin, auftauchte, wenn auch in entstellter, aber eben deswegen schicksalhafterer und geheimnisvollerer Form. Andererseits kann man sich schwer vorstellen, warum die sozusagen in viktorianischen Traditionen erzogene Ekaterina Karlovna ein so heikles Thema im Gespräch mit einem achtzehnjährigen Jungen zur Sprache bringen sollte.

Man muß sich daran erinnern, daß die Gerüchte über Čajkovskijs Selbstmord mit einer Welle von Selbstmorden in Petersburg zusammenfielen, die Ende der 1880er Jahre einsetzte und »bei jungen Leuten einen epidemischen Charakter« trug. Apuhtin schrieb über dieses Thema das Poem *Aus den Papieren eines Staatsanwalts* und stellte dem Juristen A.F. Koni detaillierte Fragen über *statistische Daten und Abschiedsbriefe von Selbstmördern*[185].

Wahrscheinlich tauchten im Jahre 1913 in Verbindung mit dem 20. Todestag des Komponisten diese Gerüchte erneut auf, besonders in dem mit der Rechtsschule in Verbindung stehenden Personenkreis. Zu dieser Zeit hatte in England schon der berühmte Prozeß um Oscar Wilde stattgefunden, der Gesprächen in den Salons von Petersburg und besonders in Juristenkreisen, in denen Jakobi verkehrte, Nahrung lieferte. Diese Affäre enthält die gleichen Komponenten. Aber in der russischen Version wurde der Marquess of Queensbury zum Grafen Stenbok-Fermor (irgend einem; denn es gab viele), Lord Douglas zu dem nicht identifizierten Neffen des Grafen, und der berühmte Schriftsteller wurde durch den nicht minder berühmten Komponisten ersetzt. Eine etwa gleichzeitige Analogie stellt 1902 der Selbstmord des deutschen Industriellen Friedrich Krupp dar, der in Europa allgemeines Aufsehen erregte. Ungeachtet der offiziellen Verlautbarung, ein Infarkt sei die Ursache seines Todes gewesen, wußten doch alle, daß Krupp sich umgebracht hatte, nachdem er das Opfer einer homosexuellen Erpressung geworden war[186].

Außer Alexandra Orlova erschien als weitere Informantin über »das Geheimnis von Čajkovskijs Tod« noch eine russische Emigrantin: Natal'ja Kuznecova-Vladimova, Großnichte von Ol'ga Denis'eva, der Frau von Čajkovskijs älterem Bruder Nikolaj. Nachdem die russischen Veröffentlichungen Alexandra Orlovas im Ausland erschienen waren, trat Natal'ja Kuznecova-Vladimova in der Presse zu ihrer Unterstützung auf, wobei sie sich auf Überlieferungen in ihrer eigenen Familie stützte[187]. Vergleicht man die russische mit der englischen Fassung ihrer Zeugnisse, stößt man auf Inkonsequenzen. Ol'ga Denis'eva verstarb nach den Worten von Natal'ja Kuznecova-Vladimova lange Zeit vor ihrer Geburt. Also übernahm sie die Mitteilungen über das »Ehrengericht« und darüber, daß Čajkovskij die Art seines Todes »selbst wählte«, von der Schwester ihrer Großtante, ihrer Großmutter Vera – und zwar »von Kindheit an«. Nach dem englischen Text hat Vera selbst die Geschichte »möglicherweise« von Ol'ga gehört; in der russischen Fassung dagegen heißt es, Ol'gas Zeugnis sei im Tagebuch von Veras Sohn, dem Vater von Natal'ja Kuznecova-Vladimova und dem Kunst- und Theaterkritiker Evgenij Kuznecov, erhalten geblieben. Dieser gehörte zu denselben Kreisen wie andere, die die Selbstmordgerüchte verbreiteten. Also ist das von Natal'ja Kuznecova-Vladimova Mitgeteilte keineswegs etwas »Neues«, wie manche zu glauben geneigt sind. Bestenfalls erlaubt es die Vermutung, das Gerücht, das Čajkovskijs Tod mit der Rechtsschule und den Stenbok-Fermors in Verbindung brachte, habe unabhängig von Vojtov existiert.

Aber wiederum ist ein Gerücht seiner Definition nach keine historische Tatsache, sondern spiegelt nur das wider, woran die Menschen zu glauben bereit sind. Unabhängig davon, ob diese oder jene Gerüchte innerhalb oder außerhalb der Familie einer verstorbenen Berühmtheit umlaufen, darf man sie nicht für wahr nehmen, solange sie nicht durch dokumentarische Zeugnisse gestützt werden – besonders dann, wenn die Gerüchte über zwei Generationen hin tradiert wurden. In jedem Falle widerspricht der Gedanke, Mitglieder von Čajkovskijs Familie, die die »Wahrheit« über seinen Tod aus erster Hand kannten, hätten dies Geheimnis plötzlich mit Menschen ihrer Umgebung teilen wollen, allen Regeln der Logik und Psychologie: Einerseits sollen sie alle Anstrengungen aufgewandt haben, es geheim zu halten, andererseits sollen sie es mit einer ganzen Reihe von Leuten geteilt haben. Man muß in diesem Zusammenhang betonen, daß die meisten Verwandten und Freunde Čajkovskijs, darunter Aleksandr Litke und Galina fon-Mekk, Praskov'ja Čajkovskaja und Jurij Davydov, über das Breittreten von Selbstmordgerüchten aufrichtig empört waren. In der Presse wie in privaten Gesprächen, in offiziellen Erklärungen und gelegentlichen Repliken wiesen sie jede diesbezügliche neue Theorie als jeder Grundlage entbehrend zurück.

Endlich muß man noch eine Version von Čajkovskijs Tod erwähnen, die sich in den unveröffentlichten Memoiren des bekannten Schweizer Musikkritikers Robert-Aloys Mooser (1876–1969) fand, dem Verfasser einer dreibändigen Geschichte der russischen Musik des 18. Jahrhunderts. Während seines Aufenthalts in Rußland in der Zeit nach 1896 hörte Mooser von Riccardo Drigo, dem Dirigenten der kaiserlichen Ballett-Truppe, Čajkovskij habe sich angeblich das Leben genommen[188]. Es ist bezeichnend, daß Drigos Version wenig mit dem Bericht Vojtovs gemein hat. In Drigos Erzählung werden weder die Stenbok-Fermors noch die Rechtsschule auch nur erwähnt. Statt dessen erfahren wir, der Komponist habe angeblich den Sohn des Hausmeisters in dem Haus, in dem Modest Il'ič lebte, verführt und dessen Vater habe sich bei der Polizei beschwert. Die Beschwerde des Hausmeisters sei dem Zaren zu Ohren gekommen, und der empörte Aleksandr III. habe ausgerufen, der schuldige Komponist müsse »unverzüglich verschwinden«. Nachdem er davon gehörte habe, sei Čajkovskij in Verzweiflung verfallen und habe Gift genommen. Um das zu beweisen, bezog sich Drigo (wie später Alexandra Orlova) auf den während des Begräbnisgottesdienstes in der Kazan'sker Kathedrale angeblich offenen Sarg des Komponisten (das ist, wie wir sehen werden, nicht richtig; der Sarg war einige Tage zuvor geschlossen worden) und auf Überlegungen, daß man angeblich keine Maßnahmen ergriffen habe, um die Verbreitung der Choleraepidemie zu verhindern (ein Argument, das ebenfalls von Alexandra Orlova angeführt wird). Davon wird weiter unten ausführlich die Rede sein. Ferner besteht Mooser darauf, daß er eine Bestätigung dieser Geschichte von Aleksandr Glazunov bekommen habe, der – nach seinen Worten – das von Drigo Erzählte bekräftigt habe.

Offenkundig entspricht Drigos Version mehr als alle übrigen den tatsächlichen sexuellen Gewohnheiten Čajkovskijs. Während vieler Jahre suchte er erotische Kontakte in erster Linie mit jungen Männern aus niederen Schichten und mied diejenigen, die die gleiche soziale Stellung hatten wie er selbst – ein weiterer Umstand, der den Gerüchten um Stenbok-Fermor jeden Rest von Wahrscheinlichkeit nimmt. Nichtsdestoweniger ist die Affäre um den Sohn des Hausmeisters mehr als absurd. Wie wir wissen, wurde im Rußland vor der Revolution keine mehr oder minder bedeutende Persönlichkeit von den Behörden verfolgt, und daß die Beschwerde eines einfachen Hausmeisters dem Zaren hätte zu Ohren kommen können, war absolut unwahrscheinlich. Das gilt auch für die Aleksandr III. zugeschriebene Reaktion; denn man weiß von ihm, daß er einige homosexuelle Skandale vertuschte, in die Verwandte und Vertraute von ihm verwickelt waren. (In diesem Zusammenhang kann man noch erwähnen, daß der Zar nach den Worten Ossovskijs und Vera Denis'evas mit Čajkovskijs Tod nichts zu tun hatte und außerordentlich verstimmt war, als er erfuhr, was ihn hervorgerufen haben sollte. Vera Denis'eva erklärte sogar – nach den Worten ihrer Großnichte –, daß es in dieser ganzen Angelegenheit nur zwei »edle Menschen« gegeben habe, nämlich Čajkovskij und Aleksandr III.)

Was Moosers Mitteilung betrifft, Glazunov habe Drigos Bericht bestätigt, so ist sie nicht nur sehr seltsam, sondern auch unlogisch und psychologisch unsinnig. Wenn man die hohen moralischen Qualitäten von Glazunovs Person (die sowohl Mooser als auch viele andere betonen) ins Auge faßt, dann konnte er keine Selbstmordversion bestätigen, von der er nicht unmittelbar aus erster Quelle wußte, also von einer Person aus der nächsten Umgebung des Komponisten, jemandem, der am Krankenbett anwesend und folglich – wenn man der Selbstmordtheorie glauben will – an der Verheimlichung des Geschehenen beteiligt war, die falsche Aussagen von Behörden, Ärzten und Vertretern der Kirche erforderte. Wenn sich wirklich jemand aus dieser Personengruppe Glazunov anvertraut hätte, dann doch nur unter der Bedingung, daß Glazunov strengstes Stillschweigen bewahrte; so kann man sich unmöglich vorstellen, daß Glazunov einen Vertrauensbruch begangen und Mooser, den er kaum kannte, etwas verraten hätte. Aus eben diesem Grunde muß man, wenn man Moosers Bericht über seine Unterhaltung mit Glazunov überhaupt glauben will, annehmen, Glazunov habe lediglich die Tatsache von Čajkovskijs Homosexualität, die ohnehin jedermann in diesen Kreisen bekannt war, und die Existenz von Selbstmordgerüchten bestätigt. Es ist nicht ausgeschlossen, daß er, da er die neuesten Ansichten über die Cholera-Epidemiologie nicht kannte (ebenso wie Rimskij-Korsakov), beunruhigt war, als er während der ersten Begräbnisgottesdienste in der Wohnung von Modest Il'ič den offenen Sarg sah. Gleichzeitig ist es aber absurd anzunehmen, er habe irgendwelche glaubwürdigen Kenntnisse über solche Dinge wie die Affäre mit dem Sohn eines Hausmeisters oder die Reaktion Aleksandrs III. darauf gehabt. Jedenfalls enthalten Glazunovs Memoiren, die 1924 in Rußland erschienen – also in einer Zeit geringster Zensur-Tätigkeit –, nur Hinweise auf die »verhängnisvolle Krankheit« des Komponisten, aber nicht die geringste Anspielung auf seinen vermuteten Selbstmord. Glazunov leugnete ihn auch in privaten Gesprächen mit Nina Berberova, die ihn zu Beginn der 1930er Jahre während der Arbeit an ihrem Čajkovskij-Buch in Paris interviewte.

Bei den Anhängern der Selbstmordtheorie verblüfft am meisten die mangelnde Bereitschaft, den strengen Prinzipien wissenschaftlichen Arbeitens zu folgen. Alexandra Orlova bietet als erste ein Beispiel offenkundiger Inkompetenz. Ihre Methoden sind ungenau und fragwürdig – also unzulässig in der Arbeit eines Berufshistorikers; sie wären es sogar in der eines mehr oder minder verantwortungsbewußten Journalisten. Offensichtlich kam es ihr kein einziges Mal in den Sinn, den Bericht über die Familie Jakobi oder die Rechtsschule, den sie von Vojtov gehört hatte, mit entsprechenden Dokumenten und Fakten zu konfrontieren. Es erstaunt, milde ausgedrückt, daß die Anhänger Alexandra Orlovas im Westen die von ihr vorgebrachten Behauptungen als unstrittige Fakten hinnahmen und sich nicht die Mühe machten, sie zu überprüfen. So hat sie in ihren ersten russischen und englischen Aufsätzen den Dienstrang Nikolaj Jakobis falsch angegeben und stellte ihn dadurch als bedeutendere Person dar, als er es in Wirklichkeit war; sie brachte es sogar fertig, den Namen seiner Frau, angeblich der einzigen Zeugin des »Ehrengerichts«, zu entstellen, indem sie sie Elizaveta statt Ekaterina nannte. Nachdem ihre Kritiker sie korrigiert hatten, ersetzte Alexandra Orlova in ihren folgenden Veröffentlichungen den Namen von Frau Jakobi einfach durch Initialen, vertuschte auf diese Weise ihren Fehler und dankte, wie es sich gehört hätte, denen nicht, die sie auf diesen Fehler hingewiesen hatten. Obwohl sie eine Zeitlang Zugang zum Čajkovskij-Archiv in Klin hatte, wo sie – nach ihren Worten – die unveröffentlichte Autobiographie von Modest Il'ič studierte, ist ihr Hinweis auf dieses Dokument voller Fehler. Alexandra Orlova behauptet, daß Čajkovskij laut Modest während seiner Schulzeit in Vladimir Gerard verliebt war und die Erinnerung an diesen ihn später zur Komposition der Fantasie-Ouvertüre *Romeo und Julia* inspirierte. Gerard hielt bei Čajkovskijs Beerdigung eine Rede (und war, nach den Worten von Alexandra Orlova und entgegen aller Logik, an dem berüchtigten »Ehrengericht« beteiligt). Tatsächlich schreibt Modest Il'ič in diesem Zusammenhang nicht von Gerard, sondern von einem anderen Mitschüler Čajkovskijs, Sergej Kireev, und das bestätigt die Vermutung, die wir schon geäußert hatten, bevor wir uns mit dem Archivmaterial vertraut machen konnten.

Schließlich müssen wir, wenn auch mit äußerster Vorsicht, die Frage berühren, von wem die Gerüchte über Čajkovskijs Selbstmord ursprünglich ausgehen konnten. Es sind mindestens drei Stadien und zwei Achsen ihrer Verbreitung zu erkennen. Aufgrund einiger Anspielungen in unseren Quellen entsteht der Eindruck, daß der frühe-

Riccardo Drigo (1846–1930), Ballettkomponist und Dirigent
am Petersburger Mariinskij-Theater.

Das Gebäude mit dem Saal der Adelsversammlung in St. Petersburg, in dem Čajkovskij am 16./28. Oktober 1893 die Uraufführung seiner Sechsten Sinfonie dirigierte.

Die erste Notenseite der autographen Partitur von Čajkovskijs *Symphonie pathétique* mit der Widmung an den Neffen Vladimir Davydov.

ste Klatsch eine »hoffnungslose Leidenschaft« betraf: Der Komponist habe sich aus unerwiderter Liebe – vermutlich zu Bob Davydov, dem Widmungsträger der »morbiden« Sechsten Sinfonie – das Leben genommen. Vladimir Argutinskij-Dolgorukov, der in seiner Jugendzeit zum intimen Kreis um Čajkovskij gehörte, sagte zu Nina Berberova, die Geschichte vom Selbstmord sei seiner Meinung nach ursprünglich von den Schwestern Aleksandra und Nadežda Nikolaeva Purgol'd verbreitet worden, von denen eine in ihrer Jugend davon geträumt hatte, Čajkovskij zu heiraten, während die andere Musorgskij ehelichen wollte. Beides erfüllte sich nicht, und so heiratete Nadežda den Komponisten Rimskij-Korsakov und Aleksandra den Amateurmaler Nikolaj Molas.

Nach Argutinskij waren beide Damen als Klatschbasen bekannt und richteten ihre Verleumdungskampagne aus reiner Bosheit gegen Čajkovskij. Diese Meinung kann, so extrem sie sein mag, nicht völlig unbegründet sein. Offenbar glaubte Rimskij-Korsakov selbst diesen Gerüchten niemals, aber es ist bekannt, daß sie später von seinen Nachfahren verbreitet wurden, die nach der Revolution in Paris auftauchten; und wahrscheinlich drangen sie auf diese Weise ins Zentrum der russischen Emigration ein.

Vladimir (Bob) Davydovs Selbstmord im Jahre 1906 konnte die Erneuerung der Gerüchte begünstigen, wonach auch sein Onkel sich das Leben genommen habe. Aber noch früher, in der zweiten Hälfte der 1890er Jahre, als Mooser nach St. Petersburg kam, änderte sich die ursprüngliche Idee einer »hoffnungslosen Leidenschaft« dank der Einführung einer neuen Figur – »des Hausmeistersohnes« – und der Behauptung, Čajkovskij habe angeblich eine Verfolgung durch die Behörden gefürchtet. Im Kontext einer populären Legendenbildung wurde er in geringerem Maße das Opfer seiner eigenen Leidenschaft und in größerem das Opfer eines repressiven Regimes; eben dadurch spiegelt der »Fall« Čajkovskij nicht zufällig das Anwachsen des sozialpolitischen Radikalismus in der russischen Gesellschaft wider.

Kurz vor der Revolution von 1917, als zuerst die Version vom »Ehrengericht« auftauchte, erfuhren die Gerüchte eine weitere Veränderung. Offenbar existierten zu dieser Zeit zwei Fassungen einer Legende: Nach der einen hatte Čajkovskij eine Liebesbeziehung zu einem Mitglied der kaiserlichen Familie oder sogar zum Thronfolger, dem späteren Nikolaj II., persönlich; nach der anderen zu einem Vertreter der Familie Stenbok-Fermor. Diese letztere Version verlangte – aller Wahrscheinlichkeit nach, damit sie einen sensationelleren Charakter erhielte – nach einer zusätzlichen Komponente in Form der Geschichte vom »Ehrengericht«, angeblich von ehemaligen Schulkameraden Čajkovskijs organisiert. Dadurch wurde die Schuld statt auf Čajkovskijs Neigungen auf sie als seine tatsächlichen Mörder übertragen. Die Vermutung erscheint logisch, daß dieses endgültige Gemisch von Gerüchten und Phantasiegeschichten – teilweise oder insgesamt – in Kreisen entstand, die der Rechtsschule, deren Absolventen hohe Posten in der kaiserlichen Regierung innehatten, feindlich gesonnen waren oder den Stenbok-Fermors – oder aber beiden.

Theoretisch konnte die raffinierte Legende, die jetzt durch Nachschlagewerke und Enzyklopädien sozusagen legalisiert und amtlich gemacht worden ist, von jedem der bekannten Informanten oder von ihnen allen erfunden oder ausgeschmückt werden, d. h. von Ekaterina Karlovna Jakobi, Aleksandr Vojtov oder von Alexandra Orlova selbst. Letzten Endes ist es, vorsichtig ausgedrückt, ungewöhnlich, daß sie als professionelle Archivarin und Biographin, die sich über den Wert eines Dokumentes klar sein müßte, offensichtlich nicht bemüht war, sich eine schriftliche Bestätigung Vojtovs über die Echtheit und Genauigkeit der Aufzeichnungen geben zu lassen, die sie nach seinem Bericht angefertigt hatte.

Obwohl die Grundlage der Version von dem erzwungenen Selbstmord auch anderen Personen bekannt sein konnte (darunter Vera Denis'eva, der Großmutter Natal'ja Kuznecova-Vladimovas), rufen doch unabhängig davon die Rolle, die Vojtov in der Legende spielte, und seine Enthüllungen eine ganze Reihe von Zweifeln hervor. Warum z. B. sollte ein Mensch, der, wie behauptet wird, das Andenken seiner *alma mater* hochhielt, sich entschließen, eine so erniedrigende Information an eine Person weiterzugeben, der er offenbar nicht einmal besonders nahestand? Oder warum hielt eine alte Dame wie Ekaterina Karlovna es plötzlich für notwendig, dem jungen Vojtov eine derart schimpfliche Information mitzuteilen? Gleichzeitig kann man auch nicht ausschließen, daß sie es war, die die ganze Geschichte von dem »Ehrengericht« erfand, unabhängig davon, ob sie sie nun Vojtov oder jemand anderem zum erstenmal erzählte. Wenn das so ist, kann man kaum etwas über ihre Motive vermuten: Vielleicht hatte sie mit den Jahren eine Gereiztheit gegen ihren verstorbenen Mann oder seine Kollegen (oder gegen die Stenbok-Fermors, die in Carskoe Selo Nachbarn der Jakobis waren) entwickelt, die sich in ihrem Alter zu einer phantastischen Erzählung von Verschwörung und Mord formte.

Andererseits kann man auch nicht ausschließen, daß dem achtzehnjährigen Vojtov, der die Rechtsschule wirklich liebte und tatsächlich die Ehre der Uniform für etwas Heiliges hielt, Gerüchte von einem möglichen Selbstmord P.I. Čajkovskijs durch jemand anderen und nicht durch die Witwe Jakobis zu Ohren kamen und daß er, von diesem Geheimnis erschüttert, daran glaubte und die ganze Geschichte zu Ende dachte, wobei er willkürlich (oder aus irgendwelchen persönlichen Motiven) die sensationellen Gerüchte mit einer phantastischen Verschwörung und konkreten Namen – Jakobi und Stenbok-Fermor – verband[189]. Gut, daß im Jahre 1966 niemand von ihnen mehr am Leben war und niemand mit einer Gegendarstellung hervortreten konnte ...

Nach allem, was gesagt wurde, bleibt zu hoffen, daß ein weiteres Studium der jetzt zugänglich gewordenen russischen Archive zusätzliches Licht in den Legenden schaffenden Prozeß bringt, der dazu führte, daß um den Tod des großen Komponisten ein überaus groteskes Szenarium entstand. Wie dem auch sei, die abschließende »gotische Erzählung« kam der Massenmentalität, wie sie sich im sowjetischen Rußland herausgebildet hatte, sehr entgegen; deshalb konnte sie sich in der Vorstellung des Volkes jahrzehntelang halten. Einerseits hatte sie nichts mit den offiziellen Texten gemein, denen zu mißtrauen die Leserschaft und insbesondere die Intelligenz gelernt hatte; andererseits bestätigte sie die vermuteten »Grausamkeiten« des Zarenregimes, an die die Mehrheit der Bevölkerung immer noch glaubte.

Kapitel VII
Gift oder Cholera

Wir wenden uns jetzt der medizinischen Seite von Čajkovskijs Tod zu – dem Dilemma »Gift oder Cholera?« – und ihrer Interpretation durch Alexandra Orlova. Dabei werden wir nach Möglichkeit eine speziell medizinische Argumentation vermeiden, es sei denn, sie ist sachlich unumgänglich. Im wesentlichen zielt unsere Kritik auf zweierlei: die Aufdeckung von logischen Widersprüchen unter dem Gesichtspunkt des gesunden Menschenverstandes sowie den Nachweis von Ungenauigkeiten und Verfälschungen, von bewußtem oder unbewußtem Manipulieren von Tatsachen. Wir werden deshalb – nach einigen allgemeinen Überlegungen zu dem genannten Dilemma und zu den Vorstellungen, die man zu Beginn der 1890er Jahre von der Cholera hatte sowie von Vorbeugung und Behandlung – zur Rekonstruktion des Verlaufs der tödlichen Krankheit Čajkovskijs übergehen, ferner der Ereignisse, die unmittelbar auf seinen Tod folgten, einschließlich der durch ihn ausgelösten Pressekampagne. Diese Rekonstruktion wird sich mit äußerster Sorgfalt auf die Tatsachen gründen – eine nicht ganz einfache Aufgabe, wenn man das Durcheinander in den Quellen, darunter auch das chronologische, ins Auge faßt. Sie ist aber zu lösen, wenn man die vorliegenden Informationen sorgfältig vergleicht. Die Rekonstruktion wird die Ungenauigkeiten aufdecken, die in der wissenschaftlichen Literatur kursieren – und das nicht nur bei Alexandra Orlova, sondern auch bei anderen Biographen des Komponisten. Zum Schluß werden wir kurz die Gründe berühren, die zu dieser traurigen Sachlage geführt haben.

Beginnen wir mit der Frage nach dem Gift: Schon hier zeigen sich unlösbare Widersprüche. Welches Gift hat Čajkovskij nach Meinung Alexandra Orlovas eigentlich genommen? Sie selbst enthält sich diesbezüglicher Mutmaßungen. David Brown, ein Anhänger ihrer Theorie, nimmt an, daß er *mit an Sicherheit grenzender Wahrscheinlichkeit durch Vergiftung mit Arsen* starb, wahrscheinlich, weil die Symptome einer Arsenvergiftung denen der Cholera ähnlich sind[190]. Mit dieser »Diagnose« ist ein anderer Anhänger von Alexandra Orlova, Joel Spiegelman, nicht einverstanden: *Er kann nicht an Arsenvergiftung gestorben sein – diese Möglichkeit ist wegen des geschwächten, aber ruhigen Gesichtsausdrucks auf sei-*

ner Totenmaske auszuschließen, die gleich nach seinem Tode abgenommen wurde.[191] Der Gesichtsausdruck ist vielleicht ein Argument, das nicht allzu schwer wiegt; aber Alexandra Orlova und ihre Gesinnungsgenossen bedenken etwas derart Offenkundiges gar nicht. Gift wirkt gewöhnlich rasch. Čajkovskijs Krankheit aber dauerte ziemlich lange, nämlich vier Tage. Es gibt natürlich Ausnahmen – seltene, exotische, langsam wirkende Gifte aus den Drüsen afrikanischer Schlangen oder indischer Spinnen, die man zur Zeit der Borgia und Medici gebrauchte; das Sterben ihrer Opfer konnte sich über Wochen oder sogar Monate hinziehen. Man kann sich freilich nur schwer vorstellen, daß sich ein solches Mittel in den Händen der »juristischen Verschwörer« befand, ohne sich dabei in die Sphäre von Abenteuerromanen zu begeben.

Zu diesem Schluß kam auch Malcolm Brown, nachdem er sich an einen Toxikologen gewandt hatte. Nach dessen Meinung hätte ein Gift, das die bei Čajkovskij beobachteten Symptome hervorgerufen hätte, ein außerordentlich seltenes sein müssen. Eine viertägige Krankheit bei akuter Vergiftung durch Arsen oder ein anderes, damals mehr oder minder zugängliches Gift sei unmöglich. Eine Alternative – eine langsame Dosierung, die das Sterben auf eine so lange Zeit ausgedehnt hätte – ist, wie M. Brown richtig bemerkt, ebenfalls ausgeschlossen: *Konnte es sein, daß der zum Sterben entschlossene Čajkovskij die tödliche Mixtur in langsamen Dosen unter den besorgten Blicken seines Bruders und von vier Ärzten schluckte? Konnte es dem zerrütteten Komponisten gelingen, vier Ärzte dazu zu bringen, daß sie – neben ihm stehend – zusahen, wie ihr Patient langsam und in Agonie an einer Vergiftung starb, und gleichzeitig regelmäßig falsche medizinische Bulletins herausgaben, und daß sie schließlich ihren Ruf als Ärzte riskierten, indem sie ihren Namen unter ein falsches Zeugnis über seinen Tod setzten?*[192]

Also entsteht, wenn man der These von Alexandra Orlova folgt, hinsichtlich der Diskussion über Gifte ein anderes Dilemma: Entweder waren die Ärzte und Modest Il'ič nicht nur an der Verschleierung der Wahrheit über Čajkovskijs Tod beteiligt, sondern auch direkt an seiner Ermordung, wobei Modest Il'ič seine Vergötterung des großen Bruders »vergaß« und die Ärzte in verbrecherischer Weise den Eid des Hippokrates brachen. Oder es fand sich unter den farblosen »juristischen Verschwörern« eine uns unbekannte unheilvolle Person – ähnlich dem Professor Moriarti oder dem verbrecherischen Chinesen Fu Man-Tschu –, die es fertigbrachte, sich ein tödliches Mittel asiatischer oder afrikanischer Herkunft zu beschaffen, das in seiner Wirkung höchstwahrscheinlich selbst der Wissenschaft wenig bekannt war, um mit ihm das Urteil des »Ehrengerichts« zu vollstrecken. Die Lösung dieses Dilemmas überlassen wir dem interessierten Leser.

Nun zur Cholera. Wenn man die Überlegungen Alexandra Orlovas ins Auge faßt, dann erfordert diese Frage eine detailliertere Behandlung. Bis 1893 hatte man in Europa viele Kenntnisse im Kampf gegen die asiatische Cholera gesammelt, nachdem diese zu Beginn des 19. Jahrhunderts zum erstenmal auf dem Kontinent aufgetreten war. Entscheidend waren dabei die Entdeckung des Choleravibrios durch Robert Koch im Jahre 1883 und in ihrer Folge weitere Forschungen im Bereich der Ätiologie von Epidemien.

Insbesondere wußte man, daß sich die Cholera hauptsächlich durch den Genuß von infiziertem Wasser verbreitete, während die Wahrscheinlichkeit einer Erkrankung im unmittelbaren Umgang mit Kranken – natürlich unter Beachtung der elementaren hygienischen Vorsichtsmaßnahmen – sehr gering war. Darüber schrieb man in Zeitungen, Zeitschriften und Enzyklopädien dieser Zeit. In einem entsprechenden Artikel im Brokgauz(Brockhaus)-Ėfron hieß es: *Wenn man weiß, auf welche Weise sich die Cholera-Infektion überträgt, und wenn man die Möglichkeit hat, die sich hieraus ergebenden hygienisch-diätetischen Vorschriften zu befolgen, dann kann man fast mit Sicherheit einer Erkrankung an Cholera vorbeugen. Die hygienisch-diätetischen Maßnahmen reduzieren sich auf das Vermeiden all dessen, was Cholerakeime in den Verdauungstrakt bringen kann, und all dessen, was die individuelle Disposition zur Erkrankung an Cholera erhöhen kann.*[193] Im August 1892 wütete eine Cholera-Epidemie in Hamburg, während sie in einem Vorort von Hamburg, Altona, der mit anderem Wasser versorgt wurde, fast gar nicht auftrat. Derartige Beobachtungen führten zu einer umfassenden Ätiologie der Krankheit[194].

Die Frage nach einer Quarantäne von Cholerakranken wurde auf einer der Sitzungen des 12. (außerordentlichen) Gouvernementskongresses der Ärzte des Moskauer Zemstvo im März 1893 diskutiert (also sieben Monate vor dem Tode des Komponisten). Der Kongreß erkannte zwar grundsätzlich die Wirksamkeit einer Quarantäne in bezug auf einige ansteckende Krankheiten an, kam aber zu dem Schluß, daß *eine Quarantäne für Cholerakranke keine für die Bevölkerung notwendige Maßnahme sei*[195]. Mehr als das: Die Bevölkerung wurde zur Pflege von Cholerakranken durch Verwandte angeregt[196].

Daraus folgt: Die Ansteckung wird am häufigsten durch den Genuß von infizierter Nahrung oder verseuchtem Wasser übertragen. (Das Wissen um die Übertragung der Cholera durch Wasser als die häufigere Ansteckungsart spiegelt sich in der Geschichte von dem Glas unabgekochten Wassers wider, das der Komponist angeblich getrunken hat.) Nicht übertragen wird sie dagegen durch das Zusammensein mit einem Kranken in demselben Raum.

Epidemiologen haben schon lange bemerkt, daß eine Choleraepidemie ebenso wie jede andere Epidemie in ihrer Entstehung und ihrem Verlauf Seltsamkeiten aufweist, die sich nicht genau und vollständig erklären lassen. In manchen Jahren erfaßt der Ausbruch der Epidemie im Verlauf einiger Monate riesige Territorien, verbreitet sich über alle Erdteile und fordert Millionen Opfer; in anderen dagegen tritt sie, obwohl alle übrigen Bedingungen die gleichen sind, überhaupt nicht auf oder erfaßt nur eng begrenzte Gebiete. Im Laufe der Entwicklung der Epidemie bemerkte man manchmal an einigen geographisch voneinander entfernten Punkten ein fast gleichzeitiges Ausbrechen oder ein starkes Ansteigen der Morbidität. Andererseits bemerkten Ärzte ein spontanes Entstehen von Epidemien ebenso wie ihr spontanes Ende, wobei der Zeitpunkt des Entstehens und Aufhörens der Epidemien schwer definierbar war[197]. Insbesondere diese Tatsachen führten dazu, daß man die Einhaltung von Grenzquarantänen als nutzlos begriff; sie wurden von allen Staaten einschließlich Rußlands gleich nach der internationalen Dresdner Konferenz, die im Frühjahr 1893 stattfand, aufgehoben[198].

Auch erkannte man, daß der Stärkegrad der Epidemie zu verschiedenen Zeiten differierte: In manchen Perioden wütete sie stärker, in anderen schwächer, und es ist nicht immer möglich, diese Schwankungen durch die Eigenschaften des betreffenden Bazillus oder das Auftauchen bestimmter klimatischer, jahreszeitlicher oder metereologischer Faktoren zu erklären. Eine Verstärkung der Epidemie kann sowohl im Winter wie im Sommer erfolgen, und darum lassen sich für viele epidemische Krankheiten keine gesetzmäßigen Abhängigkeiten im Zusammenhang mit den genannten Faktoren verfolgen. Wie die Erfahrung lehrt, kann die Epidemie unter den vollkommensten sanitären Bedingungen entstehen und viele Opfer fordern, andererseits kann sie aber auch bei unzureichenden sanitären Gegebenheiten entstehen und glimpflich verlaufen[199].

Čajkovskij mit seinen Brüdern, von links: Anatolij (1850–1915), Nikolaj (1837–1911), Ippolit (1843–1927) und Modest (1850–1916), St. Petersburg 1890.

Letztes Foto von Čajkovskij, London, Juni 1893.

All dies muß man berücksichtigen, wenn man irgendwelche Ansichten über die Cholera vorbringt. Das hat Alexandra Orlova offenbar nicht getan, ebenso wie sie sich nicht klar gemacht hat, daß zur Zeit von Massenepidemien – und das war zu jener Zeit auch die Cholera in Rußland – niemand vor zufälliger Erkrankung geschützt war, selbst der in ausgezeichneten hygienischen Verhältnissen lebende Komponist Čajkovskij nicht. Um einen Eindruck von den verdächtigen Umständen seines Todes im Herbst 1893 zu geben, schreibt die Forscherin: *Auf den ersten Blick sah das seltsam aus.* [Die Choleraerkrankung eines Menschen während einer heftigen Epidemie?] *Im Sommer gab es in Petersburg eine Choleraepidemie, aber mit dem Eintreten kalten Herbstwetters wurde sie schwächer, obwohl die Zeitungen immer noch von einzelnen Fällen berichteten.* [...] *Am 1./13. Oktober wurden 200 Fälle registriert, aber bis zum 25. Oktober/6. November hatte sich die Zahl der Erkrankten auf 68 verringert, wobei die Sterblichkeit stark nachließ. Danach verringerte sich die Zahl der Erkrankungen noch beträchtlicher. 24 Stunden vor dem Mittag des 25. Oktobers/6. Novembers (Čajkovskijs Todestag) wurde nur ein einziger Todesfall registriert.*[200]

Dies entspricht nicht ganz der Wahrheit. Ungeachtet der Tatsache, daß sich die Choleraempidemie in Rußland damals allgemein abschwächte, war sie doch noch stark genug. Als Čajkovskij am 10./22. Oktober in die Hauptstadt kam, galt Petersburg weiterhin als eine der Städte, wo man Gefahr lief, sich mit Cholera zu infizieren. Begünstigt wurde dies durch das Sumpfklima, das gedrängte Zusammenwohnen besonders der armen Bevölkerung und das unzureichende Wasser- und Kanalisationssystem der Stadt. Dies alles war wohlbekannt. Und obwohl damals im ganzen Land die Zahl der Erkrankungen stark zurückging, war die Sachlage in Petersburg doch eine andere[201]. Allein im Jahre 1893 wurden in Verbindung mit Choleraerkrankungen in der Stadt 2353 Desinfektionen von Wohnungen vorgenommen[202]. Wie die täglichen »Nachrichten über die Bewegung von Cholerakranken« (also über die Zahl der Erkrankungen) bezeugen, flammte die Epidemie fast während des gesamten Herbstes und Winters dieses Jahres periodisch auf und erlosch dann wieder[203]. So fand einer der Choleraausbrüche fast während des gesamten Septembers statt (bis zum 20. September/ 2. Oktober wurden 310 Fälle registriert); im Oktober ging die Zahl der Erkrankten zwar allmählich zurück, blieb aber relativ hoch, und das bezeugt, daß die Epidemie in ihrer Intensität nicht nachließ (bis zum 1./13. Oktober gab es 212 Fälle, bis zum 10./22. Oktober 163 und bis zur Erkrankung des Komponisten am 20. Oktober/1. November 103 Fälle[204]). Wenn Alexandra Orlova erwähnt, daß es an Čajkovskijs Todestag nur ein Opfer der Cholera gab, so entspricht das – ebenso wie der steile Abfall der Morbidität innerhalb von 24 Stunden – nicht der Wahrheit. In den *Vedomosti* (»Nachrichten«) sind für diesen Tag ohne steile Abstürze über 24 Stunden hin insgesamt 68 Krankheitsfälle vermerkt und statt eines Todesfalls acht[205]; in der Zeit vom Beginn der Krankheit bis zum Tode des Komponisten (vom 20. bis 25. Oktober) starben 37 Menschen[206]. Außerdem muß man auf die Tatsache hinweisen, daß im genannten Zeitraum nicht nur Čajkovskij in einer Privatwohnung starb. In denselben *Vedomosti* vom 24. Oktober/5. November wird von einem anderen, gleichartigen Fall berichtet[207]. Daraus folgt, daß die Epidemie nicht nur arme Schichten der Bevölkerung erfaßte. Gegen Mitte November erlischt dieser Choleraausbruch, aber in den letzten Tagen des Monats bricht die Krankheit erneut aus und gewinnt schnell an Heftigkeit. Während des Monats Dezember wird die Zahl der Opfer der Epidemie täglich größer, und Petersburg übertrifft in der Zahl der Kranken viele Gouvernements des Russischen Reiches: Vom 11./23. Dezember bis zum 31. Dezember 1893/12. Januar 1894 werden 395 Erkrankte und 188 Tote registriert[208].

Schließlich ist auch die Tatsache zu berücksichtigen, daß die Cholera zu Beginn der 1890er Jahre keine so verhängnisvolle Krankheit mehr war, wie man das gewöhnlich annimmt. Wenn die Diagnose richtig und schnell gestellt und die Behandlung rechtzeitig begonnen wurde, konnten die an Cholera Erkrankten genesen. Es ist bekannt, daß der Komponist Borodin diese Infektionskrankheit seinerzeit glücklich überstand[209]. Bis zum September 1893 sank in ganz Rußland der Prozentsatz der Sterblichkeit um mehr als 10 % – von 49,6 % des vorigen Jahres auf 39,1 % im laufenden[210]. In dem schon erwähnten Zeitraum von Čajkovskijs Erkrankung wurden von 68 Erkrankten 31 wieder gesund[211]. Das bedeutet, daß fast die Hälfte aller Kranken diese früher, wie es schien, unheilbare Krankheit überleben konnte. Natürlich erhebt sich die Frage: Warum konnte der Komponist, der in einer Privatwohnung unter günstigeren Bedingungen lebte als die meisten Cholerakranken, die in Spezialkliniken für Arme untergebracht waren, nicht gerettet werden? Und klingen nicht zwei Mitteilungen in der Zeitung *Novoe vremja* (»Neue Zeit«) vom 25. Oktober/6. November desselben Jahres bitter ironisch, für Alexandra Orlova aber wie eine Anspielung auf rätselhafte Ereignisse? Dort heißt es: *Da die Choleraerkrankungen in der Haupt-*

Das Haus in der Petersburger Straße Malaja Morskaja
mit der Wohnung Modest Čajkovskijs.
Hier verbrachte Čajkovskij die letzten 15 Tage seines Lebens
bis zu seinem Tod am 25. Oktober/6. November 1893.

Das Restaurant Lejner am Nevskij-Prospekt.
Čajkovskij aß dort in Gesellschaft von Freunden und Verwandten
am 20. Oktober/1. November 1893 zu Abend.

stadt zurückgingen, verringerte man die Anzahl von Plätzen in den städtischen Krankenhäusern [...]. Und daneben steht: *Der bekannte Komponist P.I. Čajkovskij erkrankte am Donnerstag an Cholera* [...]. *Zwischen 3 und 4 h nachts starb P.I.*[212]

Der ungenauen und sogar fehlerhaften Art und Weise, in der Alexandra Orlova die letzten Tage des Komponisten und die unmittelbar auf seinen Tod folgenden Tage interpretiert, wollen wir Tatsachen gegenüberstellen. Wir beginnen mit der Rekonstruktion dieses Zeitraums. Von Anfang an muß man das methodologische Prinzip betonen, das dem juristischen Begriff »Präsumtion der Unschuld« analog ist. Bei der Argumentation liegt das Gewicht auf der Anklage und nicht auf der Verteidigung, auch wenn der längst verstorbene Dr. Lev Bertenson gegen die Anklage »eines Komplotts mit der Absicht, ein Verbrechen zu verheimlichen« verteidigt wird.

Beide Brüder Bertenson, Vasilij und Lev, die Čajkovskij behandelten, hatten ebenso wie die Assistenten des letzteren, A.L. Zander und N.N. Mamonov, einen untadeligen Ruf. Die Bertensons waren sehr bekannte Ärzte, ja, der ältere von ihnen war Leibarzt am Hofe Aleksandrs III., von ihm ließ sich *die gesamte künstlerische Welt der Hauptstadt* behandeln[213]. Wie wir sehen werden, wachte er äußerst pedantisch über sein berufliches Prestige und nahm sich nicht nur Verleumdungen, sondern auch unschuldige Bemerkungen, die ihm seiner Meinung nach schaden konnten, sehr zu Herzen.

Ist es wahrscheinlich, daß sich eine solche Persönlichkeit auf ein mehr als zweifelhaftes Abenteuer einließ, auf offenen Gesetzesbruch und Verletzung der ärztlichen Ehre – und das, obwohl die Wahrheit jeden Augenblick offenbar werden konnte? Ist es nicht sinnvoller anzunehmen, daß Bertenson in einer solchen Situation jede Mitwirkung und Verantwortung abgelehnt und zu dem mörderischen Komplott einen Arzt empfohlen hätte, der in der Öffentlichkeit weniger bekannt war und der vielleicht Geld brauchte oder bestochen werden konnte? Das von Alexandra Orlova postulierte Verhalten Bertensons widerspricht seinen eigenen Interessen und dem gesunden Menschenverstand.

Auf die üblicherweise von Juristen im Falle jeden Rechtsbruchs gestellte Frage »Cui bono?« ist entschieden zu antworten: Bertenson hätte er wahrlich nicht genutzt. Das Risiko, das ihm drohte, war zu groß und mußte um ein Vielfaches das Mitgefühl überwiegen, das er für Čajkovskij selbst oder für Modest Il'ič empfinden konnte, mochte dies auch noch so groß sein.

Beginnen wir mit der Frage, wann und unter welchen Umständen sich der Komponist mit Cholera infizierte. Hier gibt es viel Verwirrung. Einer der Gründe für diese sowohl von den Umständen wie von der Psychologie herrührende Verwirrung ist die traurige Tatsache, daß es nicht gelang, Čajkovskij zu retten. Der Kern der Sache spiegelt sich zum Teil in Modest Il'ičs aufschlußreicher Bemerkung über seine eigene Reaktion auf die ersten Anzeichen der Krankheit seines Bruders: *Mich beunruhigte das nicht besonders, weil solche Verstimmungen bei ihm sehr oft vorkamen.*[214] Und weiter, nach seinem Bericht über die erste Weigerung des Komponisten, einen Arzt zu rufen: *Ich bestand nicht darauf, weil ich wußte, wie er an derartige Erkrankungen gewöhnt war und sich von ihnen ohne jemandes Hilfe befreite. Gewöhnlich half ihm in solchen Fällen Rizinusöl. Da ich davon überzeugt war, daß er auch diesmal dazu greifen würde und da ich wußte, daß es in jedem Falle nicht schaden würde, begann ich mich – ohne über seinen Zustand beunruhigt zu sein – mit meinen eigenen Angelegenheiten zu beschäftigen und sah ihn bis 1 Uhr nicht wieder.*[215] Man kann Modest Il'ič verstehen: Er beunruhigte sich damals nicht allzu sehr; denn der Komponist litt tatsächlich sein ganzes Leben lang unter Magenverstimmungen, die teilweise nervösen Ursprungs waren; seine Briefe und Tagebücher bezeugen das zur Genüge. Richten wir aber unsere Aufmerksamkeit auf den apologetischen Ton der zitierten Stellen. Er ist natürlich nicht zufällig, sondern resultiert aus offenkundigen Gewissensbissen. Die Folgen von Modest Il'ičs Unaufmerksamkeit erwiesen sich als verhängnisvoll: Wertvolle Zeit ging verloren, nicht nur für eine lebensrettende Behandlung der Krankheit, sondern auch für eine richtige Diagnose – daher Modest Il'ičs bewußtes oder unbewußtes Bestreben, ständig das eigene Verhalten zu rechtfertigen. Wie wir sehen werden, macht dies das Bild nur noch komplizierter.

Verwirrung gibt es auch um die bekannte Version mit dem Glas unabgekochten, verseuchten Wassers, das Čajkovskij angeblich trank. Nach Modest Il'ič hat der Komponist dieses Glas Wasser nach dem Frühstück am 21. Oktober/2. November getrunken: *Mir scheint dieses Frühstück eine verhängnisvolle Bedeutung zu haben; denn ausgerechnet während der Unterhaltung über eine eingenommene Medizin goß er sich ein Glas Wasser ein und trank davon. Das Wasser war nicht abgekocht. Wir waren alle erschrocken: Er allein blieb demgegenüber gleichgültig und beruhigte uns. Von allen Krankheiten fürchtete er die Cholera am allerwenigsten.*[216] Modest Il'ičs Versuch, in diesem Glas Wasser ein »Verhängnis«, d. h. den

Beginn der Erkrankung zu sehen, ist aber vom medizinischen Gesichtspunkt aus nicht stichhaltig. Natürlich mußte der Gedanke sein Gewissen beruhigen, daß seine Unbekümmertheit um den Gesundheitszustand seines Bruders am Morgen des 21. Oktobers/ 2. Novembers verzeihlich war: War doch das »verhängnisvolle« Glas Wasser noch nicht getrunken und waren also nicht durch seine Schuld einige wertvolle Stunden für die richtige Diagnostizierung und Behandlung verlorengegangen. Indessen zeigte Čajkovskij die beunruhigenden Symptome schon früh am Morgen, noch vor dem Frühstück, also vor dem Genuß des erwähnten Glases Wasser: *Morgens, am Donnerstag, dem 21., als ich aus meinem Schlafzimmer kam, war mein Bruder nicht, wie gewohnt, im Gastzimmer beim Tee, sondern in seinem Zimmer und klagte mir gegenüber, daß er infolge einer Magenverstimmung eine schlechte Nacht verbracht habe.*[217]

Das sind exakt die ersten Anzeichen einer Choleraerkrankung: *die Krankheit beginnt sehr schnell ohne Vorboten und in den meisten Fällen in den ersten Nachtstunden* [...] *Der Choleradurchfall* [...] *beginnt nachts. Der Patient, der sich ganz gesund schlafen gelegt hatte, erwacht durch ein Rumoren im Bauch und starken Stuhldrang.*[218] (Vgl. Modest Il'ičs Bemerkung zu Čajkovskijs Befinden am Vorabend: *Mein Bruder war vollkommen gesund und ruhig.*)

Also widersprechen die medizinischen Daten Modests Meinung vom »verhängnisvollen Charakter« des am Donnerstag beim Frühstück getrunkenen Glases Wasser. Alexandra Orlova beschuldigte in einer ihrer letzten Veröffentlichungen Modest, er habe die Ereignisse des schicksalhaften Tages verfälscht, und verwies dabei auf eine Episode, die Čajkovskijs Großnichte, Galina fon-Mekk, erwähnt. (Sie war im Todesjahr des Komponisten zwei Jahre alt.) Nach den Worten von Čajkovskijs Neffen Aleksandr Litke, der angeblich Zeuge dieser Szene war, berichtet Galina fon-Mekk, der Komponist sei am Tage seiner Erkrankung in außergewöhnlich erregtem Zustand nach Hause gekommen und in die Küche gestürzt, wo er ein Glas unabgekochten Wassers getrunken habe[219]. Aus dieser »Zeugenaussage« zieht Alexandra Orlova weitgehende – aber nicht begründete – Schlüsse: Čajkovskij habe zu diesem Zeitpunkt gewußt, daß er zum Tode verurteilt war, oder habe sogar das Gift genommen, und darum sei es ihm gleichgültig gewesen, ob er unabgekochtes oder abgekochtes Wasser trank. Die Forscherin stellt sich nicht einmal die Frage nach einer möglichen alternativen Erklärung (ein erster methodischer Fehler). So könnte man z. B. annehmen (falls die erwähnte Episode überhaupt stattgefunden hat), Čajkovskij, unterwegs zu den Napravniks, sei auf halbem Wege umgekehrt, weil er eine Magenverstimmung bekam, und sei deswegen nervös erregt gewesen; in ängstlicher Erwartung von Durchfall denke man nicht darüber nach, ob man unabgekochtes oder abgekochtes Wasser trinke.

Schließlich gibt es noch eine weitere Version über das berüchtigte Glas Wasser, die medizinisch, wie es scheinen sollte, wahrscheinlicher ist und die Modest Il'ič überhaupt nicht erwähnt. Danach trank Čajkovskij das unabgekochte Wasser am Vorabend, am Mittwoch, dem 20., beim Abendessen im Restaurant Lejner. Diese weithin bekannte Version (sie fand sogar Eingang in die Literatur), wird uns aber nur von Personen mitgeteilt, die damals im Restaurant Lejner gar nicht anwesend waren und von dem angeblich getrunkenen Glas Wasser nur aus zweiter Hand wußten (Ju.L. Davydov, Ju.M. Jur'ev, V.V. Jastrebcev)[220]. Vom medizinischen Gesichtspunkt aus ist sie ebenfalls zweifelhaft. Die Inkubationszeit der Cholera reicht von minimal zwölf Stunden bis maximal zu drei Tagen[221]. Daraus folgt, daß der *terminus post quem* für Čajkovskijs Erkrankung auf den Morgen des Montags, 18./30. Oktober, fällt und der *terminus ante quem* auf den Mittag des 20. Oktobers/1. Novembers. So erweist sich, daß weder die eine noch die andere Version medizinisch plausibel ist. Daraus folgt: Modest Il'ič erzählt, wie wir gesehen haben, daß der Komponist sich überhaupt nicht davor gefürchtet habe, an Cholera zu erkranken. Wenn er – nach Modest Il'ičs Zeugnis – ohne Zögern zum Frühstück am 21. Oktober/ 2. November unabgekochtes Wasser trinken konnte, zu einem Zeitpunkt, wo er sich schon schlecht fühlte, dann hinderte ihn nichts, das »verhängnisvolle« Glas Wasser in jedem Augenblick der drei Tage zu trinken, die oben als Zeitraum angegeben wurden. Das Wasserleitungssystem von St. Petersburg ließ immer sehr zu wünschen übrig. Cholerabazillen fand man sogar in der Wasserleitung des Winterpalastes. Eine Spezialuntersuchung des in Restaurants ausgeschenkten Wassers, die von den Behörden nach Čajkovskijs Tod durchgeführt wurde, führte zu dem traurigen Ergebnis, daß abgekochtes Wasser mit kaltem, unabgekochtem verdünnt und so an die Tische der Gäste gebracht wurde[222]. Offensichtlich verliert also die Frage, ob die berühmte Episode mit dem unabgekochten Wasser im Restaurant Lejner stattfand oder nicht, jede Bedeutung.

Kapitel VIII
Die Krankheit

Dennoch muß man Modest Il'ič Gerechtigkeit widerfahren lassen: Am Donnerstag, dem 21. Oktober/2. November, wollte er im Verlauf des Vormittags zweimal nach einem Arzt schicken, erhielt aber von seinem Bruder »schroffe« Absagen. Vor dem Frühstück und danach bis nachmittags 5 Uhr beschäftigt sich Modest Il'ič mit »seinen Angelegenheiten« – nach dem Frühstück verläßt er, wie gewöhnlich, das Haus, um diesen Angelegenheiten nachzugehen[223]. Was waren das für Angelegenheiten? In seinem Bericht sagt er darüber nichts; das ist verständlich: All diese Tage, einschließlich des schicksalhaften Donnerstags, widmete Modest gänzlich der Sorge um die Premiere seines Schauspiels *Predrassudki* (»Vorurteile«), die am 28. Oktober/9. November bevorstand – dem Tag der Bestattung seines Bruders. (Daß die Premiere dennoch stattfand, empfanden viele als Taktlosigkeit Modest Il'ičs[224].)

Daß sich Modest an dem Tag, an dem die sich als tödlich herausstellende Krankheit seines Bruders begann, so intensiv mit der bevorstehenden Aufführung beschäftigte, lastete wahrscheinlich schwer auf seinem Gewissen. Das erklärt auch sein Schweigen, welches zu Verwirrungen bei dem Versuch führte, die Ereignisse des schicksalhaften Tages zu rekonstruieren. So kam es, daß sich, obwohl sich der Zustand des Patienten zum Abend hin rapide verschlechterte, kein kompetenter und verantwortlicher Mensch an seiner Seite befand. A.I. Brjullova, die die Lebensumstände beider Čajkovskij-Brüder gut kannte, schreibt: *Wie es in einer Junggesellenwohnung so ist, alle waren beschäftigt, niemand war zu Hause – außer einem Lakaien, der damit begann, alle ihm bekannten Hausmittel anzuwenden.*[225] Indessen verging unwiederbringlich die für Diagnose und Behandlung so kostbare Zeit.

Nachmittags gegen 5 Uhr kommt Modest Il'ič nach Hause, und als er sieht, wie sehr sich die Krankheit verschlimmert hat, schickt er trotz erneuten Protestes seines Bruders nach dessen »Lieblingsarzt«, Vasilij Bertenson, der aber, wie sich später herausstellt, nicht zu Hause ist. Die Tatsache, daß sich die Krankheit verschlimmert und er nach einem Arzt geschickt hatte, erschien Modest aber offenbar nicht als ausreichender Grund, zu Hause zu bleiben, und gegen 6 Uhr abends fuhr er wieder weg, nachdem er dem Komponisten eine wärmende Kompresse auf den Leib gelegt hatte[226]. In Modest Il'ičs Abwesenheit wurde der Zustand immer schlimmer. Zwischen 6 und 8 Uhr abends schickte Modest Il'ičs Diener Nazar, ohne noch auf Vasilij Bertenson zu warten, *nach dem ersten besten Arzt; aber an Cholera dachte trotzdem niemand*[227].

Nach Modests Bericht trifft Vasilij Bertenson erst um 8.15 Uhr abends ein. Mit dieser Visite hängt der nächste verhängnisvolle Moment in der Krankheitsgeschichte zusammen. In Modests Bericht lesen wir: *Zunächst konnte der Arzt keine Cholera feststellen, überzeugte sich aber sofort von dem äußerst ernsten und schweren Charakter der Krankheit.*[228] Vasilij Bertenson selbst schreibt in seinen Erinnerungen, die sehr viel später und offensichtlich zu seiner Rechtfertigung verfaßt wurden, er habe sich angeblich *sofort davon überzeugt, daß er* [Čajkovskij] *keinen verschlimmerten Magen- und Darmkatarrh habe, wie nicht nur die Angehörigen, sondern auch Petr Il'ič selbst vermuteten, sondern etwas Schlimmeres.* Und obwohl er weiter unten bekennt, daß er selbst bis dahin noch keine *echte Cholera* gesehen habe, behauptet er doch: *Nichtsdestoweniger blieben mir bei der Untersuchung der Ausscheidungen des Patienten keine Zweifel, daß Petr Il'ič eine richtige Cholera hatte. Ich ging in das Nebenzimmer und erklärte Petr Il'ičs Bruder und seinen Neffen, wie ernst die Erkrankung sei und daß ich es nicht auf mich nehmen könne, solch eine Krankheit allein zu behandeln, wobei ich auch von meiner moralischen Verantwortung sprach. Im ersten Augenblick wollten meine guten Freunde mir nicht glauben.*[229] Möglicherweise muß man in diesem Zusammenhang mehr dem Rechenschaftsbericht Modest Il'ičs Vertrauen schenken, da Vasilij Bertenson in seiner Praxis noch keine Cholerafälle gehabt hatte und sich seiner Schlußfolgerungen nicht sicher sein konnte. Welcher Art auch immer die ersten Reaktionen Vasilij Bertensons und die Entschuldigungs- und Rechtfertigungsversuche der Ärzte oder Modest Il'ičs sein mochten – die Tatsache bleibt bestehen: Solange Bertenson von seiner »moralischen Verantwortung« sprach, war die richtige Diagnose noch nicht gestellt, und noch mehr Zeit verging. Nachdem der Arzt »alles Notwendige« angeordnet hatte, hielt er es gleich darauf für nötig, seinen Bruder Lev Bernardovič Bertenson hinzuzuziehen[230]. Dieser Bertenson war, wie gesagt, ein noch berühmterer Arzt und Leibarzt des Hofes.

Lev Bertenson erschien erst zwischen 10 und 11 Uhr abends und stellte endlich die verhängnisvolle Diagnose »Cholera«, und zwar schon im letzten Stadium. Vom Auftreten der ersten Symptome bis zur Diagnose waren also etwa 24 Stunden vergangen – schon allein dieser Umstand einer versäumten rechtzeitigen Behandlung konnte tödlich sein. Wann Modest Il'ič an diesem Tag wieder nach Hause kam, darüber gibt es Meinungsverschiedenheiten. Aus seinem eigenen Rechenschaftsbericht geht hervor, daß er gegen 8 Uhr abends zurückkam – also noch, bevor Vasilij Bertenson eintraf[231]. Aus den Erinnerungen von A.I. Brjullova ist zu folgern, daß man erst nach der Untersuchung des Patienten durch Vasilij Bertenson nach Modest Il'ič schickte und daß man ihn *im Theater ausfindig machte*[232].

Wie dem auch gewesen sein mochte: Die Diagnose, die am Ende des Tages gestellt wurde, ließ wenig Hoffnung. Lev Bertenson erklärte später in der Zeitung *Novoe vremja* (»Neue Zeit«): *Ich traf den Verstorbenen im Zustand des sogenannten algidischen Stadiums der Cholera an. Das Krankheitsbild war unbedingt charakteristisch, und man mußte die Cholera sofort als schwer erkennen.*[233]

Wir kommen auf die Argumentation von Alexandra Orlova zurück und bemerken, daß die meisten medizinischen Mitteilungen in ihren Aufsätzen und fast alle, auf die sie sich exakt bezieht, keine direkte Beziehung zur Sache haben. Die einzige These von Alexandra Orlova, die auf den ersten Blick beeindruckt, ist ihre Behauptung, sie habe große Widersprüche zwischen den Mitteilungen der verschiedenen Zeugen des Geschehens gefunden. Das gleiche gelte auch für die drei verschiedenen medizinischen Dokumente: Die Krankheitsberichte, die am 24. Oktober/5.November an der Tür der Wohnung ausgehängt wurden, in der der Komponist starb, die Berichte von Lev Bertenson, die in *Novoe vremja* am 27. Oktober/8. November veröffentlicht wurden, und schließlich die ausführlicheren Berichte von Modest Il'ič (vom 1./13. November).

Zunächst: Wie die Erfahrung in der Gerichtspraxis ganz offenkundig zeigt, stimmen Zeugenaussagen in bezug auf die Details ein- und desselben Geschehens niemals völlig überein. Verschiedene Personen bemerken verschiedene Aspekte eines Hergangs, und häufig stellen sich ihre Eindrücke als Wirrwarr oder Durcheinander dar. In dem von uns analysierten Falle offenbarte sich diese Tendenz in den unterschiedlichen Meinungen der das Bett des Kranken umstehenden Personen in bezug auf die Perspektiven einer Besserung seines Zustandes. Die einen oder anderen Personen kamen und gingen zu der einen oder anderen Zeit; auch die Ärzte selbst änderten ihre Prognosen ständig: Sie vermuteten, daß der Patient, da das zweite, algidische Stadium der Cholera vorbei war, sich erholen könne, da er dem Eintreten des dritten, typhoiden Stadiums entgangen sei, das unausweichlich zu einer Vergiftung des ganzen Organismus führt. (Übrigens erklären sich hieraus die Behauptungen einiger Zeitungen, Čajkovskij sei nicht an Cholera gestorben, die man bekämpfen konnte, sondern an Typhus und Blutvergiftung.) Eben diese Verbindung von Befürchtungen und vorsichtiger Hoffnung ist für die Mitteilungen der Presse und ebenso für die öffentliche Meinung während der Krankheit des Komponisten charakteristisch.

Alexandra Orlova schreibt über die von ihr angeblich entdeckten Unstimmigkeiten in den medizinischen Dokumenten: *Am unbegreiflichsten ist, warum Bertenson und Modest bei der Beschreibung von Ereignissen, die noch ganz frisch waren, in ihren Angaben ständig voneinander abweichen. Während der Arzt darauf hinweist, daß Čajkovskij anfing, Krämpfe zu bekommen, behauptet Modest von derselben Phase, es habe keine Krämpfe gegeben. Am auffallendsten sind ihre* [widersprüchlichen] *Beschreibungen des letzten Tages des Komponisten. Am 24. Oktober/5. November wurden an den Türen von Modests Wohnung zweimal Bulletins über den Zustand des Patienten ausgehängt, und diese Bulletins stimmen mit Modests Bericht nicht überein. Das erste Bulletin, das um 2.30 Uhr nachmittags ausgehängt wurde, teilt mit, daß »die gefährlichen Symptome weiterhin bestehen und auf die Behandlung nicht ansprechen«, und das zweite, um 10.30 Uhr abends ausgehängte, daß von 3 Uhr an »sich eine größer werdende Schwäche zeige«. Modest dagegen schreibt, nach einem Wannenbad um 2 Uhr und Injektionen (d. h. nach zwei Stunden) bis 8 Uhr abends »sei sein Zustand uns gebessert erschienen«. Da es unmöglich ist, den medizinischen Bulletins keinen Glauben zu schenken, muß man an Modest Il'ičs Bericht über Beginn und Ende der Krankheit allen Ernstes zweifeln. Indessen hat Lev Bertenson – aus Versehen oder in Eile – zwei Tage zu einem verschmolzen.*[234]

(Wir fügen noch hinzu, daß der Komponist nach Bertenson am Sonnabend in ein Wannenbad gelegt wurde, nach Modest Il'ič am Sonntag. Aber die Frage des Wannenbades wird weiter unten gesondert untersucht werden.)

Alexandra Orlova schloß daraus: Beide versuchten den Tatbestand des Selbstmordes zu verheimlichen, indem sie ihn in plumper Weise als Cholera maskierten: *Durch das Unglück erschüttert, befand er* [Modest Il'ič] *sich in einem schrecklichen seelischen Zustand und verstand Bertensons Anweisungen schlecht. Dieser aber bemerkte in seinem Eifer, die Symptome der Cholera genau zu beschreiben, einen Zeitraum von 24 Stunden einfach nicht oder »verlor« ihn.*[235] Warum man einen an Gift sterbenden Menschen mit einem in diesem Falle sinnlosen Wannenbad quälen mußte und warum man überhaupt vor den Augen einiger Menschen (die angeblich sowieso in das Geheimnis des Geschehens eingeweiht waren) eine gegen Cholera gerichtete Behandlung durchführen mußte, das erklärt Alexandra Orlova nicht. Nina Berberova, Malcolm Brown und Simon Karlinsky haben exakt auf den logischen Unsinn hingewiesen, der auf dieser Konzeption lastet. *Frau Orlovas Szenarium eines Choleratodes leidet unter einem außergewöhnlichen Mangel an Logik. Einerseits strengt Dr. Bertenson alle Kräfte an, um Modest dabei zu helfen, den Tod seines Bruders als Choleratod zu maskieren; andererseits macht er das so ungeschickt, daß ihm niemand glaubt!*[236]

Ergänzend fügen wir hinzu, daß Modest, als er seinen Bericht schrieb, schon Bertensons offizielle Erklärung vor sich haben mußte, die in *Novoe vremja* (»Neue Zeit«) erschienen war. Wenn es wirklich eine »Verschwörung des Verheimlichens« gegeben hat, dann kann man unmöglich annehmen, Modest habe bei seinen eigenen Beschreibungen nicht das schon veröffentlichte Dokument hinzugezogen.

Das ist ein genereller Einwand. Man kann aber gegen Alexandra Orlova auch in bezug auf Details Einwände erheben. Bei aufmerksamem Studium kommt man zu der Überzeugung, daß es die von der Forscherin behaupteten Unstimmigkeiten zwischen den medizinischen Dokumenten und Modest Il'ičs Texten gar nicht gibt. Das erste von ihr angeführte Bulletin wurde am 24. Oktober/5. November um 2.30 Uhr nachmittags ausgehängt, also eine halbe Stunde nach dem Wannenbad. Es spricht davon, daß *es die gefährlichen Symptome noch gibt und daß sie sich nicht behandeln lassen*[237]. Modest Il'ič teilt über eben diesen Moment mit: *Das Wannenbad zeigte nicht die erwartete Wirkung, obwohl es – nach den Worten der Ärzte – einen starken Körperschweiß hervorrief; gleichzeitig verminderte es für eine gewisse Zeit die Anzeichen einer durch Harnstoff hervorgerufenen Blutvergiftung. Das Schwitzen hielt an, aber gleichzeitig wurde der Puls, der bis dahin relativ ruhig und gleichmäßig gewesen war, wieder schwächer.* Das entspricht genau dem, was im Bulletin gesagt wurde, nämlich, daß *es die gefährlichen Symptome noch gibt und daß sie sich nicht behandeln lassen*, oder: *Das Wannenbad zeigte nicht die erwartete Wirkung.*[238]

Erst zwei Stunden nach den Injektionen begannen sich (auch nach Alexandra Orlova) zeitweise Symptome einer Besserung zu zeigen. Diese konnten natürlich noch nicht im ersten Bulletin erwähnt sein[239].

Das zweite Bulletin wurde um 10.30 Uhr abends ausgehängt, nachdem die Remission zeitweilig aufgehört hatte und der Puls von 8.15 Uhr an sehr viel schwächer geworden war, so daß der Patient ins Koma fiel. Darum war – *obwohl uns bis um 8 Uhr sein Zustand gebessert schien* – das allgemeine Krankheitsbild vergleichsweise das einer irreversiblen Verschlimmerung. Vor diesem Hintergrund ist das zweite Bulletin zu verstehen: *Von 3 Uhr an* [bis 10.30 Uhr] *nahm die Schwäche zu.*[240]

Nun zu den angeblichen Unstimmigkeiten zwischen Modest Il'ič und Bertenson. Hier läßt Alexandra Orlova einen sehr wichtigen Umstand außer Augen. Strenggenommen existiert der »Bericht Bertensons«, den die Forscherin so oft erwähnt, überhaupt nicht. Vielmehr handelt es sich um eine Erklärung Bertensons in der Zeitung *Novoe vremja,* die er in Form eines Interviews gab, d. h. mündlich. Der betreffende Artikel in dieser Zeitung vom 27. Oktober/ 8. November beginnt folgendermaßen (eine Übersetzung dieses Beginns fehlt übrigens im englischen Text von Alexandra Orlova): *Die widersprüchlichen Nachrichten, die in der Presse über die Krankheit des verstorbenen P.I. Čajkovskij erschienen, veranlaßten uns dazu, uns an Dr. L.B. Bertenson zu wenden, der die Behandlung des verstorbenen Komponisten leitete. Auf unsere nachdrückliche Bitte hin teilte Dr. Bertenson uns Folgendes mit*, und dann folgt der Text der Erklärung in Form direkter Rede[241]. Über das Treffen mit einem Reporter von *Novoe vremja* spricht auch Bertenson selbst in einer Notiz, die er am folgenden Tage an die Redaktion richtete[242].

Also erzählt Bertenson in heftiger Erregung »auf nachdrückliche Bitte hin« von der vor kurzem durchlebten Tragödie. Der Korrespondent der Zeitung sitzt ihm gegenüber und macht sich auf einem Schreibblock Notizen (von Tonbandgeräten träumte man damals noch nicht einmal). Schwerlich hatte der Arzt beim Erzählen seine Aufzeichnungen über die Krankengeschichte vor sich, um dadurch die Details zu präzisieren, die er in seinem erregten Gedächtnis nur in Grundzügen bewahrt hatte. Es ist nicht weiter erstaunlich, daß in der Erzählung des Arztes – oder in den Notizen des Journalisten – Ungenauigkeiten zu Tage traten, sogar solch gravierende wie das Versehen um 24 Stunden. Man kann unmöglich annehmen, daß ein solches Versehen bei einer durchdachten chronologischen Niederschrift der Ereignisse entstehen konnte – eine mündliche Improvisation, wie sie hier offensichtlich stattfand, ist etwas anderes.

Wie Alexandra Orlova richtig bemerkt hat, offenbart ein aufmerksamer Vergleich von Bertensons erklärendem Interview mit Modest Il'ičs Bericht aber doch, daß der Arzt einen ganzen Tag »verloren hat«. Nach der Erinnerung an Čajkovskijs Ausruf: *Gebt mich auf, quält euch nicht; ich werde sowieso nicht mehr gesund*, der sich, wie wir von Modest Il'ič wissen, Sonnabend ereignete, geht der Arzt unverzüglich zur Beschreibung der Ereignisse des Sonntags über (an dem u. a. für Petr Il'ič endlich das Wannenbad bereitet wurde, über das später, wie wir wissen, in der Presse diskutiert wurde, ob es bei der Behandlung von Cholera angebracht sei oder nicht). Indessen entsteht beim Leser der Eindruck, daß er weiterhin vom Sonnabend berichtet[243]. Beide Texte schaffen noch eine zusätzliche Konfusion. Aus ihnen wird nicht klar, an welchem Tage der Komponist denn eigentlich gestorben ist. Tatsächlich geschah das am Montag, dem 25. Oktober/6. November 1893. Es wird nur die Stunde angegeben: Bei Bertenson 3 Uhr morgens, bei Modest Il'ič kurz nach 3 Uhr morgens[244]. Das Interview des Arztes enthält überhaupt keine kalendarischen Daten, sondern nur Wochentage: Donnerstag, Freitag, Sonnabend. Modest Il'ičs Bericht ist mißverständlich. Einer der letzten Absätze seines Berichts beginnt mit den Worten: *Gegen Morgen am Sonntag, dem 24.*[245], und bei flüchtigem Lesen kann man es so verstehen, als ob Čajkovskij an diesem Tage gestorben sei (wie auch in einigen Memoiren zu lesen ist[246]). Das ist ein naheliegendes Mißverständnis: Die ersten Stunden des beginnenden neuen Tages zählt man oft noch dem voraufgehenden Tage zu.

Mit Ausnahme dieser rein chronologischen Details stimmen die Erklärung Lev Bertensons und der Bericht Modest Il'ičs in den wesentlichen Punkten überein. Deshalb konnte auch der Bruder des Komponisten die Erzählung des Arztes mit gutem Grund *kurz, aber völlig exakt* nennen[247]. Akzeptiert man die Version von Alexandra Orlova, dann hätten sich sowohl Modest Il'ič als auch Bertenson absolut dumm verhalten, indem sie alles taten, um den Verdacht der Leser, den sie doch angeblich ausräumen wollten, noch zu verstärken.

Es ist durchaus wahrscheinlich, daß das beschriebene Durcheinander, das zwei Zeugen in ihrer Beschreibung der letzten Stunden Petr Il'ičs anrichteten, tatsächlich durch den Schock hervorgerufen wurde, der sie getroffen hatte und von dem sie sich noch nicht er-

Der Arzt Lev B. Bertenson (1850–1929).
Er begann am 21. Oktober/2. November 1893
mit der Behandlung Čajkovskijs.

Nikolaj N. Mamonov, Assistent von Lev Bertenson.

holt hatten. Es läßt sich aber nicht völlig ausschließen, daß die Ursachen für dieses Durcheinander im Falle Lev Bertensons vielleicht nicht derart unschuldiger Art waren. Wenn sie auch nicht mit der angeblichen unheilvollen »Verschwörung des Schweigens« zusammenhingen und zusammenhängen konnten, so könnten sie doch mit dem Mißerfolg seiner Behandlung und der Kampagne zu tun haben, die, wie wir bald sehen werden, die Presse gegen ihn anstrengte.

In diesem Zusammenhang müssen wir auf das lebensrettende Wannenbad zurückkommen, das man Čajkovskij angeblich nicht rechtzeitig bereitet hat. A.I. Brjullova schreibt in ihren Erinnerungen: *Die Sache ist die, daß, wenn die Nieren angegriffen sind, Wannenbäder angezeigt sind. Čajkovskij war überhaupt sehr abergläubisch, und seine Mutter war an eben dieser Cholera gestorben, als man sie ins Bad trug. Dieses Moment hinterließ in Čajkovskijs Seele eine unauslöschliche Spur, und er sagte einige Male: »Ich werde unter denselben Umständen sterben.« Bertenson, ein guter Bekannter Čajkovskijs, der seine Gemütsart wohl kannte, schwankte lange, ob er zu diesem Mittel greifen sollte. Er fürchtete, daß die äußeren Umstände des Bades und die immer noch schwelende Erinnerung so auf ihn wirken und die gesunden Elemente in seinem Organismus im Kampf gegen die Krankheit so schwächen könnten, daß sie die wohltätige Wirkung des Bades zunichte machen würden. Ob er recht hatte oder nicht, kann ein Laie nicht beurteilen, und überhaupt ist das alles rätselhaft. Am Sonntag, als Petr Il'ič schon bewußtlos war, nahm man doch noch Zuflucht zu einem Wannenbad, aber ohne Erfolg.*[248]

Es ist unwahrscheinlich, daß in diesem Krankheitszustand ein Wannenbad, welcher Art auch immer, hätte helfen können, selbst wenn man es einen Tag früher angewandt hätte. Dagegen ist es durchaus möglich, daß Bertenson, der schwer an dem Mißerfolg seiner Behandlung litt, in der Tiefe seines Herzens den Umständen, die mit dem Zeitpunkt der Anwendung des Bades verbunden waren, eine schicksalhafte Bedeutung beimaß – wie wir gleich sehen werden, spekulierte die Öffentlichkeit denn auch gerade über diesen Punkt. Konnte die Tatsache, daß man Čajkovskij das Bad am Sonntag und nicht am Sonnabend bereitet hatte, für den Arzt nicht leicht zur Quelle von Selbstzweifeln und Selbstbeschuldigungen werden? Sehr wohl möglich, daß Modest und Nikolaj Čajkovskij die Hauptschuld trugen, als sie Einwände gegen das Wannenbad erhoben. Bertenson spielt darauf mehr oder minder direkt an: Der Tod ihrer Mutter hatte unter ähnlichen Umständen in Petr Il'ič *ebenso wie in all seinen Verwandten* [...] *eine abergläubische Angst vor einem Wannenbad*[249] hervorgerufen. Modest Il'ič bestätigt das: *Mein älterer Bruder und ich hatten unwillkürlich eine abergläubische Angst vor dieser notwendigen Maßnahme. Unsere Angst wurde noch größer, als wir erfuhren, daß mein Bruder auf die Frage des Arztes, ob er ein Bad nehmen wollte, antwortete: »Ich würde mich sehr gern waschen, aber wenn ihr mich ins Bad setzt, werde ich sicher sterben.« An diesem Abend konnte man kein Bad mehr bereiten, weil der Durchfall sich wieder verschlimmerte und unkontrolliert wurde und der Patient schwächer. Lev Bernardovič fuhr nach 2 Uhr nachts weg, unzufrieden mit der Lage der Dinge.*[250] Offenbar war gerade der sentimentale Widerstand von Čajkovskijs Brüdern in Verbindung mit den Ängsten des Komponisten selbst der entscheidende Faktor dafür, daß Bertenson auf seine Absicht, das Bad am Sonnabend anzuwenden, verzichtete. Die Verschlimmerung des Durchfalls und die Schwäche des Patienten, von denen Modest Il'ič spricht, spielten hier zwar eine Rolle, aber eher eine zusätzliche; denn es geht aus seinem eigenen Bericht hervor, daß *die Nacht relativ gut verlief*[251]. Die das Bad betreffenden Emotionen des Komponisten selbst konnte der behandelnde Arzt natürlich ignorieren. Dem Druck von seiten der Brüder aber hielt er nicht stand; möglicherweise hat dieser Anlaß sogar zu einem Streit zwischen ihnen geführt. Es sei daran erinnert, daß der Arzt *unzufrieden mit der Lage der Dinge* wegfuhr. Am nächsten Tag machte er sich vielleicht schon Vorwürfe wegen seines Nachgebens.

Es war also ein ziemlich komplizierter psychologischer Konflikt entstanden, in den sowohl Čajkovskijs Verwandte als auch die behandelnden Ärzte verwickelt waren. Daher erstaunt es nicht weiter, daß sich alle möglichen Emotionen und Interessen in dem Wirrwarr der auf uns gekommenen Berichte widerspiegeln.

Man darf wohl durchaus annehmen, daß die Verwirrung der Gefühle und Meinungen, die Bertenson aller Wahrscheinlichkeit nach im Zusammenhang mit der »Wannenepisode« erfuhr, der bewußte oder unbewußte Grund dafür war, daß er in dem Interview mit *Novoe vremja* einen Tag »verlor«. Wegen dieses »Verlustes« ist es für den Leser des Interviews keineswegs klar, daß das Wannenbad für Čajkovskij nicht vor Sonnabend (!) bereitet wurde, wie es vielleicht hätte geschehen müssen, sondern später, am Sonntag. Die Frage, ob Bertenson selbst für diese Verzögerung verantwortlich war, wurde dabei völlig übergangen.

Außerdem wäre es möglich, daß den Reporter von *Novoe vremja* die genaue, chronologische Krankengeschichte des Komponisten überhaupt nicht interessierte und er Lev Bertenson nur drei Fragen stellte: Wann Čajkovskij erkrankte, wie seine Krankheit verlief und wie er starb. Dann wären die drei Absätze des Zeitungsbeitrags (jeweils mit Gedankenpunkten am Schluß) als Bertensons Antworten auf diese drei Fragen zu verstehen, die von der Redaktion jedoch weggelassen wurden.

Jedenfalls gab das einen Tag früher erschienene Interview Dr. N.N. Mamonovs in dem Blatt *Novosti i birževaja gazeta* (»Neuigkeiten und Börsenzeitung«) ein genaueres Bild vom Verlauf und von der Behandlung der Krankheit[252]. Zusammenfassend betonen wir, daß mit Ausnahme des Berichts von Modest Il'ič alle übrigen Aussagen unmittelbarer Zeugen – L.B. Bertenson, N.N. Mamonov und einiger anderer – mündlich gemacht wurden, und zwar in Form kurzer Interviews mit Korrespondenten verschiedener Zeitungen, ohne daß dabei, wie es notwendig gewesen wäre, ärztliches Material wie z. B. Aufzeichnungen zur Krankengeschichte herangezogen wurde. Es wäre naiv zu vermuten, durch einen tragischen Verlust erschütterte Menschen wären fähig gewesen, den Verlauf der Ereignisse in allen Details exakt miteinander übereinstimmend zu rekonstruieren. Man kann nur bedauern, daß man bis heute nicht weiß, wo sich das persönliche Archiv von Lev Bertenson befindet (wenn es überhaupt erhalten blieb), und darauf hoffen, daß es möglicherweise später auftaucht. Auf den Brief Bertensons mit »Instruktionen« für Modest Il'ič, den Alexandra Orlova angeblich einmal gesehen hat, ebenso wie auf die Hetzjagd gegen diesen namhaften Arzt in der Presse – vor allem wegen des Wannenbades – müssen wir noch zurückkommen.

Kapitel IX
Die Tage vor der Beerdigung

Wenden wir uns jetzt dem zu, was Alexandra Orlova über das Verhalten von Čajkovskijs Umgebung unmittelbar nach seinem Tode sagt: Es sei verdächtig gewesen und bestätige geradezu die Richtigkeit ihrer »Verschwörungstheorie«.

Alexandra Orlovas Ansicht, Čajkovskijs Umgebung und seine Ärzte hätten angeblich nicht die vorgeschriebenen Schutzmaßnahmen gegen Cholera eingehalten (dies sollte den von ihr postulierten Selbstmord mit Gift beweisen), ist vom Gesichtspunkt der Wissenschaft, der Logik und des gesunden Menschenverstandes aus alles andere als einwandfrei. Darauf haben schon Nina Berberova, Malcolm Brown und Simon Karlinksy hingewiesen[253]. Ihre Behauptung, es habe während Čajkovskijs Krankheit und in der Zeit vor seiner Beerdigung *viele Mißachtungen aufgestellter Regeln* gegeben[254], begründet die Forscherin – indem sie die Regeln erklärt – mit einem Hinweis auf das einzige Dokument, eine angebliche »Verfügung der Regierung« vom 2./14. Juli 1892, daß *im Falle eines Choleratodes der Leichnam möglichst schnell in einem fest verschlossenen Sarg aus dem Haus geschafft wird; dabei müssen unbedingt auch Beerdigungen und Gedächtnisfeiern vermieden werden, bei denen viele Menschen zusammenkommen*[255]. Dieser Hinweis und die Schlüsse, die sie daraus zieht, beweisen entweder, daß Alexandra Orlova die wahre Sachlage beim Kampf gegen die Cholera im Rußland der 1890er Jahre nicht kannte, oder daß sie in unverantwortlicher Weise mit den Quellen umging. Es ist an der Zeit, den Sachverhalt zu klären.

Als im Mai 1892 die vierte, fast vier Jahre dauernde Choleraepidemie ausbrach, hatte man in Rußland schon große Erfahrung im Kampf gegen die Krankheit. Aufklärungskampagnen zielten insbesondere auf das Verhalten niedriger Bevölkerungsschichten – vor allem in ländlichen Gegenden und dicht besiedelten Stadtgebieten –, die zur Panik und zu Massenfluchten aus den Wohnorten neigten, und auf die Beachtung elementarer hygienischer Vorschriften. Diese Disposition konnte zeitweise zu kollektiven Unruhen führen (es sei nur an die bekannten Choleraaufstände in den Jahren 1830–31 erinnert), ganz zu schweigen von einer noch weiteren Ausbreitung der Epidemie. Von solchen Überlegungen war auch die von Alexandra

Orlova zitierte »Instruktion über Maßnahmen einer persönlichen Vorbeugung gegen Cholera« diktiert, die sich hauptsächlich an die arme und schlecht informierte Bevölkerung richtete. Diese »Instruktion« wurde zweimal veröffentlicht und hatte den Charakter einer Aufklärungsschrift, aber keineswegs den eines Regierungserlasses, der unbedingt zu befolgen war[256]. In der Instruktion wurde die Bevölkerung aufgerufen, die Wohnorte nicht zu verlassen, ihre Lebensweise nicht zu ändern, kein Wasser aus verdächtigen Quellen zu trinken, den Körper sauber zu halten usw. In bezug auf Menschen, die mit Kranken in Berührung kamen, wurden nur allerelementarste Ratschläge gegeben, z. B.: *Sich möglichst oft die Hände mit Seife oder einer desinfizierenden Lösung zu waschen* [...] *in keinem Falle* [...] *in der Behausung eines Kranken zu essen und zu trinken* [...] *nachdem man den Kranken verlassen hat, Kleidung, Schuhe usw. zu reinigen.* Nachdrücklich wurde auch gefordert, *keine Speise anzurühren, ohne sich vorher die Hände gewaschen zu haben!*[257] Wie wir sehen, hielt man bei Menschen, die sich in unmittelbarem Kontakt zu Kranken befanden, die Einhaltung der minimalsten sanitären Maßnahmen für ausreichend. Diese Maßnahmen, die in jeder Gesellschaft und bei jeder Epidemie selbstverständlich waren, wurden in der Regel in unteren Bevölkerungsschichten nicht beachtet, und das wußte man sehr wohl[258].

Im Sommer 1892 berief die russische Regierung für den Kampf gegen die Cholera besondere exekutive Sanitärkommissionen, die mit administrativen Vollmachten ausgestattet waren *sowohl im Sinne ihrer* [der Krankheit] *Vorbeugung und Verbreitung wie auch im Sinne von Maßnahmen zur Unterdrückung einer schon ausgebreiteten Epidemie*[259].

Detaillierte Regeln *Über exekutive Sanitärkommissionen* wurden im *Pravitel'stvennyj vestnik* (»Regierungsboten«) veröffentlicht und zwar in zwei Fassungen, einer vom 9./21. Juni 1892 und einer abweichenden vom 25. März/6. April 1893[260]. Diese Regeln – die diesmal ihrem Charakter nach eine Verfügung der Regierung darstellten – wurden von einem Medizinischen Rat vorgelegt und vom Innenminister bestätigt. Im Falle einer Choleraerkrankung schrieben sie vor: *Unverzügliche Wahrnehmung der notwendigen Maßnahmen zur Isolation* und *Desinfektion.* Außerdem: *Die Isolation von Cholerakranken wird entweder in den Häusern, in denen sie erkrankten, durchgeführt oder durch Überführung der Kranken in Heilanstalten* [...] *In einigen Fällen ist es eher vorzuziehen, die Kranken zu Hause zu lassen, aber die gesunden Bewohner aus dem*

Haus zu entfernen.[261] Und weiter, in Paragraph 91: *Die Leichen der an Cholera Gestorbenen sollen in ein Leichengewand gewickelt werden, das mit einem Desinfektionsgemisch befeuchtet ist, und nach Möglichkeit schnell in den Sarg gelegt werden.*[262] Wie wir sehen werden, sind die Schlüsselworte in unserem Zusammenhang: »nach Möglichkeit«. Schließlich Paragraph 11: *Häuser, in denen es Fälle von Erkrankung oder Tod durch Cholera gab, sollen unbedingt und unverzüglich von Personen aufgesucht werden, die speziell dazu bestimmt sind, Maßnahmen zur Desinfektion von Ausscheidungen, Kleidung, Wäsche, Bett und Wohnung von Kranken oder Verstorbenen zu ergreifen.*[263]

Es ist zu bemerken, daß – wie in allen Vorschriften – auch bei dieser Verordnung die konkrete Situation ins Auge gefaßt wird, in der sich das eine oder andere kranke Individuum befinden kann; z. B. kann der Erkrankte zu Hause bleiben, wenn die Umstände es erlauben. Ebenso ist offensichtlich, daß die Kranken an überbevölkerten Orten (wo am häufigsten Armut herrscht) in Krankenhäuser überführt werden und die Leichen der an Cholera Gestorbenen (und auch das nur nach Möglichkeit) *schnell in den Sarg gelegt werden.* Die »Möglichkeiten« hängen natürlich wiederum von den lokalen Bedingungen ab.

Der Satz, den Alexandra Orlova aus der angeblichen »Verfügung der Regierung« anführt, ist nicht in den analysierten Regeln über exekutive Sanitärkommissionen enthalten, die tatsächlich verbindlichen Charakter hatten, sondern in der schon erwähnten »Instruktion«, einem an die Bevölkerung gerichteten Aufruf zur Beachtung notwendiger Maßnahmen, einem Aufruf, der aber im Unterschied zu den »Regeln« keinerlei administrative Verbindlichkeit hatte.

Wenn Alexandra Orlova gewissenhafte Quellenarbeit geleistet hätte, hätte sie einen Text finden können, der ihren Absichten auf den ersten Blick mehr entgegenkam als die von ihr zitierte »Instruktion«. Es geht darum, daß auch die erste Fassung der »Regeln« – vom 9./21. Juni 1892 – eine Passage über das Schließen des Sarges und das Vermeiden von Beerdigungen und Gedächtnisfeiern mit vielen Menschen enthält, die ähnlich, aber noch viel ausführlicher formuliert ist als die »Instruktion«[264].

Doch ist etwas anderes entscheidend: Der gesamte Paragraph mit den Anweisungen, die die Forscherin noch in der »Instruktion« am meisten verwirrten – über »das Vermeiden von Beerdigungen, bei denen viele Menschen zusammenkommen« – fehlt in der endgültigen Fassung der »Regeln« (vom 25. März/6. April 1893) vollständig[265]. Die Tatsache, daß ein ganzer Paragraph aus den »Regeln« herausgenommen wurde, bezeugt unzweifelhaft nur, daß der Medizinische Rat bei der russischen Regierung über die neuesten Forschungen im Bereich der Cholera-Epidemiologie auf dem laufenden war – besonders nach speziellen Ärztekongressen, die diesem Problem gewidmet waren und die in Petersburg im Dezember 1892 und in Moskau im März 1893 stattfanden[266].

Also kann man von den drei analysierten Dokumenten – der »Instruktion« und den beiden Versionen der »Regeln« – nur die letzte, d. h. die endgültige Fassung der »Regeln« auf die Umstände von Čajkovskijs Tod beziehen. In ihrem Text findet sich aber nichts, was die Vermutung belegen könnte, Čajkovskijs Umgebung habe irgendwelche Vorschriften der Regierung nicht befolgt.

Aber selbst wenn Alexandra Orlova – den dargelegten Tatsachen zum Trotz – Recht hätte und die Vorschriften, auf die sie sich bezieht, in dem administrativen Plan existiert hätten, darf man nicht vergessen, daß eine solche Maßnahme in erster Linie auf die niedrigeren Gesellschaftsschichten gerichtet war. Der Choleratod eines mehr oder minder bedeutenden Menschen war ein seltenes Ereignis; der Tod Čajkovskijs aber, einer Persönlichkeit von nationaler Bedeutung, war ein einzigartiges Ereignis. Unter keinen Umständen wäre es den Behörden gelungen, bei diesem Publikumsliebling »eine Beerdigung, bei der viele Leute zusammenkamen«, zu vermeiden. Um so mehr, als man – wie wir weiter unten sehen werden – mit dem Leichnam des Komponisten im großen und ganzen nach den Weisungen der »Regeln« verfuhr – der Sarg mit seinem Leichnam wurde im Verlauf von weniger als einem Tag fest verschlossen. Die Organisatoren handelten unter dem Druck der Emotionen und der öffentlichen Erregung so, wie es ihnen die angespannte Situation erlaubte.

Ein Beweis für die Richtigkeit und Besonnenheit ihres Verhaltens sind zwei Überlegungen, die auf der Hand liegen. In der Presse findet man keinerlei Beschuldigungen aus Čajkovskijs Umgebung, daß es »viele Mißachtungen aufgestellter Regeln« gab. Das ist um so bemerkenswerter, als es – wie wir weiter unten sehen werden – gleichzeitig einen Sturm der Entrüstung über die Art und Weise gab, wie der Verstorbene behandelt wurde, und öffentliche Beschuldigungen seiner Ärzte, denen man Inkompetenz vorwarf. Hatten die Journalisten, zu deren Beruf das Suchen nach Vorwänden für einen Skandal gehört, wirklich kein Gefühl für das Spiel hinter den Kulissen, von dem Alexandra Orlova träumt?

Mehr als das: Die vorgenommenen Schutzmaßnahmen befriedigten, wie man sieht, in jeder Beziehung auch die Verwaltungsbehörden, die erwähnten exekutiven Sanitärkommissionen. Im entgegengesetzten Falle – wenn es nämlich von ihrem Gesichtspunkt aus irgendeine Unregelmäßigkeit gegeben hätte, durch die eine Verbreitung der Seuche drohte – wären sie verpflichtet gewesen, sofort einzugreifen, »Mißachtungen der aufgestellten Regeln« entgegenzuwirken und von der Umgebung des Verstorbenen und den Organisatoren der Beerdigung Erklärungen zu verlangen. Oder meint Alexandra Orlova, daß auch offizielle Personen (vielleicht bis hin zum Innenminister), nicht zu reden von einer Menge von Reportern, in die »Verschwörung des Schweigens« eingeweiht waren, die auf die »Verschwörung der Juristen« folgte[267]?

Um ihre Erklärung von der »Mißachtung der Regeln« zu stützen, führt Alexandra Orlova nur ein Zeugnis an; aber wie sie dieses Zeugnis manipuliert, läßt ihre ganze Untersuchungsmethode erneut als sehr zweifelhaft erscheinen. Sie zitiert eine Passage aus der *Chronik meines musikalischen Lebens* von Nikolaj Rimskij-Korsakov: *Wie seltsam ist es, daß, obwohl der Tod durch Cholera erfolgte, der Zutritt zum Totengottesdienst frei war. Ich erinnere mich, wie Veržbilovič* [hier läßt sie im Text etwas aus] *den Verstorbenen auf Kopf und Gesicht küßte.*[268] Vorurteile und Angst vor irgendwelchen ansteckenden Krankheiten sind etwas Verständliches und Gewöhnliches. Rimskij-Korsakovs Verwunderung bezeugt nur, daß er über die Cholera nicht hinreichend aufgeklärt war und eine veraltete Vorstellung von ihr hatte. Weitaus bedeutsamer ist der Umstand, daß niemand aus Čajkovskijs engerer Umgebung, nämlich der Personen, die sich während seiner Krankheit ständig in einem Raum mit ihm befanden (und das waren einschließlich der Ärzte mehr als 15) Angst hatte, sich anzustecken; denn offensichtlich waren sie alle über die Wege informiert, auf denen sich die Erkrankung übertrug. Nach der »Logik« Alexandra Orlovas mußten alle diese 15 Personen über den Bluff auf dem laufenden sein, d. h. darüber, daß der Komponist nicht an Cholera, sondern an Gift starb. Noch aufschlußreicher ist die Episode mit Veržbilovič. Die Forscherin ließ – offenbar absichtlich – einen wesentlichen Teil ihres Zitats aus: *Veržbilovič, der nach irgendeinem Trinkgelage völlig berauscht war*[269]. Ein Betrunkener fürchtet sich bekanntlich vor nichts, schon gar nicht vor einem Choleratoten.

Schließlich wendet sich die Logik der Forscherin gegen sie selbst: Wenn Veržbilovič sich nicht fürchtete, den Verstorbenen zu küssen, bei klarem Verstand war und an die Gefährlichkeit seines Verhaltens hätte glauben müssen, dann mußte er, wenn man der erwähnten »Logik« folgen will, nicht nur einfach wissen, sondern davon überzeugt sein, daß Čajkovskij nicht an Cholera, sondern durch Gift starb. Wenn das aber so ist, dann zeigt sich, daß zu diesem Zeitpunkt (d. h. am Todestag) von der »Verschwörung des Verheimlichens« nicht nur 15 Personen aus der nächsten Umgebung wußten, die Čajkovskij während der Krankheit nicht verließen, sondern auch der Cellist Veržbilovič, eine ihm ziemlich fernstehende Person.

Wenn man dem zustimmt, dann stellt sich heraus, daß das »Geheimnis« von Anfang an keines war; dann aber war es weder Bertenson noch Modest Il'ič noch sonst jemand möglich, die »Wahrheit« zu verheimlichen, die früher oder später zum Vorschein gekommen wäre und in der wissenschaftlichen Biographik des Komponisten ihren festen Platz gefunden hätte. Die »Wahrheit« kam indessen nicht zum Vorschein, wenn man nicht die Enthüllungen von Alexandra Orlova für eine solche halten will. Mehr als das: Nach den gedruckten Erklärungen von Lev Bertenson und Modest Il'ič verstummten, wie wir sehen werden, die verschiedenen Gerüchte über Čajkovskijs Krankheit, die anfangs durch mangelnde Kenntnisse über Ansteckung durch Cholera hervorgerufen waren, auf lange Zeit.

Die Forscherin meint, *der Sarg sei am letzten Tag geschlossen worden* und die *Information über ergriffene Maßnahmen* [Vorsichtsmaßregeln gegen eine Verbreitung der Cholerainfektion] *komme aus zweiter Hand, nämlich aus Erinnerungen, die viele Jahre später niedergeschrieben wurden.* Das ist völlig falsch[270]. Vorbeugungsmaßnahmen im Kampf gegen die Cholera waren damals in Petersburg eine alltägliche und gewohnte Erscheinung. Es ist nur natürlich, daß es sinnlos war, sie in Zeitungsberichten vom Ort des Geschehens ausführlich zu beschreiben. Angesichts dessen, daß während einer Choleraepidemie Todesfälle immer zahlreich waren und etwas ebenso Unvermeidliches wie Gewohntes darstellten, geschah es allein aufgrund des in ganz Rußland verbreiteten Ruhms Čajkovskijs und seiner außergewöhnlichen gesellschaftlichen Stellung, daß viele Petersburger Zeitungen ihre Leser täglich über das Geschehen in der Wohnung von Modest Il'ič informierten. Die kurzen Zeitungsmitteilungen gestatten es, die der Beerdigung vorausgehenden Tage zu rekonstruieren[271].

Montag vormittag, am 25. Oktober/6. November (dem Todestag), lag Čajkovskijs Leichnam zunächst in einem kleinen Zimmer auf einer Ottomane, auf der er gestorben war. *Angesichts dessen, daß Petr Il'ič nicht an Cholera gestorben war (sie hatte am Donnerstag aufgehört), sondern an Blutvergiftung, und daß darum von einer Ansteckung keine Rede sein konnte, blieb sein* [Leichnam] *eine Zeitlang offen liegen*, schrieb der Korrespondent der *Peterburgskaja gazeta* (»Petersburger Zeitung«)[272]. Nach der Beschreibung der Reporter *liegt der Verstorbene da [...] wie ein Lebender, und es scheint, daß er nur eingeschlafen sei*[273]. Dann wurde *durch den Bildhauer Celinskij vom Gesicht des Toten eine Maske abgenommen, und der Photograph der Kaiserlichen Theater Gundvizer machte ein Photo von dem Entschlafenen*[274]. *Das Gesicht des Komponisten,* bemerkt die Zeitung *Novoe vremja* (»Neue Zeit«), *behielt unverändert den ihm eigenen Ausdruck und war von vollkommener Ruhe geprägt*[275]. Zum Zeitpunkt des ersten Totengottesdienstes (»Panihida«), der an diesem Tag um 2 Uhr mittags stattfand, wurde der Leichnam des Komponisten, der schon in einen schwarzen Anzug gekleidet war, in den Eckraum getragen, der mit tropischen Pflanzen und mit Kränzen geschmückt war, und auf einen niedrigen, mit weißem Atlas drapierten Katafalk gelegt[276]. *Der Verstorbene ist in einen schwarzen Anzug gekleidet und bis zum Hals mit einem durchsichtigen Leichentuch bedeckt; sein völlig unbedecktes Gesicht ist nicht von den Leiden der qualvollen Krankheit geprägt: Es ist gelb wie Pergament, aber ruhig und leidenschaftslos – das Gesicht eines erschöpften, ruhig schlafenden Menschen. Nur die Gegenwart einer am Kopfende befindlichen Person, die Lippen und Nasenlöcher des Verstorbenen immer wieder mit einem Stück hellen, in Karbollösung getränkten Stoffs berührt, erinnert an die schreckliche Krankheit, deren Opfer der Tote war*, schrieb die *Peterburgskaja gazeta*[277].

Daß die Vorsichtsmaßnahmen, die bei Choleraerkrankungen notwendig und durch eine Instruktion vorgeschrieben waren, noch an demselben Tag in gehöriger Weise angewendet wurden, geht aus der Zeitungschronik direkt hervor. Während des Totengottesdienstes wurde die Luft in der Wohnung desinfiziert, indem man mit einem Zerstäuber antiseptische Substanzen versprühte: *Nur manchmal geht jemand mit einem zischenden Zerstäuber vorbei*, bemerkt die Zeitung *Novoe vremja*[278]. Eine andere Petersburger Zeitung, *Syn otečestva* (»Sohn des Vaterlandes«), teilt mit, daß Modest Il'ičs ganze Wohnung *sorgfältig desinfiziert wurde*[279]. Da die Erreger der Cholera gegenüber desinfizierenden Substanzen nicht sehr widerstandsfähig sind, brauchte der Violoncellist Aleksandr V. Veržbilovič, Professor am Petersburger Konservatorium, tatsächlich bei seinem unvorsichtigen Verhalten nichts zu befürchten, um so weniger, als Čajkovskijs Gesicht mit Karbollösung abgerieben wurde.

Nach dem zweiten und letzten Totengottesdienst, der um 7 Uhr abends begann und zwischen 9 und 10 Uhr zu Ende ging, wurde nach dem Fortgang aller unbefugten Personen *der Leichnam des Verstorbenen in den Sarg gelegt, wobei alle Vorbeugungsmaßnahmen angewendet wurden: Der Leichnam wurde in ein mit Quecksilberchlorid durchtränktes Tuch gewickelt, der untere, aus Metall bestehende Sarg verlötet, der obere, aus Eichenholz, verschraubt.*[280] So stand der Sarg bis zum Tage der Beerdigung da, die am 28. Oktober/9. November stattfand. Also wurde der Sarg, wie wir sehen, im Verlauf der ersten 24 Stunden nach Čajkovskijs Tod geschlossen[281].

Da die der Cholera vorbeugenden Maßnahmen, die mit dem Schließen des Sarges verbunden waren, erst am späten Abend des 25. Oktobers/6. Novembers vorgenommen wurden, konnten sie nicht in allen Zeitungen des folgenden Tages beschrieben werden. So wurden sie z. B. in *Novoe vremja* erst zwei Tage später, am 27. Oktober/8. November erwähnt. Und so kam es wahrscheinlich auch bei einigen Zeitgenossen zu dem chronologischen Wirrwarr bei der Rekonstruktion der Ereignisse. Julian I. Poplavskij schreibt z. B. in seinen Erinnerungen, daß *am 26. seine* [Čajkovskijs] *sterblichen Überreste in einen Zinksarg gelegt wurden, der fest zugelötet wurde*[282]. Bei einem wissenschaftlich arbeitenden Biographen aber ist ein Durcheinander in den Daten – welcher Art auch immer – unverzeihlich.

Alle Zweifel am Datum des Tages, an dem der Sarg geschlossen wurde, verschwinden auch angesichts dessen, was Nikolaj D. Kaškin bezeugt, ein Freund Čajkovskijs und Kollege am Moskauer Konservatorium. Er war ein unmittelbarer Augenzeuge dessen, was in den Tagen vor der Beerdigung geschah. Er traf, von Moskau kommend, am 26. Oktober/7. November in Petersburg ein, also einen Tag nach dem Tode des Komponisten, und nahm an dem abendlichen Totengottesdienst teil, der an diesem Tag um 6 Uhr stattfand[283]. Nach seinen Erinnerungen, die er kurz nach den fraglichen Ereignissen niederschrieb, fand er *den Sarg schon verschlossen und zugelötet*[284].

Auch wenn man annimmt, daß Alexandra Orlova die oben angeführten Zeitungsmitteilungen nicht aufmerksam analysieren konnte[285], so zeigt doch allein ihr Umgang mit Memoiren einen erheblichen Mangel an Gewissenhaftigkeit. Sie zieht nach eigenem

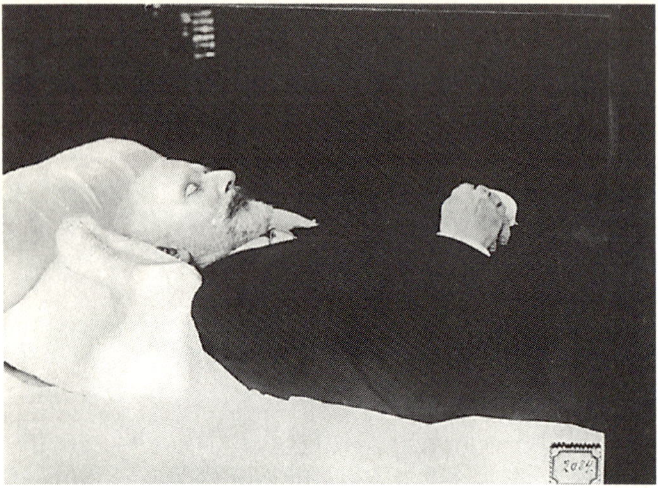

Čajkovskij auf dem Totenbett,
Aufnahme vom 25. Oktober/6. November 1893.

Beginn des Trauerzugs vor dem Haus in der Malaja Morskaja
am 28. Oktober/9. November 1893.

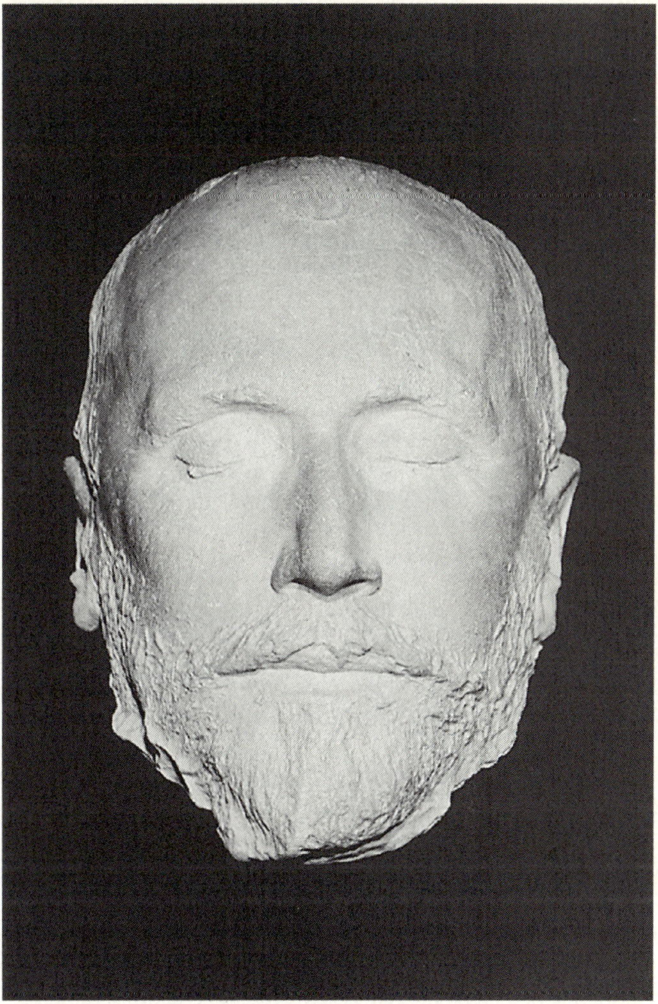

Čajkovskijs Totenmaske,
abgenommen am 25. Oktober/6. November 1893.

Gutdünken nur die ihr passenden Aussagen eines einzigen Augenzeugen, sagen wir: Rimskij-Korsakov, heran und läßt die eines anderen, z. B. Kaškin, völlig beiseite. Statt diese Aussagen einander gegenüberzustellen und zu erklären, warum sie einander widersprechen, oder wenigstens eine fehlende Übereinstimmung zu konstatieren, ignoriert sie sie einfach – denn man kann sich schwerlich vorstellen, daß sie sie nicht gelesen hat.

Es besteht kein Zweifel, daß Rimskij-Korsakov bei einem der Totengottesdienste vom 25. Oktober/6. November anwesend war – also an dem ersten und einzigen Tag, an dem der Sarg mit Čajkovskijs Leichnam noch offen war. Bestätigt wird das auch durch das Tagebuch von V.V. Jastrebcev, der am 25. Oktober vermerkt: *Nach meiner Rückkehr* [...] *eilte ich für einen Augenblick zu den Rimskij-Korsakovs, um etwas über den unerwarteten, schicksalhaften Tod Čajkovskijs zu erfahren; aber weder Nikolaj Andreevič noch Nadežda Nikolaevna waren zu Hause. Sie waren bei dem Totengottesdienst.*[286] Außer an diesem Tag war Rimskij-Korsakov noch einmal in Modest Il'ičs Wohnung und zwar mit einer Delegation, die im Namen des Petersburger Konservatoriums einen Kranz auf Čajkovskijs Sarg niederlegte[287].

Kapitel X
Die Sache der Ärzte

Die Pressekampagne gegen die Ärzte, die Čajkovskij behandelt hatten – sie entbrannte gleich nach seiner Beerdigung – provozierte zusätzliche Komplikationen, die sich in unseren unmittelbaren Quellen und in den Beziehungen zwischen der Umgebung des Komponisten und seinen Ärzten widerspiegeln.

Lev Bertenson reagierte immer besonders empfindlich, wenn seine Kompetenz bezweifelt wurde, auch wenn er sich dies nur einbildete. Das wußten seine Freunde und Kollegen. So hatte z. B. im Jahre 1881 der Musikkritiker M. Ivanov von »dem bedrückenden Gefühl« gesprochen, das er beim Besuch des Krankenhauses empfunden habe, in dem M.P. Musorgskij gestorben war, der dort durch Protektion Bertensons untergebracht worden war. Diese unschuldige Äußerung führte dazu, daß Borodin, Rimskij-Korsakov und Kjui in der Zeitung *Golos* (»Die Stimme«) einen Brief veröffentlichten, in dem sie der gesamten Verwaltung des Krankenhauses wie auch Bertenson persönlich ihren Dank aussprachen[288].

Wie schon bemerkt, geschah es sehr selten, daß eine bekannte Persönlichkeit an der Cholera starb. So ist es nicht erstaunlich, daß die Kombination dieser Krankheit mit dem Ruhm des Verstorbenen, die Čajkovskijs Fall zu etwas Einzigartigem machte, eine so konzentrierte Aufmerksamkeit der Presse hervorrief. Alexandra Orlova war erstaunt über die »Beispiellosigkeit«, die ihr verdächtig erschien. (*Allein die Tatsache, daß in der Presse eine so detaillierte Beschreibung des Krankheitsverlaufs und der Behandlungsmethoden erschien, die an einen Artikel aus einer medizinischen Zeitschrift erinnerte …*) Dies Erstaunen ist unbegründet. Die »beispiellose« Reaktion der Zeitungen wurde durch die Beispiellosigkeit der Situation selbst provoziert[289].

Kaum jemand hatte erwartet, daß »die Krankheit Herrn Čajkovskijs«, von der die medizinischen Bulletins in den Chroniken der Zeitungen berichteten, sich als tödlich herausstellen würde. Die Nachricht von seinem Tode erweckte in der Presse der Hauptstadt Verwunderung und Bestürzung, die nur natürlich waren. So überging z. B. der *Pravitel'stvennyj vestnik* (»Regierungsbote«) in seinem Nekrolog vom 26. Oktober/7. November die Ursachen von Čajkovskijs Tod mit völligem Stillschweigen und ließ der Phantasie der Leser freien Lauf: *Um 3 Uhr in der Nacht vom 24. auf den 25. Oktober starb Petr Il'ič Čajkovskij völlig unerwartet und vor der Zeit.*[290] So war es nur natürlich, daß in den ersten Reaktionen Vermutungen über die Natur der Krankheit angestellt wurden. Da die Leute vorläufig außer kurzen Bulletins keine genauen Berichte über das Vorgefallene hatten, begannen sie auf alle mögliche Weise zu rätseln: *Wie konnte Čajkovskij sich infizieren, da er doch in ausgezeichneten hygienischen Verhältnissen lebte und gerade erst nach Petersburg gekommen war?* fragte die *Peterburgskaja gazeta* (»Petersburger Zeitung«)[291]. *Über die Ursachen von P.I. Čajkovskijs Krankheit und Tod laufen in der Stadt die widersprüchlichsten Gerüchte* um, teilten die *Novosti* (»Neuigkeiten«) mit[292]. Wenn in diesen ersten wenigen Tagen voller Bestürzung und Verwirrung irgendwo auch Vermutungen über einen Selbstmord zu zirkulieren begannen, dann war das, faßt man die öffentliche Stimmung ins Auge, nicht weiter verwunderlich.

So schreibt auch Jurij L. Davydov: *In einigen Zeitungen, hauptsächlich aber mündlich tauchten Zweifel an der Todesursache auf. Man begann von Vergiftung, Selbstmord und anderem Unsinn zu reden. Im Lager der Schüler von Lev Bernardovič Bertenson verbreitete sich die Version, daß die Krankheit, die Petr Il'ič dahinraffte, weder die Cholera noch Folgen von ihr gewesen seien, sondern eine Vergiftung, und daß Lev Bernardovič selber davon gesprochen habe. All das ist Unsinn. Ich bezeuge vollkommen sicher, daß die Krankheit, die Petr Il'ič ins Grab brachte, eine richtige Cholera war, auf die eine Komplikation folgte, die die Nieren betraf und eine Urämie hervorrief, mit der der geschwächte Organismus nicht fertig werden konnte. Eine Urämie ist aber eine Vergiftung des Blutes durch Harn; kann es sein, daß das zu den falschen Gerüchten führte?*[293]

Die Information, Petr Il'ič sei an einer Blutvergiftung als Komplikation nach der Cholera gestorben, tauchte in der *Peterburgskaja gazeta* vom 26. Oktober/7. November auf[294]. Außerdem wurde in derselben Nummer der Zeitung ein Artikel über Petr Il'ičs Krankheit veröffentlicht, in dem ein Reporter Material aus verschiedenen Quellen zusammengetragen hatte. Dieser Artikel schrieb Dr. Bertenson, *dem ersten der von Petr Il'ič hinzugezogenen Ärzte*, einige Meinungsäußerungen zu, die nicht der Wahrheit entsprachen. Zum Beispiel hieß es dort, daß *man sich nicht früh genug um ärztliche Hilfe bemüht habe*; sie sei dem Komponisten angeblich nicht am Donnerstagabend, sondern erst am nächsten Tag, Freitag, dem

22. Oktober/3. November, zuteil geworden. Alexandra Orlova scheut sich nicht, diese angeblichen Äußerungen von Dr. Bertenson als ein weiteres Interview zu bezeichnen, und erklärt, es sei von Vasilij Bertenson gegeben worden, von dem Modest Il'ič schreibt, er sei der erste der herbeigerufenen Ärzte gewesen[295].

Wenn man den Artikel in der *Peterburgskaja gazeta* sorgfältig liest, dann bleibt kein Zweifel, daß mit dem angesehenen und berühmten Arzt Lev Bertenson gemeint war und nicht sein Bruder. Nur Lev – und nicht Vasilij – war vom Beginn bis zum Ende der tödlichen Krankheit des Komponisten anwesend, wie aus dem oben erwähnten Artikel und ebenso aus Modest Il'ičs Bericht hervorgeht. Außerdem wissen wir, daß Vasilij Bertenson Petersburg noch am Freitag verließ und den kranken Komponisten der Obhut seines berühmten Bruders überließ. Das bezeugen sein unveröffentlichter Briefwechsel mit Modest Il'ič und das Beileidstelegramm, das er am 26. Oktober/7. November aus dem Gouvernement Smolensk schickte[296]. So versteht es sich, daß Lev Bertenson es war, der auf diesen Artikel reagierte und am folgenden Tag in *Novoe vremja* (»Neue Zeit«) eine Gegendarstellung abdrucken ließ: *Von einigen Zeitungen werden mir im Zusammenhang mit P.I. Čajkovskijs Krankheit Meinungsäußerungen in so entstellter Form zugeschrieben, daß ich mich gezwungen sehe, mich von ihnen zu distanzieren, und das um so mehr, als ich keinen der Herren Reporter – außer dem Reporter von »Novoe vremja« – zu Gesicht bekommen habe und darum auch mit keinem von ihnen sprechen konnte. Von den drei Bulletins, die in der Presse erschienen, sind nur zwei, die in gekürzter Form auch in »Novoe vremja« erschienen sind, von mir geschrieben worden.*[297]

Dennoch begannen sich schon in dieser Etappe viele – noch immer unter dem Eindruck der Erschütterung über den unerwarteten Todesfall – die Frage zu stellen, ob dieser Tod wirklich unausweichlich war oder einfach die Folge einer unzureichenden Behandlung. Wie es ein Zeitgenosse vorsichtig formulierte, *wurde die Schwere des Verlustes noch vergrößert durch das Bewußtsein seiner Zufälligkeit und durch die Überzeugung, daß man ihn leicht hätte abwenden können*[298]. Die aufgebrachte öffentliche Meinung »dürstete nach Blut", und in dieser Situation konnten die Ärzte leicht zu Sündenböcken werden. Genau das hat A.I. Brjullova im Auge, wenn sie in ihren Erinnerungen schreibt: *Wie immer bei einem solchen kaum erwarteten Todesfall können die Menschen nicht an ihn glauben, erdenken verschiedene Lügenmärchen und suchen als er-*

stes nach Schuldigen. Und so gingen alle Gewitter aus den Petersburger Salons auf Bertenson nieder.[299] Bertenson selbst konnte das nicht voraussehen.

Einer, der den Arzt besonders verfolgte, war A.V. Suvorin, der einflußreiche Herausgeber von *Novoe vremja*. Dieser Mann hätte selbst als Journalist in Fragen der Behandlung von Cholera weitaus erfahrener sein können als z. B. Rimskij-Korsakov. Als der Komponist starb, hielt sich Suvorin in Berlin auf und wußte noch nicht, daß die Beerdigung am 28. Oktober/9. November stattfinden würde. Trotzdem schrieb er schon am 27. Oktober/8. November in sein Tagebuch: *Čajkovskij wurde gestern begraben. Es tut mir schrecklich leid um ihn. Ihn behandelten die beiden Brüder Bertenson und setzten ihn nicht in ein Wannenbad. Meiner Meinung nach genießen diese Bertensons einen Ruf, den sie überhaupt nicht verdienen.*[300] Man sieht, Suvorins spontane Reaktion entspricht den psychologischen Erwartungen, auf die wir oben hingewiesen haben. Nebenbei sei bemerkt, daß Suvorin – wiederum durch seinen Beruf – über allen Klatsch in der Hauptstadt, darunter auch den über Čajkovskijs angeblichen Selbstmord, auf dem laufenden sein mußte. Wahrscheinlich maß er ihm keinerlei Bedeutung bei; denn nirgendwo in seinem Tagebuch findet man einen entsprechenden Hinweis. Angesichts der ungewöhnlich guten Informiertheit Suvorins spricht auch dies gegen Alexandra Orlovas Darstellung.

Die Veröffentlichung der unvollständigen, unklaren und verworrenen Erklärung Bertensons in *Novoe vremja* vom 27. Oktober/8. November konnte, wie gezeigt wurde, die aufgeregte Phantasie des Publikums in Zusammenhang mit Čajkovskijs plötzlichem Tod noch nicht beruhigen. In dieser Situation sah sich Modest Il'ič gezwungen, selbst an die Öffentlichkeit zu treten, um alle Zweifel zu zerstreuen. Denn Bertensons Erklärung in Interviewform enthielt keine Daten und keinerlei Aussagen darüber, wo, wann und unter welchen Umständen der Patient sich mit Cholera hätte infizieren können. Modest Il'ič mußte Bertenson nicht nur aus Anstand und Freundschaft zu Hilfe kommen, sondern auch, weil er möglicherweise selbst Gewissensbisse wegen der Rolle empfand, die er hinsichtlich des Wannenbades gespielt hatte. So erschien in derselben Nummer von *Novoe vremja* unter dem Titel *P.I. Čajkovskijs Krankheit* sein berühmter, schon mehrfach erwähnter ausführlicher Bericht. An dessen Beginn schreibt er unter anderem, er halte es für notwendig, *um alle widersprüchlichen Gerüchte aus der Welt zu schaffen, einen möglichst vollständigen Bericht von allem, wovon ich Zeuge war,* [der Zeitung] *zur Veröffentlichung zu übergeben*[301].

Die Veröffentlichung dieses detaillierten und tageweise geschriebenen Berichts mit zahlreichen medizinischen Einzelheiten befriedigte offenbar endlich das Publikum und beseitigte die Zweifel über die Krankheit des Komponisten. Die Gerüchte und der Klatsch verstummten – aber nicht für lange Zeit. In den letzten Oktobertagen kehrte Suvorin nach Petersburg zurück, wandte sich persönlich gegen die Ärzte, die Čajkovskij behandelt hatten, und stellte die Frage nach ihrer fachlichen Kompetenz. Damit begann er eine journalistische Hetzjagd, die sich hauptsächlich gegen Lev Bertenson richtete, und heizte den Skandal, für den die Zeit sozusagen reif geworden war, noch mehr an.

Am 3./15. November erschien in *Novoe vremja* unter Suvorins Rubrik *Kleine Briefe* sein Artikel, der mit folgenden Worten begann: *Ich kehrte nach Petersburg zurück, als es bei uns einen großen Menschen, ein klangvolles und schönes Talent weniger gab* [...] *Und an Cholera zu sterben!* [...] *Das ist furchtbar schmerzlich.* Weiterhin erklärt er: *Ich bin nicht nur aufgebracht über diesen Todesfall, sondern auch unzufrieden mit Herrn Bertenson, der Čajkovskij behandelte. Ich weiß, daß es leicht ist, jeden Arzt zu beschuldigen, und oft beschuldigt man sie ohne jedes Recht und sogar ohne jeden Sinn* [...] *Ich bin mit Herrn Bertenson nicht darum unzufrieden, weil er Čajkovskij nicht geheilt hat, sondern weil er den Kranken verließ, ihn seinem Bruder und seinem Assistenten anvertraute* [...] *Herr Bertenson hat nicht alles getan, was man tun mußte, und mir scheint, es gibt Gründe, ihn zu fragen, warum er kein Konsilium einberief. Weil er seiner Autorität vertraute oder weil er an die Genesung seines Patienten glaubte? Ob nun das eine oder das andere der Fall war, in jedem Falle täuschte er sich, und der Satz des Sterbenden, der zunächst eine gewisse Erleichterung spürte: »Sie haben mich den Klauen des Todes entrissen«, klingt jetzt wie eine harte und gerechte Ironie Herrn Bertenson gegenüber. Und diese Ironie wird nicht ausgeräumt durch den Brief von Herrn M. Čajkovskij, der »en toutes lettres« Vor- und Vatersnamen der beiden Brüder Bertenson ausschreibt und ihre unermüdliche Fürsorge für den Kranken bezeugt. Es sei alles getan worden, aber der Tod sei unerbittlich gewesen. Nein, es wurde nicht alles getan* [...] *Bertenson betont besonders den Umstand, daß Čajkovskijs Mutter in dem Moment an Cholera starb, als man sie in die Badewanne setzte, und daß er darum so sehr gezögert habe, ihm dieses Mittel vorzuschla-*

gen. Herr Bertenson sieht offenbar in diesem seinem Verhalten ein besonderes Taktgefühl gegenüber dem Patienten. Tatsächlich aber liegt ein völliges Unverständnis von seiten des Patienten und ein Mangel an echtem Taktgefühl von seiten des Arztes vor. Wer kann behaupten, daß Čajkovskij sich gegen das Konsilium gestellt hätte, wenn es sich versammelt hätte, ohne daß man ihn vorher fragte? Wer kann zustimmend behaupten, daß die zum Konsilium versammelten Ärzte ihn nicht von diesem Vorurteil betreffs des Wannenbades überzeugt und ihm vielleicht sogar moralische Energie eingeflößt hätten? Kann Herr Bertenson behaupten, daß Čajkovskij an ihn wie einen Gott glaubte und daß dieser Glaube in ihm kein einziges Mal ins Wanken geriet? Wenn das der Fall ist, dann hat Herr Bertenson nicht alles getan, was er tun mußte, als sich in seinen Händen der Patient befand, der ganz Rußland teuer ist …

Meine Zeilen mögen Herrn Bertenson grausam erscheinen – um so mehr, als sie dem Toten überhaupt nichts nützen; aber ich schreibe sie für die Lebenden im allgemeinen und für die Ärzte im besonderen, weil diese in diesem Falle für sich eine gewisse Lehre daraus ziehen können, beendet Suvorin seinen Artikel[302].

Nach *Novoe vremja* beschuldigte auch die *Peterburgskaja gazeta* Bertenson, er habe kein Konsilium aus den bedeutendsten Ärzten der Hauptstadt berufen. Die Zeitung erkennt an, daß ihm in einem so *schweren und schrecklichen Moment* diese Idee einfach nicht *in den Sinn kommen* konnte, kommt aber doch zu dem Schluß, daß *Herr Bertenson vielleicht vor allem in seinem eigenen Interesse gehandelt hätte, wenn er diesen für sein berufliches Prestige so betrüblichen Vorfall einem Schiedsgericht zur Prüfung übergeben hätte*[303].

In der Stadt redet man viel über die unbefriedigende Behandlung der Cholera bei dem verstorbenen P.I. Čajkovskij, schrieb *Novoe vremja* am 5./17. November. *In diesbezüglichen Gesprächen hört man die Meinung, daß Dr. Bertenson, um sich vor der russischen Gesellschaft und den Ärzten zu rechtfertigen, einer der russischen gelehrten Gesellschaften* […] *einen ausführlichen Bericht über die Behandlung P.I. Čajkovskijs durch ihn hätte vorlegen müssen, damit durch eine wissenschaftliche und zudem öffentliche Überprüfung festgestellt würde, ob und wie gewissenhaft wissenschaftliche Methoden angewendet wurden, um den Kranken zu retten. Nur korporativer Geist hält viele Ärzte davon ab, über ihren Kollegen in der Presse und in gelehrten Sitzungen eine Verurteilung auszusprechen* […] *Der korporative Geist darf indessen nicht verhin-*

Trauerzug auf dem Nevskij-Prospekt
am 28. Oktober/9. November 1893.

Die Petersburger Kathedrale Unserer Lieben Frau von Kazan,
in der am 28. Oktober/9. November 1893 der mehrstündige
Totengottesdienst für Čajkovskij stattfand.

Das Grabmal Čajkovskijs auf dem Friedhof
des Petersburger Aleksandr-Nevskij-Klosters,
1897 geschaffen von dem Theaterbildhauer Pavel P. Kamenskij.

dern, daß die Wahrheit ans Licht gebracht und die Schuld definiert wird, wenn es denn eine Schuld von irgend jemand gab. Allen Anzeichen nach gab es sie in diesem Falle, wenn auch nur in bezug darauf, daß kein Konsilium einberufen wurde. Dr. Bertenson hätte es um so eher einberufen müssen, als er selbst aller Wahrscheinlichkeit nach mit der Behandlung der asiatischen Cholera wenig vertraut war. Vertraut mit dieser Behandlung sind Ärzte in Kliniken und besonders Ärzte in großen städtischen Krankenhäusern, und wenn bei P.I. Čajkovskij einmal die Symptome der Cholera festgestellt worden waren (und das waren sie offensichtlich viel zu spät), dann war Herr Bertenson verpflichtet, unverzüglich einen oder mehrere Ärzte aus städtischen Krankenhäusern hinzuzuziehen [...] *von diesen Ärzten hätte er erfahren, daß die Mehrzahl der Choleraerkrankungen, wenn ihre Behandlung vor der Periode der Krämpfe begonnen wurde, in den Krankenhäusern gut ausging.*[304]

Wie aus diesen Auszügen zu ersehen ist, spielt das berüchtigte Wannenbad eine sehr große Rolle. Außerdem wurden den Bertensons vorgeworfen: zu späte Stellung der Diagnose, Abneigung, ein Konsilium von Spezialisten einzuberufen, Übergabe des berühmten Patienten an ihre Assistenten, falsche Behandlung der asiatischen Cholera und andere Fehler, *die für das berufliche Prestige betrüblich waren.* Aber keiner der Ankläger äußerte irgendwann in den bedeutendsten Zeitungen der Hauptstadt auch nur die geringste Andeutung, der Komponist könne Selbstmord begangen haben.

Lev Bertensons Sohn Sergej befand sich im Westen, wo er leicht jene angebliche »Wahrheit« hätte verkünden können, die Alexandra Orlova propagiert, und er hätte dadurch seinen Vater von dem unverdienten Vorwurf ärztlicher Inkompetenz befreien können. Aber das hat er niemals getan[305].

Über den fraglichen Zeitraum hat S.L. Bertenson Erinnerungen hinterlassen, in denen er u. a. schreibt: *Ich erinnere mich ganz genau* [S. Bertenson war damals 18 Jahre alt], *welche Aufregung es in unserer Familie gab, als der Bruder meines Vaters* [...] *zu meinem Vater mit der Nachricht schickte, Čajkovskij habe Cholera* [...] *Von diesem Moment an bis hin zum Moment des vorzeitigen Todes des Komponisten herrschte bei uns zu Hause eine so gedrückte Stimmung, als ob sich der Sterbende unter uns befände. Ich kann bis heute nicht das Gesicht meines Vaters vergessen, als er nach Hause kam, sagte, daß alles zu Ende sei, und zu schluchzen begann.*[306] Sergej Bertenson bezeugt auch, wie Modest Čajkovskij in ihr Haus kam: *Er kam, um meinem Vater im Namen der ganzen Familie Čaj-*

kovskij sein Mitgefühl anläßlich des damals in der Zeitung Novoe vremja erschienenen Artikels von A.S. Suvorin auszudrücken, in dem dieser meinem Vater in der Behandlung des sterbenden Komponisten mangelnde Kompetenz und Aufmerksamkeit vorwarf. Diesen Artikel griffen einige andere Journalisten unbedeutender Zeitungen auf, die auf Sensationen versessen waren, und es begann eine ganze Hetzkampagne gegen meinen Vater. Modest Il'ič machte dem ein Ende, indem er in allen Petersburger Zeitungen im Namen der Familie Čajkovskij einen offenen Brief abdrucken ließ, in dem er meinem Vater und seinen Assistenten seine tiefe Dankbarkeit ausdrückte für die ganz besondere Fürsorge, die sie dem Verstorbenen angedeihen ließen.[307]

Diesen Brief veröffentlichte Modest Il'ič am 7./19. November 1893: *Im Namen aller Personen, die während der letzten Tage seines Lebens ständig bei meinem verstorbenen Bruder waren, bitte ich Sie, in »Novoe vremja« abzudrucken, daß wir irgendwelche Vorwürfe, die sich gegen die Behandlung von Petr Il'ičs tödlicher Krankheit richten, unbedingt für ungerecht halten.*

Obwohl wir die Bitterkeit dieses Verlustes stärker empfinden als irgend jemand sonst, hegt keiner von uns gegenüber L.B. Bertenson, seinem Bruder V.B. sowie den Assistenten N.N. Mamonov und Zander ein anderes Gefühl als das der Dankbarkeit für ihr herzliches und untadelig-sorgfältiges Verhalten gegenüber der Krankheit des Verstorbenen. 6. November 1893. Modest Čajkovskij.[308]

Diese Gegendarstellung machte Eindruck. So ging z. B. die Zeitung *Novosti* von der Attacke gegen Bertenson zu seiner Rechtfertigung über und erklärte, daß *ein Arzt nach dem Tode des Patienten keine Möglichkeit der Verteidigung habe*[309]. *Novoe vremja* dagegen behielt seinen verurteilenden Ton bei: *Was für eine Bedeutung kann solch eine Erklärung haben? Unserer Meinung nach fast gar keine. Fast gar keine Bedeutung hat sie darum, weil ein gewisser Anteil an der Verantwortung in diesem Falle Herrn M. Čajkovskij zufällt, der zögerte, einen Arzt zu rufen, und sich nicht um die Einberufung eines Konsiliums kümmerte, und außerdem darum, weil die Ärzte, die Herr Čajkovskij in Schutz nimmt, nicht nur gegenüber den Verwandten des verstorbenen Komponisten, sondern auch gegenüber der russischen Gesellschaft zu einer Antwort verpflichtet sind.*[310]

Damit kann man denn auch die Übersicht über die Meinungen zur Behandlung und zum Tode Čajkovskijs, welche die Petersburger Gesellschaft im Herbst 1893 erregten, abschließen, nachdem man ein kleines, aber wesentliches Detail hinzugefügt hat, das S. Bertenson mitteilt: *Einige Jahre später bat Suvorin bei einem der großen Diners des Literaturfonds meinen Vater wegen seiner ungerechten Vorwürfe öffentlich um Entschuldigung.*[311] Das kann nur bedeuten: Suvorin hatte erkannt, daß er Bertenson in der durch die öffentliche Diskussion angeheizten Atmosphäre zu Unrecht beschuldigt hatte.

Wahrscheinlich im Kontext der Pressekampagne während der Tage nach der Beerdigung muß man einen zweifelhaften Brief von Lev Bernardovič Bertenson an Modest Il'ič interpretieren, den Alexandra Orlova nach ihren Worten im Jahre 1938 im Archiv von Klin gesehen haben will (hoffentlich hat sie nicht ein Dokument ganz anderer Art für einen solchen Brief gehalten). In diesem Brief wurde angeblich der Verlauf von Čajkovskijs Krankheit genau beschrieben. Das veranlaßt die Forscherin, im Rahmen ihrer »Verschwörungstheorie« den folgenden Verdacht zu äußern: *Ist dieser Brief nicht eine Instruktion, wie man Čajkovskijs Krankheit zusammen mit außenstehenden Personen und in der Presse beleuchten muß?*[312]

Im Čajkovskij-Archiv in Klin existiert nur ein kurzer Beileidsbrief Lev Bertensons, den er Modest Il'ič am Morgen des 25. Oktobers 1893 schickte: *Mein lieber Modest Il'ič, ich möchte Sie heiß umarmen und Ihnen sagen, wie tief ich von unserem gemeinsamen Kummer betroffen bin, aber ich kann das nicht, weil ich selbst kaum gehen und das Haus nicht verlassen kann.*

Die schreckliche Krankheit, an der Ihr unvergessener Bruder starb, hat mich mit Ihnen und allen, denen er teuer war, verbunden.

Ich kann mich nicht von dem schrecklichen Drama erholen, das ich miterleben mußte, und bin einfach nicht imstande, Ihnen all die Qualen zu schildern, die ich durchmache! Ich kann Ihnen nur das eine sagen, daß ich Ihre Gefühle miterlebe. Ihr Ihnen von Herzen und zutiefst ergebener Lev Bertenson.[313]

Dieser Brief enthält ganz entschieden nichts Verdächtiges, kein Wort, das unnatürlich klänge. Man kann sich nur schwer vorstellen, daß dieser Brief, in solch einem Augenblick an Čajkovskijs eigenen Bruder geschrieben, den Versuch enthalten könnte, die wahren Umstände vom Tode des Komponisten zu verschleiern.

Wenn Alexandra Orlova nicht dieses Dokument im Auge hatte, sondern einen anderen Text, in dem *der Verlauf von Čajkovskijs Krankheit genau beschrieben war* (bis jetzt haben wir bei unseren Nachforschungen im Archiv in Klin kein solches Dokument gefunden), dann ist es unter den beschriebenen Umständen nicht schwer, seine Notwendigkeit zu erklären. Wie schon gesagt, mußte Modest Il'ič aus moralischer Verpflichtung Bertenson helfen, der Pressekampagne standzuhalten, und das, obwohl ihre Beziehungen in diesem Moment nicht unkompliziert sein konnten. In einer gewissen Etappe wurde ihre volle Koordination in den Äußerungen, die die letzten Tage des Komponisten betrafen, zu einer Sache von erstrangiger Wichtigkeit. Wir wissen, daß der Tod seines Bruders für Modest Il'ič eine sehr schwere Erschütterung bedeutete. Zeitungsreporter vermerken, daß am Tag nach dem Tode *der Bruder des Verstorbenen, M.I. Čajkovskij, von Kummer so niedergeschmettert ist, daß er an dem Totengottesdienst nicht teilnehmen kann. Zusammen mit einigen ihm ergebenen Personen befindet er sich in einem separaten Zimmer.*[314] Es ist nicht erstaunlich, daß der Arzt, als er ihn in solchem Zustand sah, die Initiative ergriff und für den Bericht, den man bald verlangen würde, einen Überblick verfaßte (sehr wahrscheinlich aufgrund von Čajkovskijs Krankengeschichte, die er zu seiner Verfügung hatte). Außerdem begann Modest Il'ič bald nach dem Tode seines Bruders Material für seine Biographie zu sammeln und mochte den natürlichen Wunsch haben, einen aktuellen Bericht des behandelnden Arztes zu besitzen. Darin ist nichts Verdächtiges zu sehen.

Indessen mußten das Gefühl des Erstaunens, das in der Gesellschaft nach Čajkovskijs vorzeitigem Tode entstand, das ganze Gemisch aus Gerüchten, Zeugnissen und Dokumenten und dazu Fehler bei der ärztlichen Behandlung des Komponisten, die Verwirrung in Bertensons erklärendem Interview, die Polemik in der Presse um die Kompetenz der ihn behandelnden Ärzte, die Rolle seiner Verwandten, die diese Ärzte in Schutz nahmen, und schließlich Čajkovskijs Homosexualität, die ihn ohnehin mit der zweideutigen Aura der Rätselhaftigkeit umgab – mußte all das einen günstigen Boden für phantastische Vermutungen über seinen angeblichen Selbstmord schaffen.

Zum Schluß wollen wir die Bilanz aus der Arbeit ziehen, die Alexandra Orlova geleistet hat: Wie wir gesehen haben, läßt das Vorgehen bei ihrer Analyse sehr zu wünschen übrig. Die Forscherin stützt sich auf einzelne Teile von Zeugnissen und Dokumenten, die sowohl aus dem historischen wie dem psychologischen Zusammenhang gerissen sind. Dabei läßt sie Material mit einem Inhalt, der ihr nicht paßt, völlig beiseite und läßt in den von ihr angeführten Zitaten diejenigen Stellen aus, die ihren Schlußfolgerungen widersprechen würden. Im übrigen ist ihre Darstellung nicht nur ungenau, sondern auch fehlerhaft. Daß eine solche Arbeit, die in ihrer Qualität nicht nur kein wissenschaftliches, sondern nicht einmal amateurhaftes Niveau erreicht, die große Resonanz finden konnte, die sie im Westen tatsächlich fand, läßt sich nur mit Sensationslust erklären.

Alexandra Orlova beendet ihren englischen Aufsatz mit einem Zitat, das angeblich aus dem gleichen Brief Lev Tolstojs an seine Frau stammt, in dem der Schriftsteller auf Čajkovskijs Tod reagiert, und sie schickt ihrem Aufsatz einen Ausschnitt daraus, den wir oben zitiert haben, als Epigraph voraus. In dem abschließenden Zitat heißt es angeblich (Rückübersetzung aus dem Englischen): *Der Klatsch hörte nicht auf. Er hörte nicht einen Tag, nicht ein Jahr lang auf. Aber trotzdem wuchs der Ruhm Čajkovskijs von Jahrzehnt zu Jahrzehnt. Die Geschmacksrichtungen änderten sich, die Mode änderte sich, aber Čajkovskijs Musik bewegte weiterhin die Herzen von Millionen von Hörern in der ganzen Welt.*[315]

Leider gibt es in bezug auf dieses Zitat ein offenkundiges Mißverständnis (etwas überhaupt nicht Seltenes, wie wir uns schon bei den Theorien der Forscherin überzeugen konnten). Die Sache ist die, daß der Brief von Lev Nikolaevič an Sof'ja Andreevna vom 26. November/8. Dezember 1893, den Alexandra Orlova zu Beginn ihres Aufsatzes zitiert, solch eine Passage überhaupt nicht enthält. Mehr noch: Wir konnten in der gesamten 90bändigen Akademie-Gesamtausgabe des Schriftstellers nichts Vergleichbares finden. So bleibt der Verfasser der Zeilen, die die Untersuchung über das »letzte Kapitel« in Čajkovskijs Leben beschließen, unbekannt.

Der Kontext von Alexandra Orlovas Verweisungen auf Meinungsäußerungen Tolstojs verstärkt den Eindruck, daß der große Schriftsteller über die Gerüchte um das angebliche Geheimnis, das den Tod des großen Komponisten umgab, auf dem laufenden war, daß er mit diesen Gerüchten sympathisierte und, wie es scheint, selbst an einen Selbstmord glaubte, wenn auch nicht an die »Verschwörung der Juristen« – daß er aber auf jeden Fall die offizielle Version in Zweifel zog.

Indessen wollen wir unsere eigenen Untersuchungen mit einem authentischen Zitat aus einem Brief beschließen, den L.N. Tolstoj am 3./15. November 1893 aus Jasnaja Poljana an N.N. Strahov schrieb. Dieses Zitat zeigt deutlich, daß Tolstoj die Wahrhaftigkeit von Modest Il'ičs Bericht, der in *Novoe vremja* erschienen war, vorbehaltlos akzeptierte. Er schreibt: *Heute las ich* [Modest] *Čajkovskijs Beschreibung von Krankheit und Tod seines berühmten Bru-*

ders. Diese Lektüre ist etwas, was uns nützlich ist: Leiden, grausame körperliche Leiden, Angst, ob das der Tod ist, Zweifel, Hoffnungen, die innere Überzeugung, daß er es ist, und trotzdem dabei unaufhörliche Leiden und Erschöpfung, Nachlassen der Empfindungsfähigkeit und fast ein Sich-Abfinden und Bewußtlosigkeit und unmittelbar vor dem Ende eine innere Vision, ein Klarwerden von allem »So ist es« und dann … das Ende. Das ist für uns eine notwendige, gute Lektüre. Es ist nicht so, daß man nur daran denken und nicht leben sollte; nein, man soll leben und arbeiten, aber immer mit einem Auge auf ihn [den Tod] *blicken und seiner gedenken, der zu allem Starken, Wahren und Guten anspornt.*[316]

Schluß

Der Umstand, daß uns ein Ereignis außerordentlich seltsam erscheint, kann an und für sich noch kein Grund für die Behauptung sein, daß es überhaupt nicht stattgefunden hat. Das Leben wie die Geschichte sind voller seltsamer Vorfälle. Wenn man bestrebt ist, in der Vergangenheit eine Tatsache von einem Hirngespinst zu trennen, muß man ein Ereignis in den Zusammenhang bringen, dessen es bedarf, und dabei, soweit man dazu imstande ist, bis in die kleinsten Details das kulturelle und historische Umfeld rekonstruieren, in dem es sich abgespielt hat. Erst danach darf man sich die Frage stellen, ob die betreffende Episode sich – vom Gesichtspunkt der Logik der Situation und der Motive der an ihr Beteiligten aus betrachtet – wirklich ereignen konnte. Mit anderen Worten: Das Problem muß unter dem Gesichtspunkt sowohl der Wahrscheinlichkeiten wie auch der Möglichkeiten untersucht werden, wobei der letztere Faktor entscheidend sein muß. Sherlock Holmes war nicht zufällig der Meinung, daß eine Untersuchung mit dem Ausschluß des Unmöglichen beginnt.

Das in diesem Beitrag zusammengestellte Material zeigt deutlich, daß die Chronik der Ereignisse während der letzten Wochen in Čajkovskijs Leben keinen Platz für eine »Verschwörung der Juristen« oder ein »Ehrengericht« läßt. Eine sorgfältige Erforschung des gesellschaftlichen und kulturellen Klimas der Epoche führt uns gleichermaßen zu der Überzeugung, daß nichts Derartiges geschehen konnte, wenn es aber wider Erwarten doch geschah, nicht vor aller Augen versteckt werden konnte. In dieser Hinsicht unterschied sich das Rußland vom Ende des 19. Jahrhunderts in verblüffender Weise vom sowjetischen Rußland. Schwieriger ist es, die menschliche Motivation aufzudecken: Hier haben wir es mit Dingen zu tun, die sich nicht berechnen lassen und die zu Konsequenzen führen können, die man am wenigsten erwartet hat. Selbst wenn Čajkovskij ein sexueller Skandal hätte drohen können (was keineswegs bewiesen ist), so ist doch das Verhalten, das die Legende den verschiedenen an diesem Skandal Beteiligten zuschreibt, unbedingt ohne jeden vernünftigen Sinn. Jeder von ihnen hatte vollauf die Möglichkeit, eine Handlungsweise zu wählen, die unvergleichlich viel einfacher und weniger gefährlich gewesen wäre. Was die Partei der (angeblich) Beleidigten, d. h. die Stenbok-Fermors, betrifft, so wäre es zweifellos in ihrem eigenen Interesse gewesen, sich mit Čajkovskij in aller Ruhe durch die Vermittlung eines Juristen zu einigen. Dem Beschuldigten selbst, einem Komponisten von Weltrang, hätte es auch im schlimmsten Falle (wenn ihm tatsächlich Entlarvung und Skandal gedroht hätten), offen gestanden, Rußland für mehr oder minder lange Zeit unter einem beruflichen Vorwand zu verlassen und zu warten, bis die Situation sich beruhigt haben würde.

Das entscheidende Argument gegen die Version, Čajkovskij habe sich vergiftet, ist offensichtlich die Frage nach der Wirkung des Giftes. Im Rußland des vorigen Jahrhunderts gab es kein leicht zugängliches Gift, das die Agonie des Opfers auf vier volle Tage verlängern konnte – außer dadurch, daß es während dieses ganzen Zeitraums in kleinen Dosen in den Organismus eingeführt wurde, und das war im Falle Čajkovskijs ganz unmöglich. Diese Tatsache allein widerlegt nicht nur die Phantasie vom »Ehrengericht“, sondern auch die Vermutung, der Komponist habe – freiwillig oder gezwungen – Selbstmord begangen, indem er Gift nahm.

Die Frage des Selbstmords, wenn man schon nicht von einer Hinrichtung reden will (zu einer solchen verurteilte das »Ehrengericht« den Komponisten der Legende nach), ist sozusagen eine juristische Frage: die Beweislast liegt bei der »Anklage« und nicht bei der »Verteidigung«, in unserem Falle also bei denen, die Čajkovskijs ehemalige Klassenkameraden einer ganzen Reihe von Verbrechen – der Verschwörung, der Erpressung und der Veranlassung zum Selbstmord – anklagen. Jedes in unseren Tagen tätige Geschworenengericht würde bei einer Analyse dieser seltsamen »Sache um die Ehre der Uniform« das Durcheinander von Gerüchten und Spekulationen, wie es Alexandra Orlova vorträgt, zweifellos nicht für hinreichend halten, um ein »Urteil« zu verkünden, ja, nicht einmal, um Anklage zu erheben. Was den Tod des Komponisten betrifft, so würde eine gerichtliche Untersuchung nach sorgfältiger Prüfung von jedem »Für« und »Wider« unausweichlich zu dem Schluß kommen: »natürlicher Tod«.

In seinen neuesten Äußerungen zu Čajkovskijs Tod besteht David Brown darauf, daß *kaum irgendwann neue Daten ans Licht kommen werden, die endgültig die Wahrheit* [oder das Gegenteil] *dieser außergewöhnlichen Episode* [d. h. des »Ehrengerichts«] *bestätigen* und daß man es folglich *nicht einfach ignorieren darf, wie das einige versucht haben.* Professor Brown irrt: Neuer Daten bedarf es überhaupt nicht. Es genügt, alle uns zur Verfügung stehenden und auf die Sache bezüglichen Fakten unparteiisch zu erforschen, um zu dem einzig richtigen Schluß zu kommen: Die »außergewöhnliche Episode« muß man gerade ihres phantastischen Charakters wegen ignorieren; denn Čajkovskij konnte in keiner Weise einer »Verschwörung« zum Opfer fallen, ebenso wie er sich nicht mit Gift das Leben nehmen konnte.

Deshalb bleibt den Anhängern der Selbstmordtheorie nur die Version (die u. a. beispielsweise Balanchine befürwortete), der Komponist habe russisches Roulette gespielt und sich absichtlich mit Cholera infiziert. Theoretisch ist das nicht unmöglich. Aber um eine solche Möglichkeit ins Kalkül zu ziehen, muß man zuvor beweisen, daß Čajkovskij am Tag vor seinem Tod eine schwere Krise durchmachte, die ihn in so große Verzweiflung stürzte, daß diese sich als stärker erwies als der ihm eigene Lebenshunger und Selbsterhaltungstrieb. In unseren Quellen hat sich aber bis jetzt auch nicht die geringste Andeutung von etwas Derartigem gefunden. Im Gegenteil sprechen, wie wir gesehen haben, alle Gründe für die Annahme, daß der Komponist zum Zeitpunkt seines Todes nicht nur den Gipfel seiner Anerkennung und seiner schöpferischen Möglichkeiten erreicht hatte, sondern auch in hohem Grade ein Gefühl emotionalen Glücks erlebte.

Čajkovskij war kein elitärer Künstler, dessen Schicksal für die große Masse wenig interessant gewesen wäre. Im Gegenteil, er war – wie kein anderer – ein Komponist, der in Rußland zu seinen Lebzeiten und nach seinem Tode überaus populär war und ist. Unter den eigentümlichen Bedingungen der »klassischen« Sowjetunion, in der die Behörden den Zugang zu Informationen über viele Themen, einschließlich der Biographien hervorragender Persönlichkeiten der Geschichte, bewußt beschränkten, wurde die mündliche Überlieferung häufig zur hauptsächlichen, wenn nicht ausschließlichen Informationsquelle.

Wie dem auch sei – sogar von offiziellen Quellen bestätigte Wahrheiten erschienen verdächtig, und die Einbildungskraft der Massen neigte dazu, sanktionierte Informationen zugunsten irgendwelcher extravaganter Gerüchte zu verwerfen. Es ist kein Geheimnis, daß – wenn er einmal öffentlich geworden war – ein ganzer Strom von Folklore, der sich um berühmte Persönlichkeiten der Geschichte rankte, die Mittel der Masseninformation überflutete. So wurden etwa Peter der Große und Katharina II. mittels komplizierter Methoden von ihren Favoriten ermordet; Nikolaj I. endete sein Leben durch Selbstmord, während umgekehrt Nikolaj II. von den Amerikanern aus bolschewistischer Gefangenschaft befreit wurde und erst vor kurzem in Florida starb; Stalin traf sich mit Hitler mitten im Krieg heimlich an den Ufern des Schwarzen Meers (das hatte jemand von jemandem gehört, dem es der Pseudo-Kapitän eines Kutters erzählt hatte, an dessen Bord dieses Gipfeltreffen angeblich stattgefunden hat). Es wird behauptet, drei große russische Dichter des 20. Jahrhunderts, Sergej Esenin, Vladimir Majakovskij und Marina Cvetaeva, die Selbstmord begingen, seien tatsächlich von Agenten des KGB oder des internationalen jüdischen Freimaurertums oder von diesen oder jenen ermordet worden (je nach dem, welche politischen Anschauungen die Kolporteure der Gerüchte hatten). Diese und ähnliche Beispiele demonstrieren, wie die Neigung der Massen zum Sensationellen wirkt, indem sie die Vergangenheit entgegen dem bekannten logischen Prinzip von Okkams Rasiermesser (»Occam's razor«) interpretiert, welches verlangt, daß man eine einfache, sich selbst genügende Erklärung einer überflüssigen, komplizierten vorzieht. Auf diese Weise wandelt sich ein natürlicher Tod in Selbstmord, Selbstmord in Mord und Mord in Verschwörung.

Der Hang zur Sensation ist natürlich kein ausschließlich russisches Phänomen. Dafür sind bis auf den heutigen Tag die fortdauernden Debatten über die Ermordung John F. Kennedys ein Beispiel, mehr noch ein Fall, der sich kürzlich ereignete: der Wirbel um den Leichnam des zwölften amerikanischen Präsidenten, Zachariah Taylor, der 1850 an einer Erkältung gestorben war. Auf Drängen einer engagierten Forscherin, die überzeugt war, Taylor sei von politischen Gegnern vergiftet worden, wurde im Juni 1991 eine Exhumierung vorgenommen; die sterblichen Überreste des Präsidenten wurden gerichtsmedizinisch untersucht. Das Ergebnis rief allgemeine Verlegenheit hervor, denn es war negativ: Zachariah Taylor war, wie sich herausstellte, eines natürlich Todes gestorben und nicht an einer Arsenvergiftung.

Möglicherweise gibt es Menschen, die der Meinung sind, auch die Kontroverse um Čajkovskijs Tod solle durch eine Exhumierung gelöst werden. Doch ist zu hoffen, daß Taktgefühl und gesunder Menschenverstand obsiegen, daß das Faktum des in tragischer Weise zufälligen Choleratodes Čajkovskijs, der nichts Sensationelles und Melodramatisches hat, allgemein anerkannt – und daß die Grabesruhe des Komponisten von niemandem gestört wird.

Anhang: Dokumente

Bulletins

24. Oktober 1893, 2.30 Uhr nachmittags

Die bedrohlichen Anfälle dauern an und lassen sich nicht behandeln; völlige Harnverhaltung bei schläfrigem Zustand und beträchtliche Schwäche; Durchfall zwar schwächer als vorher, aber immer noch sehr stark.

24. Oktober, 10.30 Uhr abends

Die Absonderung von Harn normalisierte sich nicht; Anzeichen einer Blutvergiftung durch Bestandteile des Harns sind außergewöhnlich ausgeprägt. Von 3 Uhr tags an schnell nachlassende Herztätigkeit und Trübung des Bewußtseins. Von 10 Uhr abends an kaum fühlbarer Puls und Wassergeschwulst in den Lungen.

25. Oktober, 1.30 Uhr nachts

Der Zustand des Patienten hat sich so verschlechtert, daß der Sanitätsarzt und Polizeibeamte im Haus erschienen.

Novosti i birževaja gazeta [Neuigkeiten und Börsenzeitung], 25. Oktober 1893
Peterburgskaja gazeta [Petersburger Zeitung], 25. Oktober 1893

Krankheit und Sterben P.I. Čajkovskijs

Nach Dr. N.N. Mamonov

Da wir möglichst genau wissen wollten, wie die Krankheit des verstorbenen Komponisten P.I. Čajkovskij und die Stunden vor seinem Tode verlaufen waren, wandten wir uns an den jungen Arzt N.N. Mamonov, den Assistenten des bekannten Leibarztes L.B. Bertenson, der den kranken P.I. Čajkovskij nicht verließ und dabei war, als er starb.

– Petr Il'ič Čajkovskij, – so sagte uns Dr. Mamonov – hatte immer eine Neigung zu Magenkrankheiten und war im vergangenen Sommer an einer Cholerine erkrankt. Ich muß Ihnen sagen, daß Petr Il'ič der Choleraepidemie sehr skeptisch gegenüberstand, und das war einer der Gründe für die Krankheit, die ihn vor der Zeit ins Grab brachte.

– Wann erkrankte Petr Il'ič?

– Am Mittwochmorgen klagte er schon über Appetitlosigkeit und allgemeines Unwohlsein, schenkte dem aber keine Beachtung … Am Donnerstag, ab 9 Uhr morgens, zeigte sich bei ihm eine starke Magenverstimmung, die sich nach dem Trinken von zwei Gläsern Wasser noch komplizierte. Von diesem Tag an wurde uns klar, welche schreckliche Krankheit Petr Il'ič befallen hatte. Gegen Abend desselben Tages traten Cholerakrämpfe auf und, was uns am meisten beunruhigte, Harnverhalten. Seine Angehörigen begannen ihn zu massieren, und das erleichterte den Zustand des Patienten etwas.

Die Nacht vom Donnerstag auf den Freitag verbrachte Petr Il'ič ziemlich ruhig, und die Krämpfe hörten auf. Der Sonnabend verlief erträglich, aber die Harnverhaltung beunruhigte uns weiterhin. Am Sonntagmorgen zeigten sich ganz deutlich Anzeichen einer Blutvergiftung durch Harn, und es wurde ein Wannenbad gemacht, das sehr schweißtreibend wirkte. Danach schien es dem Patienten besser zu gehen. Um 8 Uhr abends begann eine »Urämie«, und um 12 Uhr verfiel der Patient in Agonie … Das ist der Krankheitsverlauf von P.I. Čajkovskij.

– Befand sich Petr Il'ič während seiner Krankheit in bewußtlosem Zustand?

– Überhaupt nicht … Petr Il'ič war bei vollem Bewußtsein, aber er war natürlich deprimiert. Er befand sich oft in einem Dämmerzustand, aber man brauchte ihn nur zu fragen: »Wollen Sie trinken?« oder etwas anderes, und er erkannte den Sprechenden sofort und äußerte seinen Wunsch. In völlige Bewußtlosigkeit verfiel er etwa sieben Stunden vor seinem Tod …

– Erkannte der Verstorbene seinen Zustand?

– Ja, einen Tag vor seinem Ende sagte er mehrfach, daß er die Nähe des Todes fühle, und einmal sagte er: »Ich fürchte den Tod nicht, aber ich möchte doch noch etwas leben!«

– Wie war die Agonie?

– Sie war nicht sehr quälend, aber dafür dauerte sie sehr lange: Von 12 Uhr nachts bis 3 Uhr morgens.

– Hat der verstorbene Petr Il'ič in Ihrer Gegenwart irgendwelche Wünsche geäußert und was haben Sie überhaupt vor seinem Tode von ihm gehört?

– Er sprach wenig, und sein Bewußtsein war überhaupt gedrückt.

– Von welchem Moment an begann die künstliche Beatmung?

– Um 10 Uhr abends, und in den ersten zwei Stunden mußte man alle fünf Minuten die Kissen wechseln. Während seiner Krankheit bekam P.I. Čajkovskij aus der Apotheke 14 Kubikfuß Sauerstoff …

Nach N.N. Figner

Über die Ursachen von P.I. Čajkovskijs Krankheit ebenso wie über die Krankheit selbst und seinen Tod gehen in der Stadt widersprüchliche Gerüchte um. Um diesem Gerede, das größtenteils keinerlei faktische Grundlage hat, ein Ende zu machen, wandten wir uns an N.N. Figner, den begabten ersten Sänger unseres Opernensembles, der den Verstorbenen gut kannte und in den letzten Stunden seines Lebens bei ihm war …

– An allen Gerüchten ist nur das richtig – sagte uns Nikolaj Nikolaevič –, daß P.I. Čajkovskij an dem unheilvollen Abend, am Mittwoch, dem 20., im Restaurant Lejner zu Abend aß. Er aß dort Makkaroni. Zur Nacht stellte man ihm eine Karaffe Wasser hin, wie man das immer tat, weil er die Gewohnheit hatte, mit offenem Munde zu schlafen. Diese Nacht verbrachte er unruhig: Er bekam eine heftige Magenverstimmung. Petr Il'ič maß dem keine besondere Bedeutung bei, weil Ähnliches ihm auch schon früher passiert war, und nahm am Morgen, ohne jemand ein Wort gesagt zu haben, statt Rizinusöl, das er in solchen Fällen gewöhnlich nahm, Guniadi-Janos ein. Die Folge davon war ein besonders starker Durchfall, zu dem bald Erbrechen kam. Man schickte nach Dr. L.B. Bertenson, mit dem Petr Il'ič eng befreundet war. Lev Bernardovič kam unverzüglich und konstatierte die schlimmste Form der asiatischen Cholera; er versicherte, daß ihm diese Form der Cholera noch nie begegnet sei …

Überflüssig zu sagen, daß sofort alle Maßnahmen ergriffen wurden; man zog noch zwei Ärzte hinzu, so daß der Patient ununterbrochen ärztliche Hilfe hatte. Tatsächlich gelang es dank der unerhörten Anstrengungen der ihn behandelnden Ärzte, die Cholera auszukurieren. Der Patient verlor während dieser ganzen Zeit für keinen Augenblick das Bewußtsein; im Gegenteil – er zeigte selbst, wo genau er die Krämpfe hatte, und wenn eine akute Periode vorbei war, scherzte er sogar mit seiner Umgebung. Schon am Freitagabend hörten die Choleraanfälle auf, und die Hoffnung tauchte auf, daß die Genesung unseres Freundes nicht mehr sehr fern sei. Leider bewahrheitete sich die Vorhersage von Dr. Bertenson, für den der Ausgang der Krankheit schon am Samstagabend klar war. Die Cholera verschwand, aber sie machte einer Affektion der Nieren Platz, die ihrerseits eine Blutvergiftung nach sich zog und ... den Tod. Die letzten Stunden im Leben von Petr Il'ič waren wahrhaft schrecklich. Ich kann nicht ohne Schaudern an diese schwere Agonie denken, deren Zeuge ich war. Der Sterbende behielt fast bis zum letzten Augenblick das Bewußtsein. Man kann unmöglich die Qualen schildern, die seine Umgebung durchmachte, insbesondere der Bruder des Verstorbenen, Modest Il'ič, und L.B. Bertenson, die das Sterbebett bis zu dem schicksalhaften Augenblick nicht verließen ...

– Klagte Petr Il'ič nicht vorher über eine Unpäßlichkeit und war nicht die Erkrankung vom 20. Oktober die direkte Folge dieser Unpäßlichkeit?

– Ich sah Petr Il'ič zum letzten Mal vor seiner Krankheit am Montag im Mariinskij-Theater. Er war – wie gewohnt – in guter Stimmung, sprach von dem letzten Sinfoniekonzert und unserer geplanten Reise nach Paris (Petr Il'ič sollte zu einer Reihe von Konzerten mit meiner Frau und mir dorthin fahren).

– Hat er mit Ihnen nicht über seine weiteren Pläne gesprochen?

– Petr Il'ič hatte vor, am Donnerstag, dem 22. Oktober, in sein Landhaus nach Klin zu reisen, um sich an die Arbeit zu machen (hier [in St. Petersburg] arbeitete er niemals). Über seine geplanten oder unvollendeten Arbeiten sprach er überhaupt nicht gerne, nicht einmal mit seinen engsten Freunden. Ich weiß nur, daß er eine neue Oper schreiben wollte, und wenn nicht das verhängnisvolle Schicksal gewesen wäre, hätte er uns zweifellos noch mit vielen wertvollen Werken beschenkt ...

– Petr Il'ič hinterließ wahrscheinlich ein Testament?

– Soweit mir bekannt ist, hat er kein Testament gemacht. Und es gab auch nicht viel zu vermachen. Petr Il'ič starb, ohne etwas anderes zu hinterlassen als seine Werke. Er verdiente im Jahr bis zu 40 000 Rubel und versagte niemandem eine angemessene Hilfe. Fast seinen ganzen Verdienst gab er aus, aber davon sprach er nicht gern ...

[Nach N.I. Čajkovski]

Einer von P.I. Čajkovskijs Verwandten teilte uns folgende Details über die letzten Tage des Komponisten mit:

– Petr Il'ič schien in letzter Zeit sehr munter und klagte nicht über irgendwelche Krankheiten. Am Montag war er bei einer Aufführung des »Evgenij Onegin«, am Dienstag, dem 19. Oktober, im Kononov-Saal bei einer Vorstellung der Oper »Die Makkabäer« [von Anton G. Rubinštejn], am Mittwoch aß er bei einer Verwandten zu Mittag, dann sah er das »Heiße Herz« [Schauspiel von A.N. Ostrovskij] an, und in der Nacht wurde er krank. Am Donnerstag, gegen Mittag, zeigte sich die Cholera bei ihm in akutester Form: Erbrechen und Durchfall hörten bei ihm mehrere Stunden lang nicht auf. Es bedurfte besonderen Eifers der Ärzte, um den Kranken zu betreuen, der sich nicht einen Augenblick lang über seine Situation im unklaren war. Als die Ärzte am Sonntag gegen 3 Uhr mittags beschlossen, den Patienten in ein heißes Wannenbad zu setzen, bat Petr Il'ič sie, das nicht zu tun, da seine Mutter in einem heißen Wannenbad gestorben sei. Nach dem Bad sagte er mit schwacher Stimme: »Ich werde schwächer.« Weiter sagte er kein Wort, obwohl er offensichtlich nicht das Bewußtsein verlor. Erst zehn Minuten vor seinem Tode öffnete er die Augen; sein Blick blieb auf seinem Neffen und seinem Bruder ruhen. In diesem Blick war grenzenlose Liebe und kummervoller Abschied zu lesen. Nach einigen Minuten schlief Petr Il'ič für immer ein.

Novosti i birževaja gazeta, 26. Oktober 1893

P.I. Čajkovskijs Krankheit

Die widersprüchlichen Nachrichten, die in der Presse über die Krankheit des verstorbenen P.I. Čajkovskij erschienen, veranlaßten uns dazu, uns an Dr. L.B. Bertenson zu wenden, der die Behandlung des verstorbenen Komponisten leitete.

Auf unsere nachdrückliche Bitte hin teilte Dr. Bertenson uns folgendes mit:

– Ich wurde zu Petr Il'ič am Donnerstag, dem 21. Oktober abends von meinem Bruder Dr. V.B. Bertenson gerufen, der der Familie Čajkovskij nahestand und der ständige Arzt aller Familienmitglieder war. Ich kam gegen 10 Uhr abends in die Wohnung von M.I. Čajkovskij, wo sich Petr Il'ič befand, und traf den Verstorbenen im Zustand der sog. algidischen Periode der Cholera an. Das Krankheitsbild war unbedingt charakteristisch, und man mußte die Cholera sofort als sehr schwer erkennen. Wir begannen alle Mittel anzuwenden, die bei solch einem Zustand von der Wissenschaft angezeigt sind. Gegen 2 Uhr nachts gelang es uns zu erreichen, daß die Krämpfe, die bei meiner Ankunft so stark waren, daß der Kranke laut schrie, fast ganz aufhörten. Die Anfälle von Durchfall und Erbrechen wurden sehr viel seltener und schwächer. Ich fuhr nachts weg und ließ meinen Bruder bei dem Patienten. Während meiner Abwesenheit folgte am Freitag gegen Morgen eine neue Verschlechterung im Zustand von Petr Il'ič: Die Krämpfe erneuerten sich, und die Herztätigkeit ließ so sehr nach, daß mein Bruder sich gezwungen sah, Petr Il'ič eine subkutane Einspritzung von Moschus und Kampfer zu machen. Früh am Freitagmorgen löste mein Assistent Dr. Mamonov meinen Bruder ab, und um 11 Uhr vormittags kam ich. Der Zustand des Patienten war so, daß ich mich vom Aufhören der Anfälle überzeugen konnte, die den Patienten nachts mit dem Tode bedroht hatten.

– Wie fühlen Sie sich? fragte ich Petr Il'ič.

– Unvergleichlich viel besser, – antwortete er. – Ich danke Ihnen: Sie haben mich den Klauen des Todes entrissen …

Die Periode der Cholerakrämpfe konnte man als beendet ansehen. Leider trat die zweite Periode – die reaktionäre – nicht ein. Es muß gesagt werden, daß bei so schweren Formen der Cholera, wie sie Petr Il'ič hatte, die Nieren gewöhnlich aufhören zu funktionieren. Das geschieht infolge ihrer schnellen Degeneration. Von Beginn der Krankheit an zeigte sich bei dem Verstorbenen ein vollständiges Aufhören der Nierentätigkeit. Diese Erscheinung ist sehr gefährlich; denn sie zieht eine Vergiftung des Blutes durch Harnbestandteile nach sich. Indessen gab es am Freitag dafür noch keine deutlich ausgeprägten Anzeichen. Es wurden alle Mittel angewandt, um die Nierentätigkeit in Gang zu bringen, aber sie erwiesen sich alle als erfolglos. Nichtsdestoweniger wandte ich eins dieser Mittel – ein Wannenbad – bis zum Sonnabend nicht an, und zwar aus folgendem Grunde: Die Mutter des verstorbenen Petr Il'ič starb an Cholera und zwar gerade, als man sie in die Badewanne setzte. Dieser Umstand war Petr Il'ič bekannt, und in ihm wie in all seinen Verwandten hatte sich eine abergläubische Angst vor einem Wannenbad festgesetzt. Am Sonnabend wurden die Anzeichen einer Vergiftung durch Harn offensichtlich, wobei bei dem Patienten eine neue und ganz beträchtliche Verstärkung des Durchfalls auftrat, die schon auf einen paralytischen Zustand der Gedärme hinwies. Dieser Durchfall wirkte auf den Verstorbenen sehr bedrückend, und er wandte sich an mich mit den Worten:

– Gebt mich auf, quält euch nicht; ich werde sowieso nicht mehr gesund …

Ich wandte mich an Petr Il'ič mit dem Vorschlag, ein Wannenbad zu machen. Er stimmte gern zu. Als man ihn hineinsetzte, fragte ich:

– Ist Ihnen das Wannenbad nicht unangenehm?

– Im Gegenteil, es ist angenehm, – antwortete er, aber nach einiger Zeit klagte er über Schwäche und bat, ihn herauszunehmen.

Die unmittelbare Wirkung des Wannenbades war günstig: Es bildete sich warmer Schweiß, und mit ihm kam die Hoffnung, daß die Erscheinungen der Vergiftung durch Harn sich abschwächen und die Funktionen der Nieren sich wiederherstellen würden. Aber gegen Abend war diese Hoffnung dahin. Es traten Schlafsucht und ein plötzliches Nachlassen der Herztätigkeit ein, das so stark war, daß mein Assistent Dr. Zander, der bei Petr Il'ič geblieben war, dem Kranken Moschus spritzte und dann nach mir schickte. Ich fand Petr Il'ič im Zustand des Komas vor. Die Herztätigkeit hatte extrem nachgelassen; aus diesem Zustand konnte man ihn nur für ganz kurze Zeit befreien. So nahm er z. B., als man ihm ein Getränk anbot, dieses bei vollem Bewußtsein an, wobei er sagte: »Genug«, »noch mehr« usw. Um halb elf Uhr abends schwanden alle Hoffnungen auf die Möglichkeit einer günstigen Wendung im Verlauf der Krankheit ganz und gar. Die Schlafsucht wurde immer tiefer, der Puls blieb untastbar, trotz erneuter und häufiger subkutaner Spritzungen anregender Mittel. Um 2 Uhr nachts begann die Agonie, und um 3 Uhr nachts starb Petr Il'ič.

Novoe vremja, 27. Oktober 1893

Die letzten Tage im Leben P.I. Čajkovskijs

(Brief an den Redakteur)

Sehr geehrter Herr! Um alle widersprüchlichen Gerüchte über die letzten Tage im Leben meines Bruders aus der Welt zu schaffen, halte ich es für notwendig, Ihnen einen möglichst vollständigen Bericht von allem, dessen Zeuge ich war, zur Veröffentlichung zu übergeben.

Am Mittwochabend [20. Oktober 1893] war mein Bruder in einer Vorstellung von [A.N. Ostrovskijs Schauspiel] »Gorjačee serdce« [»Das heiße Herz«]. Aus dem Theater fuhr er mit unseren Neffen, den Grafen Litke, und Baron Buksgevden [Buxhövden] ins Restaurant Lejner. Ich sollte später dorthin kommen, und als ich nach etwa einer Stunde eintraf, fand ich alle genannten Personen in Gesellschaft von I.F. Gorbunov, A.K. Glazunov und F.F. Mjul'bah [Mühlbach] vor. Alle hatten das Abendessen schon beendet, aber ich erfuhr, daß mein Bruder Makkaroni gegessen und dazu, seiner Gewohnheit nach, Weißwein und Mineralwasser getrunken hatte. Das Abendessen hatte nicht sehr lange gedauert, und zwischen 1 und 2 Uhr gingen wir beide zu Fuß nach Hause. Petr Il'ič war ganz gesund und ruhig.

Morgens, am Donnerstag, dem 21. [Oktober], war Petr Il'ič, als ich aus meinem Schlafzimmer kam, nicht – wie gewohnt – im Gastzimmer beim Tee, sondern in seinem Zimmer und klagte mir gegenüber, er habe infolge einer Magenverstimmung eine schlechte Nacht gehabt. Mich beunruhigte das nicht besonders, weil er sehr oft solche Verstimmungszustände hatte, sie immer sehr heftig auftraten und sehr schnell wieder vergingen. Gegen 11 Uhr zog er sich um und ging zu Napravnik, kehrte aber nach einer halben Stunde, ohne bei ihm [Napravnik] angekommen zu sein, wieder zurück und beschloß, irgendwelche Maßnahmen zu ergreifen – außer dem Flanell, den er vorher angezogen hatte. Ich schlug ihm vor, nach Vasilij Bernardovič Bertenson, seinem Lieblingsarzt, zu schicken, aber er lehnte das schroff ab. Ich bestand nicht darauf, weil ich wußte, wie er an derartige Erkrankungen gewöhnt war und sie immer ohne jemandes Hilfe glücklich wieder loswurde. Gewöhnlich half ihm in solchen Fällen Rizinusöl. Da ich überzeugt war, daß er auch diesmal dazu greifen würde, und wußte, daß es jedenfalls keinen Schaden anrichten würde, war ich in bezug auf seinen Zustand ganz ruhig, ging meiner Arbeit nach und sah ihn bis 1 Uhr mittags nicht wieder. Nach dem Frühstück hatte er ein geschäftliches Treffen mit F.F. Mjul'bah. Auf jeden Fall war Petr Il'ič in der Zeit von 11 bis 1 Uhr mittags so frisch, daß er zwei Briefe schreiben konnte; was aber den dritten betraf, so hatte er keine Geduld, ausführlich zu schreiben, und beschränkte sich auf eine kurze Notiz. Beim Frühstück hatte er keine Abneigung gegen Speisen.

Er saß bei uns und aß offenbar nur darum nicht, weil ihm bewußt war, daß das schädlich sein könnte. Beim Frühstück teilte er uns mit, daß er statt Rizinusöl Guniadi-Wasser eingenommen habe. Ich glaube, daß dieses Frühstück eine schicksalhafte Bedeutung hatte, weil er sich während der Unterhaltung über die eingenommene Arznei ein Glas Wasser einschenkte und davon trank. Das Wasser war nicht abgekocht. Wir waren alle erschrocken; nur er blieb dem gegenüber gleichgültig und beruhigte uns. Von allen Krankheiten fürchtete er die Cholera immer am wenigsten. Gleich danach mußte er hinausgehen, weil ihm übel wurde. Er kam nicht mehr ins Gastzimmer zurück, sondern legte sich in seinem Zimmer hin, um den Leib zu wärmen. Nichtsdestoweniger waren weder er selbst noch wir, die wir um ihn waren, im geringsten beunruhigt. All das hatte es oft schon früher gegeben. Zwar wurde die Verstimmung stärker; aber wir schrieben das der Wirkung des bitteren Wassers zu. Ich schlug erneut vor, nach V.B. Bertenson zu schicken, bekam aber wieder ein strenges Verbot, das zu tun; außerdem wurde ihm nach einiger Zeit besser. Er bat, daß wir ihn schlafen ließen, blieb allein in seinem Zimmer und schlief, wie ich vermutete, ein. Nachdem ich mich überzeugt hatte, daß in seinem Schlafzimmer alles ruhig sei, ging ich meiner Arbeit nach und war bis 5 Uhr nicht zu Hause. Als ich zurückkam, hatte die Krankheit sich so sehr verschlimmert, daß ich trotz seines Protestes nach V.B. Bertenson schickte. Nichtsdestoweniger gab es keine schrecklichen Anzeichen einer tödlichen Krankheit.

Gegen 6 Uhr verließ ich Petr Il'ič wieder, nachdem ich ihm eine wärmende Kompresse auf den Leib gelegt hatte. Um 8 Uhr, als ich zurückkam, war [mein Diener] Nazar Litrov dabei, ihn zu pflegen, er hatte angeordnet, man solle ihn aus seinem kleinen Schlafzimmer in das geräumige Gastzimmer bringen, weil in dieser Zeit, d. h. zwischen 6 und 8 Uhr, das Erbrechen und der Durchfall auf einmal so heftig geworden waren, daß Litrov, ohne auf den Arzt zu warten, nach dem ersten besten geschickt hatte. Aber an Cholera dachte trotzdem niemand.

Um 8.15 Uhr kam V. Bertenson. Durchfall und Erbrechen wurden immer häufiger, aber der Patient hatte noch so viel Kraft, daß er ungehindert aufstehen konnte, sooft das notwendig war. Da man keine der Ausscheidungen aufgehoben hatte, konnte der Arzt zunächst keine Cholera feststellen, überzeugte sich aber sofort von dem äußerst ernsten und schweren Charakter der Krankheit. Er ordnete alles an, was in solchen Fällen notwendig ist, hielt es dann aber für nötig, sofort seinen Bruder, Lev Bernardovič Bertenson, hinzuzuziehen. Die Situation wurde immer schrecklicher. Die Ausscheidungen erfolgten häufiger und sehr stark. Die Schwäche nahm so zu, daß der Patient schon nicht mehr imstande war, sich zu bewegen. Besonders unerträglich war das Erbrechen; währenddessen und einige Augenblicke danach wurde er rasend und schrie laut. Dabei klagte er kein einziges Mal über Schmerzen in der Bauchhöhle, sondern nur über einen unerträglich furchtbaren Zustand in der Brust, wobei er einmal, zu mir gewandt, sagte: »Das scheint der Tod zu sein. Leb wohl, Modja!« Dann wiederholte er diese Worte noch einige Male. Nach jeder Ausscheidung sank er im Zustand völliger Erschöpfung auf das Bett. Es gab aber noch keine blaue Verfärbung und keine Krämpfe.

Zwischen 10 und 11 Uhr kam Lev Bertenson zusammen mit seinem Bruder und diagnostizierte nach einer Untersuchung des Patienten und seiner Ausscheidungen Cholera. Man schickte unverzüglich nach einem Arztgehilfen. Zusammen mit uns und den Ärzten befanden sich acht Personen bei dem Patienten: Die [beiden] Grafen Litke, unser Neffe [Vladimir] Davydov, mein Diener Nazar Litrov, der Arztgehilfe und ich. Zwischen 11 und 12 Uhr begann Petr Il'ič schreiend über Krämpfe zu klagen. Mit gemeinsamen Anstrengungen begannen wir ihn zu massieren. Die Krämpfe traten bei vollem Bewußtsein des Patienten plötzlich an verschiedenen Stellen des Körpers auf, und der Patient bat, ihm einmal diesen, dann einen anderen Körperteil zu massieren. Sein Kopf und die Extremitäten begannen sehr blau zu werden und wurden ganz kalt. Kurz vor dem Auftreten der ersten Krämpfe fragte Petr Il'ič mich: »Ist das Cholera?« Ich verheimlichte ihm aber die Wahrheit. Doch als er hörte, wie man Anweisungen für Vorbeugungsmaßnahmen gegen Ansteckung gab, und als er sah, wie wir – auf Drängen der Ärzte – weiße Schürzen angezogen hatten, rief er aus: »Da ist sie also, die Cholera!« Mehr Details über diese Krankheitsphase zu berichten ist schwierig. Bis 5 Uhr morgens war das ein ununterbrochener Kampf mit Krämpfen und Erstarrung, die, je länger [sie andauerten], desto weniger auf energische Abreibung und künstliche Erwärmung des Körpers reagierten. Es gab einige Momente, in denen scheinbar der Tod eingetreten war, aber das Einspritzen von Moschus und Klistiere aus Tannin belebten den Kranken wieder.

Gegen 5 Uhr begann die Krankheit zu weichen; der Patient wurde relativ ruhig, klagte nur über Atembeschwerden. Davor waren am schrecklichsten die Augenblicke, in denen er über Schmerzen in der Herzgegend und über Atemnot klagte; dann hörte das auf. Das Erbrochene und die Ausscheidungen verloren ihr schreckliches Aussehen, wiederholten sich aber ziemlich häufig. Krämpfe traten auf, wenn er sich bemühte, irgendwelche Bewegungen zu machen. Er bekam Durst, dabei sagte er, daß sich ihm das Trinken in der Einbildung sehr viel angenehmer darstelle, als es in Wirklichkeit sei. Kaum gab man ihm mit Teelöffeln etwas zu trinken, wandte er sich widerwillig ab, aber nach einigen Minuten bat er erneut darum.

Überhaupt beunruhigte es ihn, daß die Art, in der sich die Krankheit äußerte, in seiner Umgebung so viel Unruhe hervorrief. Zwischen den heftigsten Anfällen entschuldigte er sich gleichsam für die Mühe, die er machte, dafür, daß einige Einzelheiten Ekel hervorriefen, und er blieb so weit bei Bewußtsein, daß er zeitweise sogar scherzte. So wandte er sich einmal an seinen Liebling, den Neffen [Vladimir Davydov], mit den Worten: »Ich fürchte, du wirst nach all diesen Schweinereien jede Achtung vor mir verlieren.« Die ganze Zeit über versuchte er alle zu überreden, sich schlafen zu legen, und bedankte sich für jeden kleinsten Dienst. Früh am Morgen, sobald es nur möglich war, die Pflege des Kranken zu unterbrechen, ließ V.B. Bertenson durch mich die Polizei mündlich über das Geschehene informieren.

Am Freitag, dem 22. Oktober, um 9 Uhr morgens löste Dr. N.N. Mamonov Vasilij Bertenson ab, der meinen Bruder keinen Augenblick verlassen hatte. Zu dieser Zeit hielt etwa eine Stunde lang eine relative Ruhe an. Vasilij Bernardovič übergab Dr. Mamonov die Krankengeschichte und fuhr ab, ohne das Erwachen meines Bruders abgewartet zu haben. Zu dieser Zeit verging die blaue Färbung, aber auf seinem Gesicht waren schwarze Flecken, die sehr schnell wieder verschwanden. Es gab eine erste Erleichterung. Wir alle atmeten auf, aber die Anfälle wiederholten sich, wenn auch sehr viel seltener, und waren von Krämpfen begleitet. Auf jeden Fall war sein Befinden so viel besser, daß er sich als gerettet betrachtete. So sagte er zu Lev Bernardovič, der gegen 11 Uhr kam: »Ich danke Ihnen; Sie haben mich den Klauen des Todes entrissen. Es geht mir unvergleichlich viel besser als in der ersten Nacht.« Diese Worte wiederholte er im Verlauf dieses und des folgenden Tages mehrfach. Die von Krämpfen begleiteten Anfälle hörten gegen Mittag endgültig auf. Um 3 Uhr mittags löste Dr. A.L. Zander Dr. Mamonov ab. Die Krankheit hatte sich scheinbar heilen lassen, aber jetzt befürchteten die Ärzte schon das zweite Stadium der Cholera – Nierenentzündung und Typhus –, obwohl es in diesen Augenblicken noch keinerlei Anzeichen weder für die eine noch für die andere Krankheit gab. Die Leiden äußerten sich nur in einem unlöschbaren Durst. Dieser Zustand hielt bis zum Abend an und besserte sich zur Nacht hin so weit, daß Dr. Mamonov, der gekommen war, um Zander abzulösen, darauf bestand, daß wir alle uns schlafen legten, da er für diese Nacht keine bedrohlichen Symptome voraussehe.

Am Sonnabend, dem 23., morgens gab es keine Besserung im seelischen Zustand des Patienten. Seine Stimmung schien gedrückter als am Tag zuvor. Er hatte den Glauben an seine Genesung verloren. »Lassen Sie mich«, sagte er zu den Ärzten, »Sie können sowieso nichts ausrichten; ich werde nicht wieder gesund.« Im Umgang mit seiner Umgebung begann sich eine gewisse Gereiztheit zu zeigen. Am Tag zuvor hatte er noch mit den Ärzten gescherzt, mit ihnen wegen der Getränke verhandelt, aber an diesem Tag erfüllte er nur ergeben ihre Vorschriften. Die Ärzte begannen alle Anstrengungen aufzuwenden, um die Nierentätigkeit in Gang zu bringen; aber alles war umsonst. Wir alle setzten große Hoffnung auf das warme Wannenbad, das L. Bertenson ihm am Abend verordnete. Es muß gesagt werden, daß unsere Mutter 1854 an Cholera gestorben war und der Tod sie in dem Augenblick ereilte, als man sie in die Badewanne setzte. Mein älterer Bruder Nikolaj Il'ič und ich hatten unwillkürlich eine abergläubische Angst vor dieser notwendigen Maßnahme. Unsere Angst wurde noch größer, als wir erfuhren, daß Petr Il'ič auf die Frage des Arztes, ob er ein Bad nehmen wolle, antwortete: »Ich würde mich sehr gern waschen, aber ich werde sicher sterben wie meine Mutter, wenn Sie mich in die Badewanne setzen.« An diesem Tag konnte man kein Bad bereiten, weil der Durchfall sich wieder verschlimmerte, unkontrolliert wurde und der Patient schwächer wurde. Lev Bernardovič fuhr nach 2 Uhr nachts weg, unzufrieden mit der Lage der Dinge. Nichtsdestoweniger verlief die Nacht relativ gut. Nach zwei Klistieren wurde der Durchfall sehr viel schwächer, aber die Nieren funktionierten weiterhin nicht.

Gegen Morgen, am Sonntag, dem 24., war die Lage dennoch nicht hoffnungslos, aber die Beunruhigung der Ärzte wuchs weiter wegen des Nierenversagens. Das Befinden Petr Il'ičs war sehr schlecht. Auf alle Fragen, wie es ihm gehe, antwortete er einige Male: »Abscheulich.« Zu Lev Bernardovič sagte er: »Wieviel Güte und Geduld wenden Sie vergeblich auf. Man kann mich nicht heilen.« Er schlief mehr, aber unruhig und schwer; er phantasierte etwas und wiederholte ständig den Namen von Nadežda Filaretovna fon-Mekk – zornig und vorwurfsvoll. Dann war er still, und es war, als ob er auf etwas lausche; bald runzelte er gespannt die Augenbrauen, bald schien er zu lächeln. Das Bewußtsein kehrte nach dem Schlaf irgendwie schwerer zurück als an den anderen Tagen. So erkannte er seinen Diener [Aleksej] Sofronov, der an diesem Morgen aus Klin gekommen war, nicht sofort, freute sich [dann] aber doch, ihn zu sehen. Die Lage blieb bis 1 Uhr mittags für seine Umgebung ohne sichtbare Veränderungen. Es gab keinen Tropfen Urin, so daß man ihn kein einziges Mal untersuchen konnte. Um 1 Uhr mittags kam Lev Bernardovič und erkannte sofort die Notwendigkeit, zu dem – wie uns schien – äußersten Mittel zu greifen, um die Nierentätigkeit wieder in Gang zu bringen, nämlich zu einem Wannenbad. Um 2 Uhr war das Bad fertig. Petr Il'ič lag im Halbschlaf, während man es in demselben Zimmer vorbereitete. Man mußte ihn wecken. Er schien anfangs nicht ganz klar zu begreifen, was man mit ihm machen wollte, aber dann war er mit dem Bad einverstanden und, nachdem man ihn hineingesetzt hatte, nahm er alles, was vor sich ging, mit vollem Bewußtsein auf. Auf die Frage des Arztes, ob ihm das warme Wasser nicht unangenehm sei, antwortete er: »Im Gegenteil – es ist angenehm.« Aber sehr bald begann er darum zu bitten, man möge ihn herausnehmen, und sagte, daß er schwächer werde. Und tatsächlich nahmen seine Bewußtlosigkeit und sein Schlaf von dem Augenblick an, als man ihn aus der Wanne nahm, einen ganz besonderen Charakter an. Das Bad hatte nicht die erwartete Wirkung, obwohl es zu starker Schweißabsonderung führte; nach den Worten der Ärzte schwächte es gleichzeitig für eine gewisse Zeit die Anzeichen der Blutvergiftung durch Harnstoff ab. Die Schweißabsonderung hielt an, aber zur gleichen Zeit wurde der Puls, der bis jetzt relativ regelmäßig und lückenlos gewesen war, wieder schwächer. Man mußte wieder Moschus spritzen, um die nachlassenden Kräfte zu stärken. Das gelang: Trotz der Schweißabsonderung wurde der Puls wieder kräftiger; der Patient wurde ruhiger. Bis 8 Uhr [abends] verbesserte sich der Zustand, wie uns schien. Aber bald nachdem Dr. Mamonov weggefahren war, so gegen 8.15 Uhr, bemerkte Dr. Zander, der ihn abgelöst hatte, wieder ein starkes Nachlassen des Pulses und wurde so unruhig, daß er es für notwendig hielt, sofort Lev Bernardovič zu benachrichtigen. Der Patient befand sich zu dieser Zeit in einem, wie die Ärzte sich ausdrückten, Zustand des Komas, so daß mir, als ich zu ihm ins Zimmer kam, der Arzt riet, ihn keinen Augenblick mehr allein zu lassen. Sein Kopf war kalt, der Atem ging schwer und war von Stöhnen begleitet, wobei es aber doch möglich war, ihn mit der Frage »Möchten Sie trinken?« für einen Augenblick zu Bewußtsein zu bringen. Er antwortete: »Ja« oder »natürlich«, dann sagte er von selbst: »Genug«, »nein«, »nicht nötig«. Kurz nach 10 Uhr konstatierte Dr. Zander eine beginnende Wassergeschwulst in den Lungen, und bald danach kam Lev Bernardovič. Auf Wunsch von Nikolaj Il'ič wurde nach einem Priester der Isaaks-Kathedrale geschickt. Durch verstärkte Spritzen zur Anregung der Herztätigkeit konnte man den Sterbenden in dem Zustand erhalten, in dem er sich [nun] befand. Jede Hoffnung auf eine Besserung schwand. Der Priester, der mit den heiligen Gaben kam, fand es in Anbetracht seiner Bewußtlosigkeit unmöglich, Petr Il'ič das Abendmal zu reichen, und las nur laut und deutlich die Sterbegebete, von denen offensichtlich kein einziges Wort in sein Bewußtsein drang. Bald danach zeigte sich bei dem Sterbenden eine besondere Art von Bewegung in den Fingern, so als ob er an verschiedenen Stellen des Körpers einen Juckreiz spürte.

Die Ärzte wandten weiterhin unermüdlich alle möglichen Mittel an, um die Herztätigkeit zu verlängern, so als erwarteten sie noch ein Wunder der Genesung. Zu dieser Zeit befanden sich folgende Personen am Sterbebett: drei Ärzte, die beiden Brüder Litke, Buksgevden, N.N. Figner, Beul', V. Davydov, der Diener meines Bruders Sofronov, Litrov, dessen Frau, der Arztgehilfe, mein Bruder Nikolaj und ich. Lev Bernardovič befand, daß dies zu viele Menschen für das kleine Zimmer seien. Man öffnete das Fenster. Figner und Beul' fuhren weg. Bertenson sah alle Hoffnung für verloren an und fuhr im Zustand äußerster Erschöpfung ebenfalls weg. Die Aufsicht über die letzten Augenblicke überließ er N.N. Mamonov. Die Atemzüge wurden immer seltener, obwohl man ihn mit Fragen, ob er trinken wolle, offenbar immer wieder zu Bewußtsein bringen konnte. Aber er antwortete nicht mehr mit Worten, sondern nur mit bejahenden und verneinenden Lauten. Plötzlich öffneten sich seine Augen, die bis dahin halb geschlossen waren und hin- und herrollten. Sein Gesicht nahm einen unbeschreiblichen Ausdruck klaren Bewußtseins an. Er richtete seinen Blick der Reihe nach auf die drei ihm am nächsten stehenden Personen, dann hob er ihn zum Himmel. Für einige Augenblicke leuchtete in seinen Augen etwas auf und erlosch mit einem letzten Seufzer. Es war kurz nach 3 Uhr morgens.

M. Čajkovskij

Novosti i birževaja gazeta, 1. November 1893
Novoe vremja, 1. November 1893

Anmerkungen

Abkürzungen

ČD: *Čajkovskij, Dnevniki* (»Die Tagebücher«), hg. von I.I. Čajkovskij, Moskau und Petrograd 1923, Nachdruck: St. Petersburg 1993; englisch: *P. Tchaikovsky, The Diaries*, hg. von Vladimir Lakond, New York 1945; deutsch: *Peter Tschaikowski, Die Tagebücher*, hg. von Ernst Kuhn, Berlin 1992.

ČJu 1–2: *P.I. Čajkovskij, Perepiska s P.I. Jurgensonom* (»Briefwechsel mit P.I. Jurgenson«), hg. von V.A. Ždanov und N.T. Žegin, 2 Bände, Moskau 1938–1952.

ČM 1–3: *P.I. Čajkovskij, Perepiska s N.F. fon-Mekk* (»Briefwechsel mit N.F. von Meck«), hg. von V.A. Ždanov und N.T. Žegin, 3 Bände, Moskau 1934–1936.

ČPSS 1–63: *P.I. Čajkovskij, Polnoe sobranie sočinenij* (»Sämtliche Werke«), Band 1–62, Moskau (und Leningrad) 1940–1971; Band 63 (Kirchenmusik), Moskau 1990.

ČR: *P.I. Čajkovskij, Pisma k rodnym* (»Briefe an die Familie«), Band 1 (1850–1879), hg. von V.A. Ždanov, Moskau 1940 (Band 2 ist nicht erschienen; die Korrekturfahnen werden im Archiv des GDMČ aufbewahrt).

DiG: *Dni i gody P.I. Čajkovskogo. Letopis' žizni i tvorčestva* (»Tage und Jahre P.I. Čajkovskijs. Chronik des Lebens und Schaffens«), hg. von Ė. Zajdenšnur, V. Kiselev, A. Orlova und N. Šemanin, Leitung: V. Jakovlev, Moskau und Leningrad 1940.

GDMČ: Gosudarstvennij Dom-muzej P.I. Čajkovskogo v Klinu (Staatliches Čajkovskij-Haus-Museum in Klin, Bezirk Moskau).

VČ: *Vospominanija o P.I. Čajkovskom* (»Erinnerungen an P.I. Čajkovskij«), zusammengestellt von E.E. Bortnikova, K.Ju. Davydova und G.A. Pribegina, hg. von Vl.V. Protopopov, ^{1}Moskau 1962, ^{4}Leningrad 1980.

Žizn'Č: Modest Čajkovskij, *Žizn' Petr Il'iča Čajkovskogo,* 3 Bände, Moskau 1900–1902; deutsch von Paul Juon: Modest Tschaikowsky, *Das Leben Peter Iljitsch Tschaikowsky's,* 2 Bände, Moskau/Leipzig 1900–1903.

*

1 Lev Nikolaevič Tolstoj, *Polnoe sobranie sočinenij v 90 tomach* (»Sämtliche Werke in 90 Bänden«), Moskau 1929–1964, Bd. 18, S. 185.

2 VČ, [1]1962, S. 377; [4]1980, S. 345.

3 ČR, S. 442. Der 2. Band blieb nur in Korrekturfahnen erhalten. Er wird im GDMČ aufbewahrt und nach den Fahnen zitiert.

4 Zu diesen Personen kann man den Ballettmeister George Balanchine rechnen, der eine eigene Theorie vom Selbstmord des Komponisten hatte, nämlich »Russian roulette« (siehe Solomon Volkov, *Balanchine's Tchaikovsky*, New York 1985, S 219–226), ferner den Schriftsteller Jurij Markovič Nagibin (Ju. M. Nagibin, *Čajkovskij – final' tragedii* (»Čajkovskij – das Finale der Tragödie«), *Megalopolis-Express* 1990, Nr. 16).

5 Siehe Nina Nikolaevna Berberova, *Kursiv moj* (»Kursive von mir«), New York 1983, II, S. 516–517; Vladimir Volkoff, *Tchaikovsky*, Boston 1975, S. 288–301.

6 VČ 1980, S. 328.

7 Žizn'Č 3, S. 643.

8 ČJu II, S. 273.

9 *Russkaja muzykal'naja gazeta* (»Russische Musikzeitung«) 1894, Nr. 1, S. 17–18. Siehe auch den Bericht über das Konzert in der Zeitung *Novoe vremja* (»Neue Zeit«) vom 7./19. November 1893, S. 4.

10 Nikolaj Andreevič Rimskij-Korsakov, *Letopis' moej muzykal'noj žizni (1844–1906)* (»Chronik meines musikalischen Lebens«), in: *Polnoe sobranie sočinenij* (»Sämtliche Werke«), Bd. 1, Moskau 1955, S. 194. Aus dem Zitat ist zu ersehen, daß Rimskij-Korsakov der Reaktion des breiten Publikums nüchtern gegenüberstand und ihr nicht traute. Indessen versuchen einige Forscher, den Eindruck zu erwecken, daß der Komponist nicht von Čajkovskijs Choleratod überzeugt war. Sie reißen dieses Zitat völlig aus dem Zusammenhang und stutzen es bis zur Unkenntlichkeit zurecht: [...] *das plötzliche Ende* [...] *das alle möglichen Gerüchte hervorrief.*

11 Noch bevor im Jahre 1980 eine neue Version dieser alten Geschichte auftauchte, wurden die Gerüchte von dem bedeutenden amerikanisch-russischen Musikwissenschaftler Nikolas Slonimsky diskutiert und widerlegt (N. Slonimsky, *Further Light on Tchaikovsky*, in: *Musical Quarterly* 24 [1938], S. 139–142). Siehe auch: N. Slonimsky, *Bakers Biographical Dictionary of Musicians*, New York [7]1984, S. VII–IX, XXVIII, 2283 (Vorworte zur 6. und 7. Auflage). In kategorischer Form wurden die Gerüchte – als jeder Grundlage entbehrend – von folgenden Personen widerlegt: Von Čajkovskijs behandelndem Arzt Vasilij Bernardovič Bertenson in seinen Memoiren (siehe V.B. Bertenson, *Za tridcat' let* [»Vor dreißig Jahren«], St. Petersburg 1914, S. 99), von Anatolij Il'ič Čajkovskijs Frau Praskov'ja in ihren Memoiren, die auf englisch veröffentlicht wurden (siehe *Music and Letters*, vol. 21, 1940, Nr. 2, S. 109), von Čajkovskijs Neffen Jurij L'vovič Davydov in *Poslednie dni žizni P.I.*

Čajkovskogo (»Die letzten Tage im Leben P.I. Čajkovskijs«), die speziell mit dem Ziel der Widerlegung dieser Gerüchte geschrieben wurden (siehe VČ 1980, S. 326–337), von dem Musiker Nikolaj Konstantinovič Av'erino in seinem Aufsatz *Moi vospominanija o Čajkovskom* (»Meine Erinnerungen an Čajkovskij«), in: *Vozroždenie* (»Wiedergeburt«), Bd. 16, 1951, S. 104–105, und den Biographen Herbert Weinstock (*Tchaikovsky*, New York 1943, S. 36) und Vladimir Volkov (*Tchaikovsky*, a.a.O., S. 92).

12 Siehe *Baker's Biographical Dictionary of Musicians*, ^{7}1984, S. XXVIII.

13 Alexandra Orlova, *Tajna žizni Čajkovskogo* (»Das Geheimnis von Čajkovskijs Leben«), in: *Novyj amerikanec* (»Der neue Amerikaner«, Wochenblatt), Nr. 39, New York, 5.–11. November 1980, S. 20–21, im folgenden zitiert als *Tajna žizni*; A. Orlova, *Tajna smerti Čajkovskogo* (»Das Geheimnis von Čajkovskijs Tod«), ebendort, Nr. 40, 12.–18. November 1980, S. 22–23, im folgenden zitiert als *Tajna smerti*; A. Orlova, *Cholera ili samoubijstvo* (»Cholera oder Selbstmord«), ebendort, Nr. 75, 19.–25. Juli 1981, S. 38–42, im folgenden zitiert als *Cholera ili samoubijstvo*; A. Orlova, *Ešče raz o smerti Čajkovskogo* (»Noch einmal über Čajkovskijs Tod«), in: *Novoe russkoe slovo* (»Neues russisches Wort«), 13. Januar 1981, S. 4. – Vgl. auch A. Orlovas Aufsätze *Poslednie dni Čajkovskogo* (»Čajkovskijs letzte Tage«; in: Wochenblatt *Semj dnej* [»Sieben Tage«] Nr. 7, New York, 16. Dezember 1983, S. 44–49) und *Tajna žizni i smerti Čajkovskogo* (»Das Geheimnis von Čajkovskijs Leben und Tod«; in: *Kontinent* Nr. 53, Paris 1987, S. 311–335). – Im Oktober 1991 wurde der Aufsatz aus *Kontinent* in dem St. Petersburger Wochenblatt *Niva* (»Feld«) nachgedruckt. – Zum letztenmal trat die Autorin in der Presse mit dem Aufsatz *Vosstanavlivaja gor'kuju pravdu* (»Indem wir die bittere Wahrheit wiederherstellen«) hervor (in: *Novoe russkoe slovo*, 6./7./8. November 1992).

14 Siehe Joel Spiegelman, *The Trial, Condemnation and Death of Tchaikovsky*, in: *High Fidelity*, vol. 31, 1981, Nr. 2, S. 49–81; im folgenden zitiert als *Trial*.

15 A. Orlova, *Tchaikovsky. The Last Chapter*, in: *Music and Letters*, vol. 62, Nr. 2, London 1981, S. 122–145; im folgenden zitiert als *Last Chapter*. Die Theorie von Čajkovskijs Selbstmord wird auch in dem letzten Kapitel ihres Buches *Tchaikovsky. A Self-Portrait* (Oxford 1990, S. 406–414) dargelegt. Diese Veröffentlichung fügt den Streitigkeiten um Čajkovskijs Tod nichts Neues hinzu, da sie eine Übersetzung ihres Aufsatzes aus der Zeitschrift *Kontinent* darstellt.

16 Efim Etkind, *Sovetskie tabu* (»Sowjetische Tabus«), in: *Sintaksis* 1981, Nr. 9, S. 11.

17 Siehe Nina Berberova, Malcolm Hamrick Brown, Simon Karlinsky, *Tchaikovsky's »Suicide« Reconsidered. A Rebuttal*, in: *High Fidelity*, vol. 31, 1981, Nr. 8, S. 49, 85, im folgenden zitiert als *Rebuttal*. Die Theorie A. Orlovas kritisierte auch der russische Musikwissenschaftler

Konstantin Evgenevič Arenskij in der Zeitung *Novoe russkoe slovo*, 19. Dezember 1980 und 5. Februar 1981. Aufmerksamkeit verdienen die Methoden der Polemik, die A. Orlova in dem Wochenblatt *Novyj amerikanec* benutzte. Der Text der Widerlegung durch die oben erwähnten drei amerikanischen Slawisten, der vollständig in *High Fidelity* abgedruckt ist, wurde bei der Veröffentlichung im *Novyj amerikanec* derart gekürzt und zugerichtet, daß die Forscherin auf die wichtigsten Entgegnungen ihrer Widersacher nicht zu antworten brauchte (siehe *Novyj amerikanec*, 19.–25. Juli 1981, Nr. 75, S. 39). Fast jeder Aufsatz A. Orlovas rief bei etlichen ihrer Leser empörte Reaktionen hervor (siehe ihre Veröffentlichungen in den Jahren 1981–82 im *Novyj amerikanec* und in den letzten Jahren in *Novoe russkoe slovo*). In Rußland reagierten auf A. Orlovas Veröffentlichungen die Journalistin Ol'ga Georgievna Čajkovskaja mit dem Aufsatz *Pikovye damy* (»Piques Dames«; siehe *Novyj mir* [»Neue Welt«] 1986, Nr. 10, S. 243–249) und Boris Semenovič Nikitin in seinem bemerkenswerten Buch *Čajkovskij. Staroe i novoe* (»Altes und Neues«), Moskau 1991.

18 Siehe David Brown, *Tchaikovsky. The Early Years (1840–1874)*, New York 1978, S. 12; D. Brown, Artikel *Tchaikovsky* in: *The New Grove Dictionary of Music and Musicians* (ed. Stanley Sadie), London 1980, vol. 18, S. 626–628; D. Brown, *Tchaikovsky. The Final Years* (1885–1893), New York 1991, S. 478–485; Donal Henahan, *Did Tchaikovsky Really Commit Suicide?*, in: *New York Times*, 26. Juli 1981; sowie den Artikel *Tchaikovsky* in: *The New Oxford Companion to Music*, ed. by Dennis Arnold, New York 1983, vol. 2, S. 1808. D. Greene bemerkte in seiner biographischen Enzyklopädie der Komponisten, die 1985 erschien, daß zwar einige bedeutende Gelehrte die Theorie A. Orlovas akzeptiert hätten, andere aber nicht, und daß sie bis auf den heutigen Tag Gegenstand heftiger Auseinandersetzungen sei (siehe D. Greene, *Greene's Biographical Encyclopaedia of Composers*, New York 1985, S. 1378).

19 Um die Argumentation A. Orlovas so vollständig wie möglich zu erfassen, werden wir uns im folgenden sowohl auf ihre englischen wie auch auf ihre russischen Veröffentlichungen beziehen.

20 *Last Chapter*, S. 125–126; *Tajna žizni*, S. 20–21. In späteren Veröffentlichungen ist A. Orlova bereit, den Verfassern von *Rebuttal* nachzugeben, indem sie anerkennt, daß »der Weltruhm« und Aleksandrs III. Musikliebe Čajkovskij vor gerichtlicher Verfolgung bewahrten. Statt dessen führt sie nun den Gesichtspunkt an, daß der Komponist nicht gerichtliche Verfolgungen fürchtete, sondern Klatsch, der seinen guten Namen in Mißkredit hätte bringen können (siehe *Cholera ili samoubijstvo*, S. 41). Es ist indessen nicht zu bezweifeln, daß gerade die ursprüngliche Zielsetzung der Autorin, Čajkovskij habe eine Entlarvung und eine strafrechtliche Verfolgung gefürchtet, bei einigen westlichen Gelehrten einen fruchtbaren Boden für die Anerkennung ihrer Version schuf.

21 *Polnyj Svod Zakonov Rossijskoj Imperii* (»Vollständige Sammlung der Gesetze des Russischen Reiches«), Ausgabe 1857, Bd. XV, T. 1, Kap. 4.

22 Vladimir Dmitrievič Nabokov, *Plotskie prestuplenija po Proektu Ugolovnogo Uloženija*, in: *Sbornik statej po ugolovnomu pravu* (»Fleischliche Verbrechen nach Vorlage des strafrechtlichen Gesetzbuches«, in: »Sammlung von Artikeln zum Strafrecht«), St. Petersburg 1904, S. 102.

23 Nikolaj Adrianovič Nehljudov, *Rukovodstvo k osobennoj časti russkogo ugolovnogo prava* (»Leitfaden zu einem besonderen Teil des russischen Strafrechts«), St. Petersburg 1876, Bd. 1, S. 428.

24 Ebenda, S. 429.

25 Ebenda, S. 429.

26 Ebenda, S. 430.

27 V.D. Nabokov, *Plotskie prestuplenija*, S. 106.

28 N.A. Nehljudov, *Rukovodstvo k osobennoj časti*, S. 430.

29 V.D. Nabokov, *Plotskie prestuplenija*, S. 105–106.

30 Ebenda, S. 105–106.

31 Ebenda, S. 120–126.

32 Ebenda, S. 123.

33 Ebenda, S. 124.

34 Ebenda, S. 124.

35 Filipp Filippovič Vigel', *Zapiski v 2 t.* (»Memoiren in 2 Bänden«), Moskau 1928, Bd. 1, S. 108.

36 Aleksandr Stepanovič Prugavin, *V kazematach* (»In Kasematten«), St. Petersburg 1909, S. 191, 230.

37 F.F. Vigel', *Zapiski*, S. 9–11.

38 Ivan Petrovič Liprandi, *Zamečanija na »Vospominanija F.F. Vigelja«* (Anmerkungen zu den »Erinnerungen von F.F.Vigel'«), in: *Čtenija pri Imperatorskom obščestve drevnostej Rossijskich* (»Vorlesungen bei der Kaiserlichen Gesellschaft für Russische Altertümer«) 1873, Bd. 2, S. 246.

39 Vladislav Osipovič Meržeevskij, *Sudebnaja ginekologija* (»Gerichtsgynäkologie«), St. Petersburg 1878, S. 241–244.

40 Veniamin Mihajlovič Tarnovskij, *Izvraščenie polovogo čuvstva* (»Perversität des sexuellen Empfindens«), St. Petersburg 1885, S. 138; L.N. Tolstoj, *Polnoe sobranie sočinenij v 90 tomach*, Bd. 32, S. 275, 283–284, Bd. 33, S. 202.

41 Ebenda.

42 L.N. Tolstoj, *Polnoe sobranie sočinenij v 90 tomach*, Bd. 32, S. 284.

43 [Viktor Petrovič Obninskij], *Poslednij samoderžec* (»Der letzte Autokrat«, [Berlin 1912] S. 34.

44 Es muß angemerkt werden, daß sich von demselben Prinzip – mit wenigen Ausnahmen – auch die sowjetische strafrechtliche Praxis leiten ließ.

45 *Jazykovyj archiv* (»Sprachenarchiv«), St. Petersburg 1913, Lieferung 1, S. 135.

[46] I. Il'inskij, *Iz meločej puškinskogo kommentarija: epigramma »V akademii nauk ...«* (Aus Bagatellen eines Puškinschen Kommentars: Das Epigramm »In der Akademie der Wissenschaften«), in: *Puškin i ego sovremenniki* (»Puškin und seine Zeitgenossen«), Moskau/Leningrad 1930, Lieferung 38–39, S. 205–212.

[47] Nikolaj Aleksandrovič Dobroljubov, *Sobranie sočinenij v 90 tomach* (»Sämtliche Werke in 90 Bänden«), Moskau/Leningrad 1962, Bd. 4, S. 279; Aleksandr Vasil'evič Nikitenko, *Dnevnik v 2 t.* (»Tagebuch in 2 Bänden«), Moskau 1955, Bd. 2, S. 84, 576.

[48] Aleksandra Vasil'evna Bogdanovič, *Tri poslednich samoderžca* (»Die drei letzten Autokraten«), Moskau/Leningrad 1924, S. 145.

[49] [V.P.Obninskij], *Poslednij samoderžec*, S. 33–34.

[50] *Rebuttal*, S. 49.

[51] Igor Vinogradoff, *Some Russian Imperial Letters to Prince V.P. Meschersky (1839–1914)*, in: *Oxford Slavonic Papers*, Bd. X, 1962, S. 105–156; siehe auch Petr Andreevič Zajončkovskij, *Rossijskoe samoderžavie v konce XIX stoletija* (»Die russische Autokratie am Ende des XIX. Jahrhunderts«), Moskau 1970, S. 14–81.

[52] Vladimir Sergeevič Solov'ev, *Stichotvorenija i šutočnye p'esy* (»Gedichte und scherzhafte Theaterstücke«), Leningrad 1974, S. 148, 315.

[53] Sergej Jul'evič Witte, *Vospominanija v 2 t.* (»Erinnerungen in 2 Bänden«), Berlin 1922, Bd. 2, S. 526.

[54] Ebenda, S. 515; *Konstantin Petrovič Pobedonoscev i ego korrespondenty* (»K.P. Pobedonoscev und seine Briefpartner«), Moskau/Petersburg 1923, Bd. 2, S. 673–679; P.A. Zajončkovskij, *Russkoe samoderžavie v konce XIX. stoletija*, S. 78; Evgenij Mihajlovič Feoktistov, *Vospominanija* (»Erinnerungen«), Leningrad 1929, S. 245, 247.

[55] I. Vinogradoff, *Some Russian Imperial Letters*, S. 122.

[56] A.V. Bogdanovič, *Tri poslednich samoderžca*, S. 91.

[57] Aleksej Sergeevič Suvorin, *Dnevnik* (»Tagebuch«), Moskau/Petersburg 1923, S. 316.

[58] Ebenda, S. 316. Über die Verbreitung dieser Erscheinung in den höheren Schichten siehe auch Jurij Karcov, *Chronika raspada* (»Chronik des Zerfalls«), *Novy žurnal* (»Neue Zeitschrift«) 1982, Nr. 148, S. 198.

[59] Larisa Georgievna Zaharov, *Krizis samoderžavija nakanune revoljucii 1905 goda* (»Die Krise der Autokratie am Vorabend der Revolution von 1905«), in: *Voprosy istorii* (»Fragen zur Geschichte«) 1972, Nr. 8, S. 124–125.

[60] A.V. Bogdanovič, *Tri poslednich samoderžca*, S. 68.

[61] V. P. Obninskij, *Poslednij samoderžec*, S. 487; siehe auch P.A. Zajončkovskij, *Rossijskoe samoderžavie v konce XIX stoletija*, S. 52.

[62] [Sergej Dmitrievič Urusov], *Gospoda Romanovy i tajny russkogo dvora* (»Die Herren Romanov und die Geheimnisse des russischen Hofes«), London 1909, S. 192.

63 Vladimir Nikolaevič Lamzdorf, *Dnevnik 1889–1892* (»Tagebuch ...«), Moskau/Leningrad 1934, S. 106. Der Großfürst besaß auch eine reiche Sammlung pornographischer Literatur zu dem entsprechenden Thema (siehe Bernard Stern, *Geschichte der öffentlichen Sittlichkeit in Rußland in 2 Bänden*, Berlin 1907–1908, Bd. 2, S. 570).

64 *Ėpigramma i satira. Iz istorii literaturnoj bor'by XIX. veka* (»Epigramm und Satire. Aus der Geschichte des literarischen Streits im 19. Jahrhundert«), Moskau/Leningrad 1932, S. 424.

65 Donald Rayfield, *The Dream o Lhasa. The Life of Nikolay Przhevalsky*, Ohio University Press 1976.

66 Modest Il'ič Čajkovskij, *Avtobiografija* (»Autobiographie«), maschinenschriftlich, GDMČ, Signatur dm^6, Nr. 15.

67 Lamzdorf vermerkte in seinem Tagebuch, daß der Zar Čajkovskijs Schaffen liebte und schätze, daß er ihn über Rubinštejn stellte und sich trotz der Bitten von Mitgliedern der Zarenfamilie weigerte, letzterem die Pension zu erhöhen (siehe V.N. Lamzdorf, *Dnevnik 1886–1890* [»Tagebuch ...«], Moskau/Leningrad 1926, S. 223). Über die Beziehungen zwischen Čajkovskij und dem Zaren siehe auch V. Volkoff, *Tchaikovsky*, S. 24, 152–160.

68 ČM 3, S. 448.

69 ČPSS XVII, S. 186.

70 Ebenda, S. 194.

71 ČM 2, S. 481; ČPSS X, S. 57.

72 A.V. Bogdanovič, *Tri poslendnich samoderžca*, S. 91.

73 *Last Chapter*, S. 126.

74 ČR, S. 254; GDMČ, A^3, N 1465.

75 Brief vom 17. September 1876 (siehe ČR, S. 256).

76 Brief vom 20. September 1876 (siehe ČR, S. 257).

77 ČR, S. 259–260; ČM 1, S. 571; GDMČ, A^3, N l467.

78 Ebenda.

79 ČM 1, S. 25.

80 ČR, S. 259; siehe auch den Brief an Petr Ivanovič Jurgenson (ČJu 1, S. 76).

81 ČR, S. 253.

82 ČR, S. 253–254; GMDČ, A^3 N 1465.

83 ČR, S. 253; GMDČ, A^3, N 1464.

84 ČR, S. 214; GDMČ, A3, N 1088.

85 ČR, S. 694.

86 *Last Chapter*, S. 126; *Tajna žizni*, S. 21.

87 An M.I. Čajkovskij, 17. Oktober 1877 (ČR, S. 302).

88 An M.I. Čajkovskij, 9. Oktober 1877 (ČR, S. 299).

89 An A.I. Čajkovskij, 5. Dezember 1877 (ČR, S. 327).

90 ČR, S. 374.

91 ČPSS VII, S. 324.

92 ČPSS X, S. 244.

[93] ČM 1, S. 204–205.
[94] ČPSS XI, S. 56.
[95] ČR, S. 305.
[96] Ebenda, S. 577.
[97] Ebenda, S. 364.
[98] Ebenda, S. 433.
[99] Ebenda, S. 496; teilweise ČM 1, S. 608.
[100] Ebenda, S. 355.
[101] ČJu 1, S. 76.
[102] Ebenda, S. 308. – »Urninge« wurden in Übereinstimmung mit der Klassifikation des deutschen Juristen Karl Ulrich im 19. Jahrhundert die Homosexuellen genannt.
[103] ČM 1, S. 583.
[104] Ebenda.
[105] Ebenda.
[106] A.S. Suvorin, *Dnevnik*, S. 29.
[107] ČM 3, S. 649.
[108] ČR, S. 442–443.
[109] ČM 1, S. 428. Vgl. die Kommentare A. Orlovas zu diesem Brief (*Cholera ili samoubijstvo*, S. 41).
[110] ČM 1, S. 428.
[111] Nikolaj Dmitrievič Kaškin, *Iz vospominanij o P.I. Čajkovskom* (»Aus [meinen] Erinnerungen an P.I. Čajkovskij«), in: *Prošloe russkoj muzyki* (»Vergangenheit der russischen Musik«), Petrograd 1920, Bd. 1.
[112] »Die vierte Suite« – ein Wortspiel, das von M.I. Čajkovskij eingeführt wurde (siehe ČB, S. 624, außerdem Žizn' Č 3, S. 628). Einer ausführlicheren Untersuchung der Psychosexualität des Komponisten und seinen Beziehungen zu ihm nahestehenden Menschen ist meine Biographie gewidmet (*Tchaikovsky: The Quest for the Inner Man*, New York 1991; London 1993).
[113] *Confession sexuelle d'un Russe du Sud ...* (siehe Ellis Havelock, *Etudes de psychologie sexuelle*, Paris 1926, Bd. VI, S. 101–208).
[114] D. Rayfield, *Izpoved' Viktora X., russkogo pedofila* (»Die Beichte von Viktor X., einem russischen Pädophilen«), in: *Vremja i my* (»Die Zeit und wir«) 1984, Nr. 48, S. 159.
[115] Ebenda, S. 159–161. Malcolm Brown vertritt die Meinung, daß Čajkovskij sich mit der Zeit ziemlich gut an seine psychosexuellen Besonderheiten gewöhnte (siehe M.H. Brown, *Review of David Brown's book »Tchaikovsky. Early Years (1840–1874)«*, in: *Journal of the American Musicological Society* 1980, vol. 33, S. 405).
[116] VČ 1980, S. 136. Zur Entstehung des Plans der 6. Sinfonie im Jahre 1890 – noch unter dem Titel »Das Leben« – siehe Arnold Aleksandrovič Al'švang, *P.I. Čajkovskij*, Moskau 1959, S. 651–652.
[117] N.D. Kaškin, *Vospominanija o P.I. Čajkovskom*, S. 182.
[118] VČ 1980, S. 118.

[119] Ebenda, S. 318.

[120] Ebenda, S. 423.

[121] Ebenda, S. 352.

[122] ČPSS XVII, S. 207–208.

[123] VČ 1980, S. 118.

[124] VČ 1980, S. 318. Briefe mit derartigen Äußerungen wurden aber im Archiv von Klin bis jetzt nicht gefunden.

[125] Vasilij L'vovič Sapel'nikov, *Vospominanija o P.I. Čajkovskom* (»Erinnerungen an P.I. Čajkovskij«), in: *Teatr* (»Theater«) 1969, Nr. 539, S. 12–13.

[126] N.D. Kaškin, *Vospominanija o P.I. Čajkovskom*, S. 182.

[127] ČPSS XVII, S. 97.

[128] ČPSS XVb, S. 30.

[129] ČPSS XII, S. 363.

[130] VČ 1962, S. 29.

[131] Ebenda, S. 30.

[132] ČPSS XVb, S. 141.

[133] ČPSS XVII, S. 154.

[134] *Last Chapter*, S. 133; *Rebuttal*, S. 85; *Tajna smerti*, S. 23.

[135] *Last Chapter*, S. 133; *Tajna smerti*, S. 23.

[136] *Russkij biografičeskij slovar* (»Russisches biographisches Wörterbuch«), St. Petersburg 1909, [Bd. 19], S. 380–381.

[137] *Genealogisches Handbuch der baltischen Ritterschaften*, Teil Estland, Golitz 1930, Bd. II, S. 204.

[138] Es lohnt sich auch, die Tatsache zu erwähnen, daß der Band mit den Briefen Čajkovskijs aus dem Jahre 1893 (ČPSS XVII) fast ohne irgendwelche Kürzungen und Streichungen veröffentlicht wurde. Diese Tatsache kann bezeugen, daß in diesen Briefen weder die Redakteure noch Modest, der sie aufbewahrt hatte, etwas Verdächtiges sahen. Schwerlich werden die Redakteure und sogar Modest absichtlich irgendwelche Briefe des berühmten Komponisten vernichtet oder versteckt haben – besonders vor einer Publikation in einer Gesamtausgabe – wenn es möglich war, sie in zurechtgestutzter Form herauszugeben.

[139] *Genealogisches Handbuch der baltischen Ritterschaften*, Teil Livland, Bd. II, S. 691; *Ves' Peterburg na 1895 god* (»Ganz Petersburg im Jahre 1895«), St. Petersburg 1985, Sp. 39–41, 42.

[140] V.N. Lamzdorf, *Dnevnik 1891–1892* (»Tagebuch ...«). Moskau/Leningrad 1939, S. 55.

[141] *Last Chapter*, S. 134; *Tajna smerti*, S. 23. Es ist interessant, daß die Autorin diesen Schluß in der englischen Fassung Vojtov zuschreibt, in der russischen Elizaveta (d. h. Ekaterina) Karlovna Jakobi und daß nur aus der Wiedergabe ihrer Theorie durch Joel Spiegelman hervorgeht, daß dies die Meinung von A. Orlova selbst ist (siehe *Trial*, S. 50–51).

[142] VČ 1962, S. 230–232; 1980, S. 415–418.

[143] VČ 1980, S. 108.

144 ČPSS XIII, S. 187, S. 206–207.

145 *Last Chapter*, S. 132; *Tajna smerti*, S. 23. Siehe auch *Trial*, S. 51. In ihrer Rekonstruktion der letzten Lebenstage Čajkovskijs ebenso wie der Tage vor seiner Beerdigung stützt sich A. Orlova anscheinend nicht auf Primärquellen, sondern auf das populärwissenschaftliche Buch von Lidija Mihajlovna Konisskaja, *Čajkovskij v Peterburge* (»Čajkovskij in Petersburg«), Leningrad 1974. Tatsächlich zitiert sie L. Konisskaja in ihrer Beschreibung einiger Tage fast wörtlich, wobei sie häufig dieselben Fehler wiederholt. So rekonstruiert A. Orlova, L. Konisskaja folgend, ganz willkürlich den Tag, den der Komponist vor seiner Erkrankung am 17./29. Oktober zubrachte: Angeblich habe Čajkovskij sich an diesem Tag bei gewissen Dobrjanskijs mit dem 18jährigen Igor' Grabar' getroffen. Wenn man sich mit den Memoiren Grabar's vertraut macht, bleibt kein Zweifel, daß die beschriebenen Ereignisse nur während Čajkovskijs Aufenthalt in Petersburg im Herbst 1892 stattfinden konnten, als er im »Grand Hotel« in der Malaja Morskaja wohnte, und nicht im Herbst 1893. (Siehe VČ 1980, S. 288–289, 415; *Last Chapter*, S. 127; und L. Konisskaja, *Čajkovskij v Peterburge*, S. 286f.)

146 *Last Chapter*, S. 132; DiG, S. 596.

147 *Last Chapter*, S. 133; *Russkaja muzykal'naja gazeta* 1897, Nr. 12, Sp. 1717.

148 Žizn'Č 3, S. 647.

149 Ebenda.

150 VČ 1980, S. 280.

151 DiG, S. 596.

152 Žizn' Č 3, S. 647.

153 Ebenda.

154 *Last Chapter*, S. 132.

155 *Tajna smerti*, S. 23.

156 Ebenda.

157 ČPSS XVII, S. 206–207.

158 Žizn' Č 3, S. 648.

159 VČ 1980, S. 209–210; DiG, S. 396.

160 ČPSS XVII, S. 207.

161 Ebenda, S. 207.

162 *Last Chapter*, S. 135.

163 Ebenda.

164 *Last Chapter*, S. 135–136.

165 Vladimir Vasil'evič Stasov, *Učilišče pravovedenija sorok let nazad. Izbrannye sočinenija v 3 t.* (»Die Rechtsschule vor vierzig Jahren. Ausgewählte Werke in 3 Bänden«), Moskau 1952, Bd. 2, S. 314, 370–371; Vladimir Ivanovič Taneev, *Detstvo. Junost'. Mysli o buduščem* (»Kindheit. Jugend. Gedanken an die Zukunft«), Moskau 1959, S. 134, 136, 209, 247, 299. Eine Untersuchung über Schulen solcher Art siehe bei John Chandos, *Boys together*, New Haven 1984, S. 248–296; vgl.

außerdem J.A. Symonds, *Memoirs of John Addington Symonds*, New York 1984, S. 94.

166 Siehe *Russkij ėrot ne dlja dam* (»Russischer Eros nicht für Damen«), [Genf] 1879, S. 89. Obwohl das Buch eine große bibliographische Rarität darstellt, existiert es doch in Bibliotheken und privaten Sammlungen. Außer in dieser Ausgabe ist das *Lied der Juristen* in dem Buch von B. Stern, *Geschichte der öffentlichen Sittlichkeit in Rußland*, Bd. 2, S. 568–569 veröffentlicht.

167 V.I. Taneev, *Detstvo. Junost'. Mysli o buduščem*, S. 399–404.

168 Ebenda.

169 Vgl. z. B. den Fall des Offiziers Voejkov (A.V. Bogdanovič, *Tri samoderžca*, S. 115).

170 ČPSS V, S. 333.

171 ČPSS XIII, S. 406.

172 ČPSS XIII, S. 411.

173 ČPSS XIV, S. 599.

174 *Last Chapter*, S. 131.

175 Jurij L'vovič Davydov schreibt das Entstehen von Gerüchten über eine »Vergiftung« dagegen dem Kreis um Lev Bertenson zu und nicht dem um seinen Bruder (siehe VČ 1980, S. 335).

176 GDMČ, B^{10}, Nr. 8, Nr. 466.

177 *Last Chapter*, S. 131.

178 Ebenda, S. 134.

179 Man muß anmerken, daß Ju.L. Davydov sich in seinen Erinnerungen immer an die Choleraversion vom Tode des Komponisten hielt (VČ 1980, S. 335–336); *Zapiski o P.I. Čajkovskom* (»Notizen über P.I. Čajkovskij«), Moskau 1962, S. 80–81.

180 *Last Chapter*, S. 131.

181 *Rebuttal*, S. 49.

182 *Last Chapter*, S. 133–134.

183 *Ves' Peterburg na 1896 god* (»Ganz Petersburg im Jahre 1896«), St. Petersburg 1896, Sp. 369.

184 Ebenda, Sp. 302.

185 Anatolij Fedorovič Koni, *Na žiznennom puti* (»Auf dem Lebensweg«), Moskau 1916, Bd. 2, S. 132–134.

186 Die mit Oscar Wilde und Friedrich Krupp verbundenen Geschichten sind in dem Buch von A.L. Rowse, *Homosexuals in History*, New York 1977, Seite 164–169 und 199–205 beschrieben.

187 Siehe *Comment and Chronicle,* in: *l9th Century Music 1989*, vol. 13, Nr. 1, S. 274; *Pis'mo k redaktoru* (»Brief an den Redakteur«), in: *Kontinent* 1989, Nr. 58, S. 372–373.

188 Ebenda.

189 In diesem Zusammenhang ist es interessant, darauf hinzuweisen, daß ein Mitschüler Vojtovs Ivan Nikolaevič Fermor war, der zu der oben bezeichneten Klasse gehörte (siehe das Verzeichnis der Juristen des 75.

Jahrgangs in dem Buch von Nikolaj Leont'evič Pašennyj, *Imperatorskoe Učilišče Pravovedenija* [»Die Kaiserliche Rechtsschule«], Madrid 1967, S. 233). Vojtov nennt aber in seinem Bericht einen solchen Namen nicht, obwohl eben dieser junge Mann der glaubwürdigste Lieferant für Informationen gewesen wäre – jedenfalls hätte er die Wahrhaftigkeit von Jakobis Bericht bestätigen oder widerlegen können. Allein die Tatsache, daß Vojtov Fermor nicht erwähnt, macht seine Version noch verdächtiger. Es ist auch nicht auszuschließen, daß das von Taneev erwähnte und von uns oben untersuchte Gerichtsspiel der Rechtsschüler Vojtov zur Erfindung der Geschichte vom »Ehrengericht« angeregt haben könnte. Der Band mit Taneevs Erinnerungen erschien 1959 und konnte dem ehemaligen Absolventen der Schule Vojtov kaum unbemerkt entgangen sein.

190 David Brown, Artikel *Tchaikovsky*, in: *The New Grove Dictionary of Music and Musicians*, vol. 18, S. 628.

191 *Trial*, S. 50.

192 Malcolm H. Brown, *Life-Writing in Russian Music*, maschinenschriftliches Exemplar eines Vortrags, der an der Universität des Staates Illinois am 27. Juli 1984 gehalten wurde, S. 7.

193 Siehe *Ėnciklopedičeskij slovar'* (Enzyklopädisches Wörterbuch) *Brokgauz*[Brockhaus]-*Ėfron* 1890, Bd. 37, S. 513–514.

194 Ebenda, S. 510; Richard J. Evans, *Death in Hamburg: Society and Politics in the Cholera Years 1830–1910*, Oxford 1987, S. 180–256.

195 *Trudy 12-go (ėkstrennogo) Gubernskogo s'ezde vračej Moskovskogo zemstva* (»Arbeiten des 12. [außerordentlichen] Gouvernementskongresses der Ärzte des Moskauer Zemstvo'«), Moskau 1894, S. 139.

196 Siehe *Ėnciklopedičeskij slovar' Brokgauz-Ėfron*, Bd. 37, S. 513.

197 Aleksandr Leonidovič Čiževskij, *Zemnoe ėcho solnečnych bur'* (»Echo von Sonnenstürmen auf der Erde«), Moskau 1976, S. 53–54; R.J. Evans, *Death in Hamburg*, S. 226–256.

198 Siehe *Ėnciklopedičeskij slovar' Brokgauz-Ėfron*, Bd. 14, S. 451–452.

199 A.L. Čiževskij, *Zemnoe ėcho solnečnych bur'*, S. 54.

200 *Last Chapter*, S. 128.

201 Siehe Boris Vasil'evič Vladykin, *Materialy k istorii cholernoj epidemii 1892–95 v predelach Evropejskoj Rossii* (»Materialien zur Geschichte der Choleraepidemie 1892–95 innerhalb der Grenzen des Europäischen Rußlands«), St. Petersburg 1899.

202 *Ves' Peterburg na 1895 gad*, S. 81.

203 Siehe z. B. die Zeitungen *Novoe vremja* und *Pravitel'stvennyj vestnik* (»Regierungsbote«) in der bezeichneten Periode.

204 *Novoe vremja*, 20. September/2. Oktober 1893, Nr. 6308, S. 1; ebenda 1./13. Oktober, Nr. 6319, S. 2; ebenda 20. Oktober/1. November, Nr. 6338, S. 1.

205 *Vedomosti* (»Nachrichten«), 26. Oktober/7. November 1893, Nr. 6344, S. 2.

206 *Pravitel' stvennyj vestnik,* 24. Oktober/5. November 1893, Nr. 234, S. 2; ebenda 27. Oktober/8. November, Nr. 236, S. 1. Zu dieser Zahl kommt man, wenn man die Zahl der Verstorbenen in beiden Ausgaben der *Vedomosti* addiert.

207 *Vedomosti,* 24. Oktober/5. November 1893, Nr. 6342, S. 1.

208 *Pravitel' stvennyj vestnik,* 18./30. Dezember 1893, Nr. 280, S. 2; ebenda 25. Dezember 1893/6. Januar 1894, Nr. 286, S. 2; ebenda, 1./13. Januar 1894, Nr.1, S. 5.

209 Vasilij Vasil'evič Jastrebcev, *N.A. Rimskij-Korsakov: Vospominanija (1886–1908) v 2 t.* (»Erinnerungen ... in 2 Bänden«), Leningrad 1959–1960, Bd. 1, S. 125.

210 *Novoe vremja,* 11./23. November 1893, Nr. 6360, S. 3.

211 Siehe Anmerkung 204. Die Zahl derer, die gesund wurden, kann man durch Subtraktion der Zahl der Verstorbenen von der Zahl der in diesem Zeitraum Erkrankten errechnen.

212 *Novoe vremja,* 25. Oktober/6. November 1893, Nr. 6343, S. 3, 4.

213 VČ 1980, S. 101.

214 M.I. Čajkovskij, *Bolezn' P.I. Čajkovskogo (pis'mo v redakciju)* (»P.I. Čajkovskijs Krankheit [Brief an die Redaktion]«) in: *Novoe vremja,* 1./13. November 1893, Nr. 6350, S. 3; *Novosti i birževaja gazeta* (»Neuigkeiten und Börsenzeitung«), 1./13. November 1893. Dieser Bericht ist mit unwesentlichen Änderungen auch in Žizn'Č 3, S. 648–654, abgedruckt.

215 Ebenda. Es ist anzumerken, daß Čajkovskij gerade wegen seiner ständigen Magen- und Darmverstimmungen für eine Erkrankung an Cholera besonders disponiert war (siehe *Ėnciklopedičeskij slovar' Brokgauz-Ėfron,* Bd. 37, S. 510). Wenn man ferner dem Bericht Modests und den Erinnerungen Vasilij Bertensons Glauben schenkt – dagegen trägt A. Orlova allerdings tiefe Bedenken (siehe *Last Chapter,* S. 136) –, dann verwendete Čajkovskij häufig, u. a. auch an dem unheilvollen 21. Oktober, das Mineralwasser »Gunijadi-Janos«, das die Entwicklung von Cholerabazillen begünstigte (siehe V. Bertenson, *Za tridcat' let,* S. 99).

216 M.I. Čajkovskij, *Bolezn' P.I. Čajkovskogo,* in: *Novoe vremja,* 1./13. November 1893; *Novosti i birževaja gazeta,* 1./13. November 1893.

217 Ebenda.

218 *Ėnciklopedičskij slovar' Brokgauz-Ėfron,* Bd. 37, S. 511

219 *P.I. Tchaikovsky: Letters to his Family. An Autobiography,* London 1981, S. 555.

220 Die Version von dem Glas Wasser, das Čajkovskij im Restaurant trank, erschien zuerst in den Zeitungen – zusammen mit der offiziellen Mitteilung seines Todes – in der Wiedergabe durch Reporter, die sich auf Aussagen aus der engen Umgebung bezogen, und zwar an Tagen, an denen man über Zeitpunkt und Ort der Infektion des Komponisten allgemein nur rätseln konnte. (Siehe *Novoe vremja,* 26. Oktober/1. No-

vember 1893, Nr. 6344, S. 2.) An diese Version hielt sich Ju.L. Davydov (siehe *Zapiski o P.I. Čajkovskom*, S. 80); vgl. auch Jurij Mihajlovič Jur'ev, *Zapiski v 2 t.* (»Memoiren in 2 Bänden«), Moskau/Leningrad 1945, Bd. 2, S. 82–84. Aber ungeachtet ihrer Behauptungen waren weder Davydov noch Jur'ev im Restaurant Lejner (siehe Modests Bericht); vielmehr erfuhren sie von dieser Tatsache von Angehörigen oder – wie Jastrebcev – aus Zeitungen. Interessant ist auch, daß keiner von denen, die bei dem Abendessen im Restaurant Lejner am 20. Oktober 1893 dabei waren, überhaupt etwas darüber schreibt. Man sollte doch meinen, daß eben dieses Abendessen und die darauf folgenden Ereignisse kaum aus ihrem Gedächtnis hätten schwinden können (vgl. z. B. die Erinnerungen von Aleksandr Konstantinovič Glazunov in VČ 1980, S. 208–211). Spricht diese Tatsache nicht dafür, daß während des Abendessens nichts Besonderes geschah und daß es einfach nichts gab, woran sie sich hätten erinnern müssen?

221 *Ėnciklopediceskij slovar' Brokgauz-Ėfron,* Bd. 39, S. 511.
222 *Syn Otečestva* (»Sohn des Vaterlandes«), 6./18. November 1893.
223 *Novoe vremja,* 1./13. November 1893, Nr. 6350, S. 3.
224 *Novoe vremja,* 28. Oktober/9. November 1893, Nr. 6346, S. 4.
225 VČ 1980, S. 119.
226 *Novoe vremja,* 1./13. November 1893, Nr. 6350, S. 3.
227 Ebenda.
228 Ebenda.
229 V.P. Bertenson, *Za tridcat' let,* S. 98; vgl. auch VČ 1980, S. 342.
230 *Novoe vremja,* 1./13. November 1893, Nr. 6350, S. 3.
231 Ebenda.
232 VČ 1980, S. 119.
233 *Bolezn' P.I. Čajkovskogo* (»P.I. Čajkovskijs Krankheit«), in: *Novoe vremja*, 27. Oktober/8. November 1893, Nr. 6345, S. 1–2; vgl. auch VČ 1980, S. 425 bis 426.
234 *Last Chapter,* S. 130–131; *Tajna smerti,* S. 22; *Cholera ili samoubijstvo,* S. 39 bis 40.
235 *Tajna smerti,* S. 22.
236 *Rebuttal*, S. 49.
237 *Last Chapter*, S. 145.
238 *Novoe vremja,* 1./13. November 1893, Nr. 6350, S. 3.
239 *Last Chapter,* S. 131.
240 *Last Chapter,* S. 145.
241 Siehe Anmerkung 233.
242 *Novoe vremja,* 28. Oktober/9. November 1893, Nr. 6346, S. 3.
243 *Novoe vremja,* 27. Oktober/8. November 1893, Nr. 6345, S. 2.
244 Ebenda.
245 *Novoe vremja,* 1./13. November 1893, Nr. 6350, S. 3.
246 VČ 1980, S. 199.
247 *Novoe vremja,* 1./13. November 1893, Nr. 6350, S. 3.

[248] VČ 1980, S. 119.

[249] *Novoe vremja*, 27. Oktober/8. November 1893, Nr. 6345, S. 2.

[250] *Novoe vremja*, 1./13. November 1893, Nr. 6350, S. 3.

[251] Ebenda.

[252] *Novosti i birževaja gazeta*, 26. Oktober/7. November 1893, Nr. 294, S. 2.

[253] *Rebuttal*, S. 49.

[254] *Last Chapter*, S. 128–129; *Tajna smerti*, S. 22.

[255] *Last Chapter*, S. 129; *Cholera ili samoubijstvo*, S. 40. Die Forscherin ist, wie immer, nicht genau. Dieses »Dokument« wurde im *Pravitel'stvennyj vestnik* am 2./14. Juli 1892 veröffentlicht, aber in Nr. 142 und nicht 14, wie in ihrer russischen Veröffentlichung angegeben ist. Außerdem ist bei der Wiedergabe des Zitates selbst das Wort »Trauergottesdienst« weggelassen, das doch für die Argumente, die die Verfasserin anführt, wichtig sein sollte.

[256] *Pravitel'stvennyj vestni*, 2./14. Juli 1892, Nr. 142, S. 1; siehe auch ebenda: 17./29. April 1893, Nr. 81, S. 1.

[257] Ebenda.

[258] Siehe z. B. *Vestnik Evropy* (»Bote Europas«) 1892, Bd. 156, S. 898.

[259] *Pravitel'stvennyj vestnik*, 25. März/6. April 1893, Nr. 65, S. 1.

[260] Ebenda; *Pravitel'stvennyj vestnik*, 9./21. Juni 1892, Nr. 123, S. 1.

[261] *Pravitel'stvennyj vestnik*, 25. März/6. April 1893, Nr. 65, S. 1.

[262] Ebenda.

[263] Ebenda.

[264] *Pravitel'stvennyj vestnik*, 9./21. Juni 1893, Nr. 123, S. 2. Wir führen diesen Text zum Vergleich an: *Die Leichname der an Cholera Gestorbenen dürfen nicht gewaschen werden, sondern sollen in ein Laken gewickelt werden, das mit einer desinfizierenden Lösung befeuchtet ist; sie sollten möglichst schnell in einen Sarg gelegt werden, der dann fest vernagelt wird. Totengottesdienste für solche Verstorbenen in Kirchen, Versammlungen von Begleitern der Bestattungsprozession im Hause des Verstorbenen ebenso wie Trauergefolge vieler Menschen und Gedenkfeiern im Hause des Verstorbenen dürfen nicht gestattet werden.*

[265] *Pravitel'stvennyj vestnik*, 25. März/6. April 1893, Nr. 65, S. 1. In der neuen Fassung ist aus den »Regeln« der ganze Text herausgenommen, der auf das Wort »Sarg« folgt.

[266] So wurden z. B. auf einer Sondersitzung des 12. (außerordentlichen) Gouvernementskongresses der Ärzte des Moskauer Zemstvo vom März 1893 die »Regeln« des Innenministeriums vom rein praktischen Gesichtspunkt aus revidiert. Die Sitzung kam zu dem Schluß, *der offene Sarg könne sich in der Kirche befinden, wenn der Leichnam gewaschen und in ein Laken gewickelt worden sei, das mit eben der Mixtur getränkt wurde*. (Siehe *Trudy 12-go ėkstrennogo Gubernskogo s'ezda vračej*

[»Arbeiten des 12. außerordentlichen Gouvernementskongresses der Ärzte«], S. 142.)

267 Wahrscheinlich will das auch A. Orlova in einem ihrer russisch geschriebenen Aufsätze sagen. Ohne sich auf irgendeine Quelle zu beziehen, schreibt sie: *Wenn auch Čajkovskijs Verwandte das Geheimnis hoch und heilig wahrten, so haben doch die vier Ärzte,* [...] *Zar Aleksandr III., viele ihm nahestehende Personen* [...] *entweder ihrer Frau oder ihrem Sohn oder einem Freund die Wahrheit erzählt. (Tajna smerti,* S. 22; *Trial*, S. 51.)

268 *Last Chapter,* S. 129; *Cholera ili samoubijstvo*, S. 40.

269 N.A. Rimskij-Korsakov, *Letopis' moej muzykal'noj žizni*, Bd. 1, S. 193.

270 Es ist zu vermerken, daß A. Orlova in der Nacherzählung ihrer Theorie durch Spiegelman (*Trial*, S. 50) schon mitteilt, daß der Sarg nicht am dritten Tage, sondern schon am Ende des zweiten Tages geschlossen wurde. Dabei ist in Betracht zu ziehen, daß auch L.M. Konisskaja – durch ein zufälliges Zusammentreffen oder nicht – diese Tatsache in ihrer unrichtigen Rekonstruktion der Tage vor der Beerdigung anführt. In allen übrigen Veröffentlichungen umgeht die Forscherin diese Frage überhaupt, indem sie den Eindruck erweckt, daß in Modests Wohnung *die aufgestellten Regeln mißachtet wurden* (*Last Chapter,* S. 128–129; *Cholera ili samoubijstvo,* S. 40).

271 Wenn man die Periodica dieser Zeit – besonders im Plan der Feststellung von Daten verschiedener Ereignisse – studiert, muß man bedenken, daß die Tageszeitungen der Hauptstädte vom Typ *Novoe vremja* die wichtigsten Neuigkeiten, die sich im Weichbild der Stadt im Verlauf eines Tages (annähernd bis zu 18 Stunden) ereignet hatten, in der Regel am folgenden Tage in der zweiten (abendlichen) Ausgabe der Zeitung mitteilten. Die Reportagen über den voraufgehenden Tag begannen gewöhnlich mit den Worten: »Heute ...«, und dann folgte das Datum; aber häufig wurden diese Daten verwechselt oder weggelassen.
Es gab auch andere Ungenauigkeiten; alles Wichtige, was in Petersburg spät am Abend oder nachts geschah, erschien in den Zeitungen mit Verspätung, d. h. in der übernächsten Nummer. So konnten die offizielle Mitteilung über Čajkovskijs Tod und sein Nekrolog weder in die Morgen- noch in die Abendausgabe der Zeitungen vom 25. Oktober/6. November hineinkommen, obwohl der Komponist bekanntlich kurz nach 3 Uhr nachts gestorben war und obwohl nach unseren heutigen Vorstellungen offenbar genügend Zeit war, die offizielle Mitteilung zumindest in der zweiten Ausgabe zu veröffentlichen. Allerdings ist anzumerken, daß an diesem Tag in *Novoe vremja* doch eine kurze Mitteilung von wenigen Worten gemacht wurde. In der Chronikabteilung wurden gleich nach dem medizinischen Bulletin über Čajkovskijs Krankheit zwei kurze Zeilen abgedruckt, daß *P.I. zwischen 3 und 4 Uhr nach Mitternacht starb* (*Novoe vremja,* 25. Oktober/6. November 1893, Nr. 6343, S. 3).

272 *Peterburgskaja gazeta* (»Petersburger Zeitung«), 26. Oktober/7. November 1893, Nr. 294, S. 2.

273 *Novoe vremja*, 26. Oktober/7. November 1893, Nr. 6344, S. 2.

274 Ebenda; siehe auch 27. Oktober/8. November 1893, Nr. 6345, S. 2.

275 Ebenda.

276 *Peterburgskaja gazeta*, 26. Oktober/7. November 1893, Nr. 294, S. 2; L. Konisskaja, *Čajkovskij v Peterburge*, S. 294. In der Rekonstruktion der Ereignisse vor der Beerdigung durch L. Konisskaja (ebenda, S. 293–295) muß man eine Konfusion bei den Tagesangaben berücksichtigen, die wahrscheinlich durch einen Druckfehler in der Zeitung *Novoe vremja* vom 27. Oktober/8. November hervorgerufen wurde. Zu Beginn der Chronik *Am Sarge P.I. Čajkovskijs* wurde statt des erwarteten »Heute, am 26. Oktober« gedruckt: »Heute, am 25. Oktober« (*Novoe vremja* Nr. 6345, S. 2); ferner folgte ein Bericht über die vier Trauergottesdienste, die am 26. Oktober stattfanden, wobei die Reihenfolge der ersten beiden ebenfalls verwechselt wurde. Von dem Druckfehler und der verwirrten Reihenfolge der Trauergottesdienste kann man sich leicht überzeugen, wenn man den Inhalt der Reportagen für beide Tage vergleicht *(Novoe vremja*, 26. Oktober/7. November, Nr. 6344, S. 2, wo die Ereignisse des 25. Oktobers einschließlich der beiden Trauergottesdienste, die an diesem Tag stattfanden, schon beschrieben sind). Ohne sich über die Verwirrung in der Zeitung klar zu werden, rekonstruieren L. Konisskaja und nach ihr ebenfalls A. Orlova den ersten Tag nach dem Tode des Komponisten unrichtig, nämlich aufgrund der Mitteilung vom 27. Oktober und nicht des voraufgehenden Tages. Beide Autorinnen sprechen von angeblich vier Trauergottesdiensten, die an diesem Tag stattfanden, während es doch nur zwei gab (siehe L. Konisskaja, *Čajkovskij v Peterburge*, S. 293). Dabei ahnt A. Orlova, daß da etwas nicht stimmt, und schreibt in ihrem englischen Aufsatz vage, daß die Gottesdienste entweder am 25. Oktober/6. November oder am 26. Oktober/7. November stattfanden *(Last Chapter*, S. 129). In dem später veröffentlichten russischen Text, in dem schließlich aus Zeitungen dieser Zeit zitiert wird, gibt es diesen Fehler nicht mehr (siehe *Cholera ili samoubijstvo*, S. 40).

277 *Peterburgskaja gazeta*, 26. Oktober/7. November 1893, Nr. 294, S. 2; vgl. *Birževye vedomosti* (»Börsennachrichten«), 26. Oktober/7. November 1893.

278 *Novoe vremja*, 27. Oktober/8. November 1893, S. 1.

279 *Syn otečestva*, 27. Oktober/8. November 1893, S. 1.

280 *Novoe vremja*, 27. Oktober/8. November 1893, Nr. 6345, S. 2. Die Mitteilung beginnt mit den Worten: *Gestern abend wurde der Leichnam des Verstorbenen in den Sarg gelegt* [...]. Im Hinblick auf das Datum zu Beginn der Chronik – »Heute, am 25. Oktober« – entstehen sogleich Zweifel, denn mit »gestern abend« kann nur der 24. Oktober gemeint sein, an dem der Komponist aber noch lebte. Indessen ordnet sich alles,

wenn man sich deutlich macht, daß bei der Angabe des Datums ein Druckfehler unterlaufen ist. Da das Ausgangsdatum der Mitteilungen in dieser Nummer nur der voraufgehende Tag, d. h. der 26. Oktober, sein kann, folgt daraus zwingend, daß mit »gestern abend« nur der 25. Oktober gemeint sein kann. Dies wird durch eine andere Mitteilung in derselben Nummer bestätigt. So steht auf der ersten Seite der Zeitung unter der Überschrift »St. Petersburg, am 26. Oktober« eine Notiz über eine außerordentliche Sitzung der Direktion der Kaiserlichen russischen Musikgesellschaft »gestern abend«, von der genau bekannt ist, daß sie am Abend des 25. Oktobers stattfand. (Siehe *Novoe vremja*, 26. Oktober/7. November 1893, Nr. 6344, S. 2.) Außerdem darf man nicht vergessen, daß die Maßnahmen am späten Abend und natürlich in Abwesenheit irgendwelcher Reporter durchgeführt wurden. Aller Wahrscheinlichkeit nach wurden sie erst am Morgen des folgenden Tages bekannt – ein weiteres Indiz dafur, daß die betreffende Information in *Novoe vremja* erst einen Tag später erscheinen konnte. Alle übrigen Petersburger Zeitungen berichteten am 26. Oktober *(Birževye vedomosti*, *Syn Otečestva* und *Peterburgskij listok* [»Petersburger Blatt«]). Die Unfähigkeit, Zeitungsmitteilungen richtig zu analysieren, desorientierte zweifellos nicht nur L. Konisskaja (*Čajkovskij v Peterburge*, S. 294–295), sondern auch A. Orlova in einigen ihrer Veröffentlichungen *(Trial*, S. 50; *Tajna smerti*, S. 22); beide behaupten, daß die oben genannten Maßnahmen am Abend vor dem Erscheinen der Zeitungsausgabe, d. h. am 26. Oktober, durchgeführt wurden.

281 Die Tatsache, daß die Ereignisse des vergangenen Tages in den Petersburger Zeitungen 24 Stunden später, manchmal auch noch später beleuchtet wurden, führte sogar die Verfasser von DiG in die Irre; dort ist unter Bezugnahme auf *Novoe vremja* als Tag der Beerdigung der 29. Oktober/10. November angegeben. Die Reportage *Pohorony Čajkovskogo* (»Čajkovskijs Beerdigung«), die an diesem Tag veröffentlicht wurde, kann tatsächlich Anlaß für ein Mißverständnis geben, da sie mit den Worten beginnt: *Heute fand die Beerdigung Čajkovskijs statt* .... Beschreibungen der Beerdigung, die am Donnerstag, dem 28. Oktober stattfand, findet man in: *Pravitel'stvennyj vestnik*, 29. Oktober/10. November 1893, Nr. 238, S. 1; *Niva* (Wochenschrift) 1893, Nr. 45, Sp. 1031; L. Konisskaja, *Čajkovskij v Peterburge*, S. 295–301.

282 VČ 1980, S. 324.

283 Zur Ankunft Kaškins in Petersburg am Tag nach Čajkovskijs Tod siehe *Novoe vremja*, 27. Oktober/8. November 1893, Nr. 6345, S. 2; vgl. außerdem N.D. Kaškin, *Vospominanija o P.I. Čajkovskom*, S. 183.

284 N.D. Kaškin, *Vospominanija o P.I. Čajkovskom*, S. 183. Nur der Reporter der *Moskovskie vedomosti* (»Moskauer Nachrichten«) machte ungenaue Mitteilungen darüber, daß er den Sarg offen gesehen habe, wie er übrigens auch eine unrichtige Information über den Familienstand des Komponisten mitteilte (siehe *Moskovskie vedomosti*, 28. Oktober 1893).

285 Ganz und gar unverständlich ist, wie die Forscherin die Erklärung von Lev Bertenson in *Novoe vremja,* auf die sie ihre Konstruktionen gründet, studieren und dabei in derselben Nummer und auf derselben Seite die Mitteilung übersehen konnte, daß *der Sarg geschlossen und verlötet war*, und zwar unter Beachtung aller notwendigen Vorsichtsmaßnahmen.

286 V.V. Jastrebcev, *Rimskij-Korsakov. Vospominanija,* Bd. 1, S. 126.

287 *Novoe vremja*, 27. Oktober/8. November 1893, Nr. 6345, S. 2.

288 *Novoe vremja*, 17./29. März 1881, Nr. 1814, S. 2; *Golos* (»Die Stimme«), 20. März/1. April 1881, Nr. 79, S. 2; siehe auch Sergej L'vovič Bertenson, *Vokrug iskusstva* (»Um die Kunst herum«), Hollywood 1957, S. 14–15.

289 *Last Chapter*, S. 129; *Cholera ili samoubijstvo*, S. 39.

290 *Pravitel'stvennyj vestnik*, 26. Oktober/7. November 1893, S. 2. – Schon zum 30. Oktober beruhigte sich der Zweifel; so wurde in dem Wochenblatt *Niva* in einem Nekrolog vermerkt: *Petr Il'ič Čajkovskij* [...] *verstarb in der Fülle seiner Kräfte und seines mächtigen Talents* [...] *er wurde das Opfer einer schrecklichen, schonungslosen Epidemie. P.I. starb an Cholera. Keine Anstrengungen der Ärzte konnten ihn retten (Niva* 1893, Nr. 44, Sp. 1009).

291 *Peterburgskaja gazeta,* 26. Oktober/7. November 1893, Nr. 294, S. 2; diese Stelle wurde auch von A. Orlova zitiert *(Cholera ili samoubijstvo*, S. 40).

292 *Novosti i birževaja gazeta,* 26. Oktober/7. November 1893, Nr. 295, S. 2; siehe auch *Cholera ili samoubijstvo,* S. 40.

293 VČ 1980, S. 335–336.

294 *Peterburgskaja gazeta*, 25. Oktober/7. November 1893, Nr. 295, S. 2.

295 A. Orlova, *Tajna žizni i smerti Čajkovskogo*, in: *Kontinent*, S. 317.

296 GDMČ, B^{10}, N 8, N 466; ebenda A^{12}, N 40^{2}.

297 *Novoe vremja*, 28. Oktober/9. November 1893, Nr. 6346, S. 3.

298 VČ 1980, S. 345.

299 VČ 1980, S. 119.

300 Aleksej Sergeevič Suvorin, *Dnevnik* (»Tagebuch«), Moskau/Petersburg 1923, S. 73. Es ist anzumerken, daß Čajkovskij periodisch in freundschaftlichem Briefwechsel mit Suvorin stand (siehe z. B. *Krasnyj archiv* [»Rotes Archiv«] 1940, Bd. 100, S. 248–252).

301 *Novoe vremja,* 1./13. November 1893, Nr. 6350, S. 3.

302 *Novoe vremja,* 3./15. November 1893, Nr. 6352, S. 2.

303 *Peterburgskaja gazeta*, 4./16. November 1893, Nr. 303, S. 2.

304 *Novoe vremja,* 5./17. November 1893, Nr. 6354, S. 2.

305 Noel Farrand, *Letter to »High Fidelity«*, 1981, vol. 31, Nr. 5, S. 8.

306 Siehe S.L. Bertenson, *Vokrug iskusstva*, S. 20–21.

307 Ebenda. Diese Zeitungspolemik zwischen Suvorin und Bertenson wird auch in dem Antwortbrief Aleksandr Aleksandrovič Zilotis an Modest vom 19. November/1. Dezember 1893 erwähnt. (Siehe Aleksandr Il'ič

Ziloti [1863–1945], *Vospominanija i pis'ma* [»Erinnerungen und Briefe«], Leningrad 1963, S. 179.) Keiner der Kommentatoren dieser Ausgabe – einschließlich A. Orlova – konnte für die Bemerkung Zilotis eine Erklärung geben. (Siehe ebenda S. 198.)

308 *Novoe vremja*, 7./19. November 1893, Nr. 6356, S. 5.

309 *Novosti i birževaja gazeta*, 7./19 November 1893.

310 *Novoe vremja*, 8./20. November 1893.

311 Siehe L. Bertenson, *Vokrug iskusstva*, S. 21.

312 *Tajna smerti*, S. 22; *Cholera ili samoubijstvo*, S. 39. A. Orlova besteht aber darauf, daß man den Brief, den sie in Klin gesehen hatte, nicht mit dem kurzen Kondolenzbrief Lev Bertensons verwechseln dürfe, den Slonimsky 1938 veröffentlichte (N. Slonimsky, *Further Light on Tchaikovsky*, in: *Musical Quarterly* 1938, vol. 24, S. 139–140; H. Weinstock, *Tchaikovsky*, S. 346; *Rebuttal*, S. 49). In jedem Falle erscheint dieser Brief überhaupt nicht in der englischen Version, was ein weiteres Mal die allgemeine Schlampigkeit ihrer Arbeit bezeugt.

313 GDMČ, B, B^{10}, N 493.

314 *Novosti i birževaja gazeta,* 26. Oktober/7. November 1893, Nr. 295, S. 2.

315 *Last Chapter,* S. 137.

316 L.N. Tolstoj, *Polnoe sobranie sočinenij v 90 tomach,* Bd. 66, S. 419.

Namenregister

A

Al'breht (Albrecht), Karl 76
Aleksandr I. 35, 38
Aleksandr II. 44, 48
Aleksandr III. 11, 25, 26, 39, 40, 44, 46, 49, 82, 84, 86, 87, 108, 109, 130, 192, 204
Al'švang, Arnol'd A. 196
Apuhtin, Aleksej N. 10, 42, 44, 45, 47, 62, 76, 100, 106
Arenskij, Konstantin E. 192
Argutinskij-Dolgorukov, Vladimir N. 74, 105, 115
Arnold, Dennis 192
Artôt, Désirée 50
Assier, A.A. *siehe* Čaikovskaja, Aleksandra A.
Av'erino, Nikolaj K. 191

B

Balanchine, Georges 173, 190
Bantyš-Kamenskij, D.N., N.N., V.N. 35, 38
Belonovič, Galina 7, 14
Berberova, Nina 12, 29, 83, 104, 105, 109, 115, 138, 146, 190, 191
Bertenson, Lev B. 104, 130, 135–145, 151, 157–162, 165–168, 175, 177–179, 182–188, 199, 207, 208
Bertenson, Nikolaj V. 103
Bertenson, Sergej L. 165, 167, 207
Bertenson, Vasilij B. 25, 103, 130, 134, 135, 136, 137, 159, 179, 182, 183, 185, 190, 201, 202
Beul' (Violoncellist) 188
Bočečkarov, Nikolaj L. 65, 91
Bogdanovič, Aleksandra V. und E.V. 38, 39, 44, 48, 194, 195, 199
Borgia 119
Borodin, Aleksandr P. 126, 157
Brjullova, Alina I. 71, 87, 134, 136, 143, 159

Brown, David 7, 28, 104, 118, 172, 192, 200
Brown, Malcolm H. 23, 83, 104, 119, 138, 146, 191, 196, 200
Buksgevden (Buxhövden), Rudol'f O. 93, 182, 188
Bulanin 99
Bulatov 51
Bulgakov 98, 99
Burdukov 40
Burnašev, Nikolaj N. 100
Butakova, Vera V. *siehe* Davydova, Vera V.
Byron, George 15

C / Č (Ch → H)

Čajkovskaja, Aleksandra A. (geb. Assier) 67, 143, 161, 179, 180, 186
Čajkovskaja, Antonina *siehe* Miljukova, Antonina
Čajkovskaja, Ol'ga G. 192
Čajkovskaja, Ol'ga S. (geb. Denis'eva) 106, 107
Čajkovskaja, Praskov'ja Vl. 105, 107, 190
Čajkovskij, Anatolij I. 51, 53, 55, 57, 59, 60, 61, 62, 105, 123, 190, 195
Čajkovskij, Il'ja P. 52, 65
Čajkovskij, Modest I. 11, 19, 25, 27, 39, 45, 51–53, 57, 59, 60, 62, 71, 86, 91–95, 97, 100, 103, 108–110, 119, 123, 130–133, 134–140, 143–145, 151, 152, 156, 159–161, 165–169, 178, 179, 181–188
Čajkovskij, Nikolaj I. 106, 123, 143, 144, 179, 186, 188
Celinskij 152
Chandos, John 198
Čiževskij, Aleksandr L. 200
Cui *siehe* Kjui
Cvetaeva, Marina 174

D

d'Adelsvard-Fersen, Jacques 45
Dante Alighieri 70
Davydov, Jurij L. 19, 103, 104, 107, 133, 158, 190, 199, 202
Davydov, Vladimir (»Bob«) L. 20, 69, 77, 79, 83, 114, 115, 135, 179, 188

Davydova, Aleksandra (»Saša«) I. 53, 57, 65
Davydova (verehel. Butakova), Vera V. 92, 93
Deniseva, Ol'ga S. *siehe* Čajkovskaja, Ol'ga S.
Deniseva, Vera 107, 109, 116
de Sade 101
Dobrjanskij 198
Dobroljubov, Nikolaj A. 38, 194
Dondukov-Korsakov 38
Dostoevskij, Fedor M. 19
Douglas, Alfred (Lord) 46, 106
Drigo, Riccardo 108, 111

E

Ekaterina II. (»die Große«) 173
Esenin, Sergej 174
Etkind, Efim 191
Eulenburg, Philipp (Fürst zu Eulenburg und Hertefeld) 39, 45
Evans, Richard J. 200

F

Farrand, Noel 207
Feoktistov, Evgenij M. 194
Fermor *siehe* Stenbok-Fermor
Fermor, Ivan N. 199
Fernandez, Dominique 7
Figner, Nikolaj N. 177, 188
Fomin 98

G

Gerard, Vladimir N. 100, 110
Gercen *siehe* Herzen
Gerke, Avgust A. 91
Glazunov, Aleksandr K. 77, 93, 94, 95, 105, 108, 109, 182, 202
Goethe, Johann Wolfgang von 70
Gogol', Nikolaj V. 16

Golicyn, A. N. 38
Gorbunov, Ivan F. 93, 182
Grabar', Igor' 198
Greene, D. 192
Grekov, Ivan N. 71, 95
Gruzinskij 51
Gundvizer (Photograph) 152

H

Hammett, Dashiell 13
Havelock, Ellis 196
Henahan, Donal 192
Herzen 16
Hitler, Adolf 174
Holden, Anthony 7

I

Il'inskij, I. 194
Ippolitov-Ivanov, Mihail M. 82, 101
Ivanov, Mihail M. 157

J

Jakobi, Elizaveta (Ekaterina) K. 27, 84, 95, 105, 110, 116, 197
Jakobi, Nikolaj B. 27, 84, 87, 91, 94, 95, 100, 105, 106, 110, 117, 200
Jastrebcev, Vassilij V. 133, 156, 201, 202, 207
Jur'ev, Jurij M. 92, 133, 202
Jurgenson, Petr I. 19, 61, 189, 195

K

Kamenskij, Pavel P. 164
Kaljaev 44
Karcov, Georgij P. 42
Karcov, Jurij 194
Karlinsky, Simon 29, 83, 104, 138, 191

Kaškin (Kaschkin), Nikolaj D. 65, 66, 71, 76, 96, 153, 156, 196, 197, 206
Katharina II. *siehe* Ekaterina II.
Kes, Willem 91, 95
Kireev, Sergej A. 100, 110
Kjui, Cezar' A. 157
Koch, Robert 120
Kohlhase, Thomas 7, 14
Komrij, Gerrit 7
Kondrat'ev, Nikolaj Dm. 100
Koni, Anatolij F. 100, 106, 199
Konisskaja, Lidija M. 198, 204, 205, 206
Konradi, Nikolaj G. (»Kolja«) 53, 71, 74
Konstantin Konstantinovič (Großfürst) 47
Konstantin Nikolaevič (Großfürst) 62
Korganov 82
Kotek, Iosif I. 73
Krupp, Friedrich 45, 106, 199
Kuznecov, Evgenij 107
Kuznecov, Nikolaj D. 43
Kuznecova-Vladimova, Natal'ja 106, 107, 116

L

Lamzdorf, Vladimir N. 40, 86, 195, 197
Laroš, German A. (Laroche, Hermann) 81, 82
Lermontov, Mihail Ju. 16, 48
Lévi-Strauss, Claude 102
Liprandi, Ivan P. 193
Litke, Aleksandr N. (»Sanja«) 91, 93, 107, 132, 182, 184, 188
Litke, Konstantin N. 93, 182, 184, 188
Litrov, Nazar F. 183, 184, 188
Lohvickij, A. 33

M

Majakovskij, Vladimir 174
Mamonov, N.N. 130, 142, 145, 166, 175, 185, 188
Martynov 44
Martynov, Vladislav O. 16

Medici 119
Mekk (Meck), Galina fon- (von) 107, 132
Mekk (Meck), Nadežda F. fon- (von) 12, 47, 48, 52, 55, 59, 63, 64, 65, 101, 186
Merkling, Anna P. 70, 81
Meržeevskij 36, 193
Meščerskij (Meschersky), V.P. 39, 40, 41, 44, 46, 47, 48, 49, 82, 87, 100
Miljukova, Antonina I. 12, 50, 56, 58, 60, 65
Mjul'bah (Mühlbach), Fedor F. 93, 94, 95
Molas, Nikolaj 115
Mooser, Robert-Aloys 107, 109, 115
Mosolov 39
Mozart, Wolfgang Amadeus 26, 76
Murav'ev, Andrej N. 38, 39
Musorgskij, Modest P. 115, 157

N

Nabokov, Vladimir D. 32, 33, 34, 193
Nagibin, Jurij M. 190
Napravnik, Ėduard F. 20, 77, 94, 95, 133, 182
Nehljudov, Nikolaj A. 32, 33, 193
Nikitenko, Aleksandr V. 194
Nikitin, Boris S. 192
Nikolaj I. 16, 32, 38, 49, 173
Nikolaj II. 39, 44, 115, 173

O

Obninskij, Viktor P. 193
Occam/Okkam/Ockham = Nikolaus von Ockham 174
Okonešnikov 54
Orlov, Georgij 103
Ossovskij, Aleksandr 104, 109
Ostrovskij, Aleksandr N. 90, 92, 179, 182

P

Pahul'skij, Vladislav A. 101
Panaeva-Karceva, Aleksandra V. 70, 75, 100
Pašennyj, Nikolaj L. 200
Pavel Aleksandrovič (Großfürst) 48
Peter der Große 173
Petrarca, Francesco 70
Pobedonoscev, Konstantin P. 40, 194
Poplavskij, Julian I. 71, 75, 153
Prugavin, Aleksandr St. 193
Prževal'skij, Nikolaj 45, 69
Purgol'd, Aleksandra und Nadežda N. 115
Puškin, Aleksandr S. 9, 35, 38, 49, 76, 194
Puzo, Mario 13

Q

Queensbury, Marquess of 106

R

Ratgauz (Rathaus), Daniil M. 82
Rayfield, Donald 69, 195, 196
Rimbaud, Arthur 45
Rimskaja-Korsakova, Nadežda N. 115, 156
Rimskij-Korsakov, Nikolaj A. 20, 26, 109, 115, 150, 156, 157, 160, 190, 201, 204, 207
Rowse, A.L. 199
Rubinštejn, Anton G. 91, 93, 179, 195
Rubinštejn, Nikolaj G. 55, 57, 61, 62, 68
Rumjancev, N.P. 38

S / Š

Sadie, Stanley 192
Salieri, Antonio 15, 26, 76
Sapel'nikov, Vasilij L. 71, 75, 80, 197

Savickij 40
Schat, Peter 7
Sergej Aleksandrovič (Großfürst) 44, 48, 49, 82, 86, 100
Siloti *siehe* Ziloti
Šilovskij, Konstantin St. 76
Šilovskij, Vladimir St. 76
Slonimsky, Nicolas 26, 190, 208
Sofronov, Aleksej I. 12, 187, 188
Sokolov, Valerij 7
Solov'ev, Vladimir S. 16, 39, 194
Spiegelman, Joel 118, 191, 197
Stalin, Iosif V. 174
Stasov, Vladimir V. 198
Stenbok 85, 86, 91, 105
Stenbok, G.G. 86
Stenbok-Fermor 27, 84, 85, 86, 87, 105, 106, 107, 108, 115, 116, 117, 171
Stenbok-Fermor, Aleksandr Vl. 85
Stenbok-Fermor, Aleksej A. 86
Stenbok-Fermor, Vladimir A. 85
Stern, Bernard 195, 199
Strahov, N.N. 169
Suvorin, Aleksej S. 40, 62, 160, 161, 162, 166, 167, 194, 196, 207
Svinkin, N. 101
Symonds, John Addington 199

T

Taneev, Sergej I. 98
Taneev, Vladimir I. 98, 99, 198, 199, 200
Tarnovskij, Veniamin M. 36, 193
Tolstaja, Sof'ja A. 169
Tolstoj, Lev N. 15, 17, 18, 36, 169, 190, 193, 208

U

Ulrich, Karl 196
Urusov, Sergej Dm. 194
Uvarov, S.S. 38

V

Vajdman, Polina E. 7, 14
Varlamov, Konstantin A. 92, 93, 100
Verinovskij, Ivan A. 101
Verlaine, Paul 45
Veržbilovič, Aleksandr V. 150, 151, 152
Vetvenickij 105
Vigel', Filipp F. 35, 193
Vinogradov (Vinogradoff), Igor' 194
Vladykin, Boris V. 200
Voejkov 199
Vojtov, Aleksandr A. 27, 84, 85, 94, 95, 105, 107, 110, 116, 117, 197, 200
Volkov, Solomon 190
Volkov (Volkoff), Vladimir 190, 191, 195

W

Weinstock, Herbert 191
Wilde, Oscar 45, 106, 199
Wilhelm II. 39
Wille, Irmgard 7, 14
Witte, Sergej Ju. 40, 194

Z

Zaharov, Larisa G. 194
Zajončkovskij, Petr A. 194
Zak, Ėduard 101
Zander, Aleksandr L. 103, 104, 130, 166, 181, 184, 185, 186, 188
Zander, Ja. 104
Ždanov, V.A. 55, 189
Žedrinskij, Aleksandr A. 42
Ziloti, Aleksandr I. 208
Zubov 98, 99
Zverev, Nikolaj S. 76

Bildnachweis

Archiv des Autors: S. 89, 90 (2), 112/113, 127, 163 (2), 164

Russisches Institut für Kunst, St. Petersburg: S. 21, 24, 111

Staatliches Archiv für Film- und Fotodokumente, St. Petersburg: S. 128/129, 154 (unten)

Staatliches Čajkovskij-Haus-Museum, Klin: S. 22/23, 41, 42, 73, 74, 78, 79, 80, 122/123, 124, 142, 155

Staatliches Theatermuseum A.A. Bahrušin, Moskau: S. 58

Staatliche Tretjakov-Galerie, Moskau / Archiv für Kunst und Geschichte, Berlin: S. 43

Zentrales Museum für Musikkultur M.I. Glinka, Moskau: S. 114, 141, 154 (oben)